労働者の司教ケテラーとその時代

十九世紀ドイツの社会問題とカトリック社会思想

桜井健吾

教文館

ヴィルヘルム・エマヌエル・フォン・ケテラー
（出典：Lehmann/Reifenberg, Hrsg., 2013）

目次

第二章　ケテラーの基本思想――補完性原理を中心に

第五章　社会問題の第三段階（一八六九年）――国家の社会政策……188

第六章　自由主義との対決 …… 243

装丁　熊谷博人

序章　ケテラーと現代——研究の意味

はじめに

十九世紀ドイツに「労働者の司教」の愛称を持つ人物がいた。マインツ司教ヴィルヘルム・エマヌエル・フォン・ケテラー（一八一一―一八七七年）である。この人物が、十九世紀ドイツの産業化に随伴した出来事「社会問題」にどう対処し、どのような社会思想を築き上げたのか、その思想と行動を解き明かすことが本書の課題である。

序章では、このような研究課題にどのような価値があるのか、歴史的な展望のなかで明らかにしていきたい。産業化ないし産業革命は十八世紀中葉のイギリスに始まり、十九世紀にヨーロッパ大陸へと波及していった。それは人類史上、未曾有の現象であった。工場制工業が成立し、生産高と労働生産性は飛躍的に増大し、長期的には所得の上昇によって人々の福祉は向上していく。工業集積地や商業・行政中心地への人口移動も起こる。その結果、都市化が進み、人口の大部分は都市住民となる。こうして現代の都市化された産業社会が成立する。(1)

しかし、このようなことは今日から観察して初めて言えることである。十九世紀には、職人層の没落、下層階級の窮乏化、新しい賃金労働者の勃興、低い賃金と悲惨な労働条件、さらに都市スラム街の形成や不潔な生活環境、それに加え階級闘争や革命運動、これら一連の混乱や不安のなか、ヨーロッパ各地は全面的な社会崩壊の危機に直面していた。弊害だけが目立ち、しかも弊害だけが新しい時代の特徴であるかのように見られた。こういった危機的な状況を捉えるため、すでに十九世紀前半に「社会問題」(Soziale Frage)の言葉が造られていた。社会問題をどう解決すべきか、これこそ当時の人々が直面した未知の最大の問題であった。[2]

秩序そのものの混乱という状況のなか、最初に登場した思想はロマン主義である。ロマン主義は産業化を断罪し、過去の身分制社会を理想化し、その再建をめざそうとした。利己的な個人主義、あくなき欲望の追求、無制限な自由競争、このような時代風潮に対しロマン主義は徹底した対決姿勢をとった。この対決姿勢それ自体は、一八四〇年代に成立した社会主義にも受け継がれる。それに対し、自由主義には社会問題への感受性が欠けていた。[3]

自由主義、ロマン主義、社会主義などの新思想が形成されていくなか、キリスト教も社会問題に積極的に関与し、そこから独自の運動と理念を生み出していく。ドイツでその礎を築いたのがマインツ司教ケテラーである。その活動ゆえに、ケテラーには労働者の司教(Arbeiterbischof)の渾名がある。

ケテラー、カトリック政治・社会運動、カトリック社会論、そのどれも日本ではあまり知られていない。そのような人物がいたことも、そのような運動が存在したことも信じがたいという人がいるだろう。そこで、本論に入る前に、ケテラーに遡る運動が何を実践し、どのような理念を形成し、その理念をどのように結実させていったか、社会運動、政治運動、社会理念の三面から示す。

ドイツはカトリックとプロテスタントの宗派混合の国である。カトリックはドイツ帝国(一八七一―一九一八年)で人口の三分の一しか占めない少数派であったが、政治・社会運動の流れを造り、独自の社会論を築くことに成功した。プロテスタント側でも重要な思想家と実践家が生まれたが、[4]独自の理論や大衆運動は発展しなかった。ここでは対象をカトリックに限定する。

第一節　カトリック社会運動について

産業化に伴って起こった職人や労働者の貧困化の問題、当時の流行語によれば「社会問題」とか「大衆窮乏化」(Pauperismus) とか言われた問題、その解決にもっとも貢献したのは社会主義やマルクス主義だ、と考える人がいるかもしれない。しかし、ケルンの経済史家ヘニングが言うように「一八四八年の革命もマルクスとエンゲルスによる『共産党宣言』も、労働者の団結の決定的な原動力とはなっていない」[5]。マルクス主義がドイツ労働者運動の主導権を奪い取るのは、一八七五年のゴータ綱領、特に一八九一年のエアフルト綱領以降のことである。それ以前から社会問題の解決に向け懸命に努力していたのは、どのヨーロッパ諸国でもキリスト教や倫理的要請に発した運動であった。

ドイツを旅行していたカール・マルクスは、一八六九年九月二十五日イギリス滞在中のフリードリヒ・エンゲルスに手紙を送り、そのなかで自分の書物がドイツで少しも話題になっていないこと、それに反し、カトリック教会による労働者の組織化が進展していることに露骨な嫌悪を表し、次のように書いている。「このベルギー旅行、アーヘン滞在、ライン遡行のなか、僕が確信したのは、特にカトリック地域の坊主どもを徹底してやっつけなければならないということだ。……こいつら（例えば、マインツ司教ケテラー、デュッセルドルフ〔で開催されているカトリック教徒〕大会の坊主ども）は都合がよいと思われると、労働者問題に色目を使っている」[6]。一八六〇年代末、カトリック労働者運動は、マルクスを嫉妬させるだけの規模に成長していた。

では、カトリック教徒のあいだで、どのように社会運動が始まったのか[7]。

ドイツで最初に公の場所で大衆窮乏化の危機を訴え、国家と国民にその対処を求めたのはフランツ・ブスであった[8]。ブスはバーデン下院議員に選ばれると、一八三七年四月二十五日に動議を提出し、労働時間の短縮、児童の夜間労働の禁止、日曜労働の禁止、健康管理、労災防止、工場所有者と労働者による疾病・災害金庫の結成などを要求した。一八四〇年代、ブスはバーデンでカトリック政治運動の団体「ピウス協会」（Piusverein）[9]の組織化に努め、運動の中心にあった。領邦議会に最初の労働者保護立法を提出したのはカトリック政治家である。

ドイツで本格的な産業化が進展するのは一八五〇年以降であり、固有な意味の労働者問題が発生するのは一八六〇年代のことである。[10]なぜ、それ以前にこのような対策が提起されたのか。その理由は、ブスがイギリスを視察し、当地の労働者の悲惨な状況を実見していたことにあった。ドイツでも近い内にこのような問題は顕在化してくるに違いない、それ以前に対処しておく必要がある、とブスは考えた。

一八四八年十月上旬に、ライン河畔の町マインツで第一回「カトリック教徒大会」（Katholikentag）が開催された。この時の会長もブスであった。大会のテーマは「社会問題」であり、当時、国民議会の議員としてフランクフルトに滞在していたケテラーも、この大会に招待され、即興で「自由と社会問題」について演説した。カトリック教徒大会はピウス協会の運動のなかから結成された信徒の自発的組織であり、今も続く。大会のテーマを見ると、それぞれの時代に何が緊急問題とされていたか、知ることができる。[11]

とはいえ、困窮している人々を団結させ、社会運動を興し、相互支援を実践させるという点で、もっとも大きな実績を残した社会運動家は、ケルンの司祭アドルフ・コルピングであった。機械制工業がそれほど発展していなかった当時のドイツでは、労働者問題よりも、職人問題の方がはるかに深刻であった。コルピングが指導司祭を務めた「カトリック職人組合」（Gesellenverein）は、一八四〇年代末のラインラントに始まり、一八六〇年代にはドイツとオーストリアのカトリック地域に広まっていった。今日では「コルピング家族」の名称を持つ勤労青年の団体として国際的な組織となっている。一八五〇年にマインツ司教となったケテラーも、コルピングの運動を熱心に支援した。コルピングは後に「職人の父」（Gesellenvater）と呼ばれる。[12]

一八六二年にはヴェストファーレン農民組合、一八六〇年代にはカトリック労働者同盟、十九世紀末になると、一八八〇年の労働者福祉会、一八八二年の全ドイツ的農民組合、一八九〇年のドイツ・カトリック国民協会、一八九〇年代にはキリスト教労働組合など、大規模な組織が結成されていく。特に、カトリック国民協会（Volksverein für das katholische Deutschland）は、一九一三年に八十七万人の会員数を誇ったドイツ最大規模の大衆団体であり、西部ドイツの工業都市メンヒェングラートバッハに置かれた本部は、様々なカトリック団体や政党の指導者を養成する拠点となった。

十九世紀末はカトリック大衆結社の草創期であり、その独特な在り方は「団体カトリシズム」（Verbands-katholizismus）と表現される。(13)

第二節　カトリック政治運動について

第二次世界大戦後のドイツの二大政党は、キリスト教民主・社会同盟と社会民主党である。前者のキリスト教政党は、特にアデナウアー政権のもと戦後ドイツの復興を成し遂げ、首都ボンの名称にちなんで「ボン民主主義」と呼ばれる政治体制を確立した。なぜ、どのような事情から、ドイツでは、このようなキリスト教の名称を持つ政党が登場したのであろうか。

ドイツにおけるキリスト教政党の起源は、一八四八年の革命運動のなか五月に召集されたフランクフルト国民議会にあった。保守派、立憲自由主義派、民主派など政治的立場を異にする二十名の議員が、プロイセン外交官ラドヴィッツ指導のもと超党派組織として「カトリック・クラブ」を結成した。その目的はフランクフルト憲法に「教会の自由」を保障する条項を規定させることにあり、それが達成されると、十二月にこの政党は解散した。当時ヴェストファーレンの片田舎で司祭となっていたケテラーも国民議会に選出され、カトリック・クラブに所属した。(14)

独立した最初のカトリック政党は、北ドイツの大国プロイセンの下院で一八五二年に誕生した。この政党は一八五九年に名称を「中央党」に変更したが、プロイセン憲法紛争（一八六二―一八六六年）が始まった年に分裂してしまった。南ドイツでは、プロイセンを中心とした「小ドイツ主義」的国家統一に反発する運動のなかから一八六〇年代にカトリック政党が生まれ、バイエルンとバーデンで強固な基盤を築き上げた。(15)

プロイセンでは紆余曲折があった。キリスト教を精神的な土台とする点では一致していたが、政治的立場、階級、利益において異なる人々をどのような綱領のもと結集できるか、見通しは付かなかった。最終的には「連邦制」のみを党綱領に掲げ、党名を再び無色の「中央党」とすることで合意は得られた。ドイツ帝国の建設が差し迫った一八七〇年末、新党結成は実現した。

一八七一年三月に最初のドイツ帝国議会の選挙が実施されると、中央党は帝国議会にも進出し、全ドイツ的な政党となった。一八五〇年にマインツ司教に就任していたケテラーも、最初の帝国議会の議員に選出された。(16)

ドイツ帝国では、一八七一年以降「文化闘争」と名づけられる国家によるカトリック弾圧が始まったが、そのなかで中央党はカトリック教徒を結集する場となり、むしろ議席を大幅に増やしていった。

ヴァイマル共和国でも、中央党はもっとも安定した議席と勢力を維持した。ナチの政権掌握のもと中央党は解散を余儀なくされたが、第二次世界大戦後のドイツ連邦共和国（旧西ドイツ）では、プロテスタントも含めた政党として新たに「キリスト教民主・社会同盟」が結成され、今日までドイツ政治の責任を担い、政治路線と政策決定に重要な役割を果たしてきている。

一九八九年に始まった東ヨーロッパ共産主義の崩壊により、ドイツ民主共和国（旧東ドイツ）は解体し、一九九〇年十月にドイツは再統一された。首都はベルリンに移されたが、ボン民主主義の精神は確実に受け継がれている。

以上のように、カトリック政治運動、中央党、キリスト教民主・社会同盟を無視して、ここ一世紀半のドイツ政治史、ドイツにおける議会制と民主主義の確立を語ることは許されない。

一九九三年十一月にマーストリヒト条約が発効し、ヨーロッパは「欧州連合（ＥＵ）」として政治統合に向けて大きく前進した。それ以前の一九八五年七月にヨーロッパ審議会によって採択された「ヨーロッパ地方自治憲章」は、一九八八年九月に発効している。人権条約、社会憲章、文化協定と共に、この憲章は「ヨーロッパ審議会の四本柱」を構成する。

第三節　カトリック社会理念について

一　補完性原理（Subsidiarität）

地方自治憲章に採用された原則は「補完性原理」と呼ばれる。欧州連合、国民国家、国家内の諸地域、これらのあいだの関係は補完性原理によって調整され、地域分権が保障されなければならない。この原理に従い、より下位の地域共同体には、可能な限りの自律（自立、自治）が付与される。

同じことは、第二次世界大戦後のドイツ連邦制にも当てはまる。連邦制という体制も補完性原理に基づく。中央政府としての連邦は、州（Land ラント＝第二次世界大戦以前の領邦）の自律性を最大限に尊重しなければならない。

第二次世界大戦後のドイツでは、社会保障も大きく前進した。社会保障の原則に採用されたのも補完性原理である。ドイツ帝国議会に最初の社会政策の動議を提出したのも、カトリック政治家、中央党議員フェルディナント・フォン・ガーレンであった。ケテラーが死亡する数ヶ月前の一八七七年三月十九日のことであった。この動議は中央党以外の全政党の反対で否決されたが、一八八〇年代以降に実現していった公的社会保障と労働者保護立法は、ガーレン動議の趣旨に沿っている。[17]

補完性原理とは何か、は第二章で取り上げる。その概念は、ローマ教皇ピウス十一世が一九三一年に発表した社会回勅《かいちょく》『社会秩序の再建』(Quadragesimo anno)で定式化した文章(七九項)に由来する。この社会回勅の起草は、カトリック社会論の学者グントラハやネルブロイニングなどドイツ人学者に依頼された。この人たちは、ライン川沿いの町ケーニヒスヴィンターに集まり、激しい議論を交わしながら、草稿を練り上げていった。[18] その作業のなか、ケテラーの文章も参照され、補完性原理の定式化に生かされている。

なぜ、どのような事情から、ローマ教皇は社会問題に関心を持つにいたったのか。社会回勅の始まりは教皇レオ十三世が一八九一年に発表した『労働者の境遇について』(Rerum novarum)にある。教皇ヨハネ・パウロ二世はその九十周年を記念して『働くことについて』、百周年を記念して『新しい課題』を発表した。社会回勅の歴史はもう百年以上になる。十九世紀以降、様々な国の多くの先覚者たちが、社会問題の解決をめざした社会運動を展開し、あるべき社会秩序について理論的考察を蓄積していなかったとすれば、カトリック教会のなかに、このような社会論の伝統は形成されなかったであろう。[19]

ケテラーはこの社会回勅の重要な一源流であった。レオ十三世はケテラーを社会回勅の「偉大な先駆者」と呼ぶ。[20] カトリック社会論の学者、ケルン大司教ヨゼフ・ヘフナーは「社会回勅の登場するはるか以前、ケテラー司教は、補完性原理に相当することを述べていただけでなく、恐らく『補完的権利』という言葉を用いた最初の人物であろう」と位置づけている。[21]

カトリック社会論の三本柱は、共通善、連帯の理念、補完性原理である。[22] 連帯と共通善についても簡単に言及しておこう。

二　連帯の理念（Solidarität, Solidarismus）

第二次世界大戦後のドイツで、鉱山業と冶金業の「共同決定」が実施され、大きな話題を呼んだ。共同決定法の制定に直接かかわった人のなかに、前述のネルブロイニングもいた。また一九四九年にルール地方の工業都市ボーフムで開催されたカトリック教徒大会は、共同決定を促進する議案を可決し、その実現に大きく貢献した。共同決定は今日では全業種に拡大されている。

なぜ、カトリック教徒大会は共同決定といった経営問題に熱意を抱くのか。この関心を遡っていけば、労働者問題の原因は、資本と労働の分離にあると捉えたケテラーに行き着く。その後のカトリック社会科学者たちは、労使関係のあるべき姿を模索してきた。共同決定はその成果の一つであるが、その際に、カトリック社会論の経済学者ハインリヒ・ペッシュが二十世紀初頭に提唱した「連帯の理念」が指針とされた(23)。それに従えば、資本家や経営者だけでなく、労働者も企業経営に参加し、共に責任を担うべきである(24)。

この連帯をネルブロイニングは次のように定義する。「連帯には存在と価値の両面がある。第一に、個人は社会の構成員として全体（共同体）にかかわり、全体はその構成員としての個人にかかわる。この相互関連の現実が、連帯の存在的な側面である。第二に、倫理的で法的な規範と義務のなか、個人は構成員として全体に責任を持ち、全体はその成員各自に責任を持つ。この相互責任が、連帯の価値的な側面である(25)」。連帯は一般に「個人は全体のために、全体は個人のために」の標語で言い表される。

三　共通善（Gemeinwohl）

「共通善」（共同善）は中世のスコラ学に遡る概念である。古い時代から用いられてきたが、共通善とは何か、合意された定義は存在しなかった。それにもかかわらず、この概念なしに政治論や社会論は議論できない、政策立案も不可能である、この概念をどう捉えるかによって政治と社会への姿勢も決まる、公共の福祉や公益などの概念と共に憲法や司法でも使われている、こういったたぐいの概念が共通善である。一口に言ってしまえば、曖昧ではあるが、不可欠な概念である[26]。

このような状況は第二ヴァチカン公会議で一九六五年に採択された『現代世界憲章』（Gaudium et spes）によって大きく変わった。そこで下された明快な定義に従えば、共通善は「個人、家族、様々な団体が、より完全に、より容易に、それぞれの自己完成を達成できるような社会生活の諸条件のすべて」（七四項[27]）を意味する。この定義によって共通善の概念は息を吹き返した。なぜ、そう言えるのか。

この定義によれば、共通善は人間が活動するための「諸条件」である。この定義は、国家、社会、人間を次のように位置づける。

第一は、共通善と政治共同体の関係である。近代の最も重要な政治共同体は国家である。従って、すべての人は、国家を建設し、維持するため「日常的に協力し、弛まぬ努力を続けなければならない」。しかし、国家など「政治共同体の存在目的、その究極の正当性と意味は、共通善を実現することにある」（七四項）。とすれば、政治共同体と国家は、共通善という「目的」に仕える「手段」である。

第二は、共通善と人間の関係である。共通善は、人間がこの世に生き、活動していくための諸条件である。従って、共通善は人間に仕える。なぜ、人間はそれほど大切か。人間は「あらゆる社会制度の起源、主体、目的」（二五項）だと言えるからである[28]。従って、前記の共通善の定義は「人間の尊厳」を土台とする。

以上から、国家は共通善のためにあり、共通善は人間のためにある、と位置づけられる。

第三は、人間の社会性である。人間の「社会生活は、余分に付加されたものではない」。従って、人間は「他者との交流、相互奉仕、兄弟としての対話を通して、自己の才能を伸ばし、自己の使命に応える」（二五項）義務を負う。ここで、共通善は前述した連帯の理念と繋がる。

カトリック教会の公的文書では、以上のような共通善の理解がようやく二十世紀後半に可能となった。とはいえ、第二章で示すように、ケテラーは百年以上も前に「有機体としての国家」論のなかで類似の思想を展開している。

以上の説明から分かるように、カトリック社会論の三つの理念、補完性、連帯、共通善は「神の似姿《にすがた》」として創造された人間という「キリスト教人間像」を土台とする。ケテラーの基本綱領とでも言うべき書物『自由、権威、教会』（一八六二年）もキリスト教人間像を出発点にする。(29) カトリック社会科学では人間像と社会論は密接に結びつく。

結びの言葉

以上では、ケテラー研究にどのような意味があるか、という問に答えてきた。

本書は社会問題に主題を限定する。しかし、ケテラーは、社会問題だけでなく、一八四八年の革命から一八七一年のドイツ帝国の建設までの政治においても、また国家と教会の対立、つまり文化闘争においても、十九世紀のカトリック教会史上の大事件、第一ヴァチカン公会議においても、もちろん聖職者の本来の任務である司牧と慈善においても重要な足跡を残している。(30)

これらの活動すべてを取り上げない限り、ケテラーの全体像を描いたことにはならない。しかし、残念ながら、筆者の研究はまだそこまで進んでいない。そのため、本書は断片的なケテラー論でしかない。としても、ケテラー全体像へと至る一里塚は築かれる必要がある。本書がその一助ともなればと期待している。

第一章　ケテラー略伝

はじめに

本文に入る前に、本書の目的に沿う範囲内でケテラーの簡単な伝記を記しておきたい(1)。

第一節　生い立ち、ケルン紛争、離職

一　誕生と少年時代

ケテラーは一八一一年十二月二十五日、ドイツ西北部に位置するヴェストファーレンの中心都市ミュンスターで生まれ、翌日に都心にある聖ランベルティ教会で洗礼を授けられ、ヴィルヘルム・エマヌエル・ヨゼフ・フーベルト・マリア（Wilhelm Emmanuel Josef Hubert Maria）と名づけられた。

父はマクシミリアン・フリードリヒ・フォン・ケテラー＝ハルコッテン男爵であり、やはり男爵家出の母クレメンティーネの旧姓はフォン・ヴェンゲ・ツー・ベックであった。この夫婦から九人の子供が生まれ、ケテラーは六番目の子で、兄が三人、姉が二人、弟が二人、妹が一人いた。ケテラー家は由緒ある古い貴族家系に属し、その歴史は残された古文書では一二七一年まで遡る。一七七九年に生まれた父はプロイセン王国ヴェストファー

レン州ヴァーレンドルフ郡の郡長（Landrat）を務めたが、ケテラーが生まれた時には、もう引退していた。ケテラー家の人々は、親子や兄弟姉妹だけでなく、親戚も含め強い絆で結ばれていた。この伝統は、今も続くケテラー家に受け継がれている。

ケテラーは最初、ヴェストファーレンの小都市ヴァーレンドルフ郊外にある先祖代々の居城ハルコッテンで、家庭教師から教育を受けた。その後わずかの期間ミュンスターのラテン語学校で学んだが、一八二四年に、スイスのブリークにあるイエズス会の寄宿学校に送られ、一八二八年まで在学する。

なぜ、両親はケテラーをこのような遠くの学校に送ったのか。二つの理由があった。第一に、ドイツのカトリック貴族たちは、この一八一四年に創立された新しい寄宿学校を高く評価し、競って子弟をそこで学ばせていた。第二に、ケテラーの気質と性格があった。後に聖職者になるとはいえ、ケテラーは「生まれながらの聖人」ではない。瞬時に怒りを爆発させるような、聞き分けのない、癇の強い、粗暴な子供であった。家庭教育は不可能だと両親は判断した。ケテラー自らも、後々までこの気質を持て余している。とはいえ、いつまでも恨みを持ち続けるような性格ではなく、根は快活であり、実際、喧嘩にはよく仲裁役を買って出ていた。

十二歳の少年にとって、家族との別れは辛かったにちがいない。ミュンスターから馬車でライン川に向かい、ライン川を船で遡り、スイスを目指した。まだ鉄道のない時代である。

スイスでは四年間、厳しく躾けられ、水準の高い知識教育を受けた。この体験からイエズス会への好意と信頼が生まれ、後にマインツ司教として司牧事業を再建する際には、イエズス会に協力を求める。

とはいえ、ケテラーは寄宿舎学校で優等生に変身したのではない。そこでも最終学年まで進まず、一年早く退学している。郷里ミュンスターで家庭教師のもと一年学んだ後、一八二九年八月に大学入学資格試験に中程度の成績で合格した。しかし、大学でも勉学に熱心な学生とはなっていない。

二　大学時代と就職

大学では法学と国家学を学ぶためゲッティンゲンに赴き、学生団体「グエストファァリア団」に加盟した。入学早々、些細なことから、当時の大学生に流行していた決闘を行い、鼻頭をつぶす。大学裁判所からは十四日の禁足を命じられた。傷口を十分に治療していなかったことが災いし、化膿がひどくなったため、父親に付き添われてベルリンの病院で手術を受け、六週間も入院する。その痕跡は一生消えることがなかった。ケテラーのあの厳めしい顔付きは癒合《ゆごう》された鼻に原因がある。

大学時代には殴り合いの喧嘩も何度かやっている。後にケテラーは数多くの論争に明け暮れるが、論争相手は決闘やその他の事件をケテラー揶揄の恰好の材料にする。

一八三一年、創立二十年を迎えたばかりのベルリン大学に移り、歴史家フリードリヒ・ラウマーの近代史や「歴史法学」の創始者サヴィニーの法学も聴講した。続いてハイデルベルク大学とミュンヘン大学でも学び、一八三三年には再びベルリンへ赴き、そこで法学の勉学を終えた。ベルリン大学では、後の帝国宰相ビスマルクとも知り合う。

一八三三年五月二十一日にミュンスターで国家試験に合格し、五月二十九日からミュンスター上級地方裁判所の司法官試補として働く。一八三四年から翌年までの一年間ミュンスター第十一騎兵連隊で兵役に就いたが、しぶしぶの軍役であったため下士官どまりであった。ケテラーの気質は軍事訓練や軍隊規律には向いていない。

一八三五年八月二十一日、二次国家試験に合格し、十一月二十三日からプロイセン国家の行政官僚としての道を歩み始める。

ケテラーの仕事振りは几帳面であり、そつがなかった。豊かな法律の知識に加え、言葉遣いも巧みであった。上司からも信頼された。社交を好み、ダンスが上手く、人付き合いは洗練されていた。乗馬、狩猟、射撃など、貴族の社交界で好まれた趣味に熱中し、体も丈夫であった。
将来は約束されているように見えた。とはいえ、物足りないものは感じていたらしい。それは二年後に起こったケルン紛争ではっきりする。

三　ケルン紛争と離職

一八三七年十一月二十日にケルン大司教ドロステ＝ツー＝フィシェリングがプロイセン警察に逮捕され、ミンデン要塞に監禁されるという事件、ケルン紛争が起こった。この事件の発端は、第一に混宗婚、つまり宗派が異なる男女の結婚問題、第二に聖職者の教育問題に関するカトリック教会と国家の対立にあった。

その根底には、国家と教会の関係という全ヨーロッパに共通する問題が横たわっている。ドイツでも、対外的・国内的な主権の絶対性を主張する国民国家が、やっと完成の最終段階を迎えようとしていた。しかし、伝統的に、結婚と家族も、さらに聖職者だけでなく俗人の教育も、歴史的にずっと教会によって担われてきた。その分野に国家が介入し、結婚も教育も自己の管轄下に置こうとする。ここに両者の衝突は不可避となる。

この紛争について歴史家ゴーロ・マンは次のように言う。「そこで対決となった。プロイセンは従来の癖で自国内に外部の独立した勢力を受け入れるだけの度量を示さなかった。屈服を拒絶した大司教は検挙され、ミンデン要塞に監禁された。教会の大立者に対するこのような処罰は……初めてのことであった。しかも、これをやったのは革命的な独裁者ではなく、敬虔で保守的なプロイセン国家であった。これに憤慨する声がドイツのカトリック教徒から一斉に起こった。世論は待ってましたとばかり、この紛争を取り上げた。これは全ドイツの問題で、ドイツ全体が議論できた。……何十という小冊子が出版された。ミュンヘンでは老ゲレスが乗り出してきた。もう少し弱気になっていたら生きる力を失くしていた、と言えるほどゲレスはかつてプロイセン国家に痛めつけられたことがあった。ゲレスが執筆した『アタナジウス』はその国家に対する復讐であった。……この紛争によって、世論は同年のゲッティンゲン七教授の罷免事件よりも沸き立った」[2]。この事件では、後にカトリック運動の仇敵となる自由主義者もカトリック側を支持している。

ケルン紛争は、一八四八年の革命期に成立するカトリック政治運動の萌芽となっただけでなく[3]、ケテラーの人生の転機ともなった。大司教が逮捕された十日後の十二月一日に、ケテラーは「行政専門家としての再教育」を理由に半年の休職願を提出し、半年後の一八三八年五月二十六日には正式に辞職願を提出した。その辞表には「誉れ高い王国政府への勤務を今まで続けてまいりましたが、当面の諸般の事情を考慮すれば、辞職することが私の義務だと考えるにいたりました」と書かれている。

ケテラーの休職願の提出は、一八三七年十二月十日のローマ教皇の談話よりも、その直後のゲレスの小冊子『アタナジウス』の公表よりも時間的に早い。それゆえ、ケテラーは自らの判断で行動したと見るべきである。辞職の真の理由はもちろんケルン紛争にあった。ドロステ大司教の出身地ヴェストファーレンの人々と共に、ケテラーもプロイセン国家の処分に悲憤慷慨した。二歳年上の兄ヴィルデリヒに宛てた一八三八年七月七―八日の手紙には「自分の良心を犠牲にすることを要求するような国家に仕えるつもりはない」と書いている。「人間よりも、神に従う」（使徒言行録六・二九）という聖書の言葉はケテラーの一生を貫く。

ケテラーは十三歳の一八二五年から亡くなる一八七七年まで、膨大な量の手紙を残している。それは全集の六巻分を占める。他の多くの人のように、遺言でそれらの焼却を命じることもなかった。自分が書いたこと、行ったことは包み隠さない、という点でもケテラーは誠実である。本章では、可能な限り多くの手紙を引用し、ケテラー自らに語らせたい[4]。

とはいえ、辞職の決断の背後には、どの研究者も指摘しているように、生まれ故郷ヴェストファーレンの精神風土も強く作用している。この地の貴族たちは、伝統的に独立不羈の精神を育て上げ、大国家の一員として高位高官を得ることよりも、小さな領域で自立した支配者となることに誇りを感じてきた。十八世紀以降、東部ドイツのユンカー貴族は、プロイセン国家の行政と軍隊で高い官職と地位を追い求めるが、このような行動をヴェストファーレンの貴族は成り上がり者として軽蔑する。

それゆえ、プロイセン国家がヴェストファーレン出身のケルン大司教ドロステを逮捕し、監禁したことは、ヴェストファーレン貴族の自尊心に対する露骨な嫌がらせでもあった。

職と収入は失った。しかし、ケテラーには、一八三二年夏に五十三歳で死んだ父から分与されていた家族基金が存在した。だから暮らしが立たないというわけではなかった。とはいえ、その後の人生をどう生きるのか、まだ何の見通しもなかった。

そこから三年にわたる迷いの日々が続く。前記の手紙には「時には自分にひどく苛立つ。苦しさと憤りを装い、ただ憂さを晴らしているだけのことではないか、そのような喜劇役者を演じている居心地よい物質主義者、そんな者にすぎないのではないかと思えてくる」といった自嘲気味の言葉がある。

しかし同時に、自分がどこへ行き着くか、予感もあった。同じ手紙には「周囲の状況は確かに私に暗示を与える。聖職への道である。しかし、必要な決断が下せない。それは遥かかなたにある。自らを聖職者に相応しい者に変えるには、死者が蘇る以上の奇蹟が必要だろう」とも書く。この言葉にどれほどの重みがあるか、生まれながらのケテラーの喧嘩早い、短気な性格を考えれば、よく分かるであろう。暗示され予感される聖職への道は、それまでのケテラーの世界とはあまりにも大きくかけ離れていた。

聖職への思いは浮かんだ、しかし、自分がそれに値するとは思われない、この迷いの状態は、一八三九年八月の兄ヴィルデリヒ宛手紙では次のように言い表されている。「自分が何者か、まだ分からない。半年経っても変わっていないのではないかと恐れている。助言も支援もなく、底なしの混乱にある」。

それに加え、聖職者になれば、分与されていた家族基金も、快適な貴族の生活も放棄しなければならない。この点でも迷いはあったに違いない。

とはいえ、ケテラーは引き籠る無為の人ではなく行動の人である。自分の将来を決める手がかりを得るため、旅に出ることを決め、一八三九年春に南ドイツのミュンヘンに向かい、そこに移り住んだ。

第二節　聖職への道

一　ミュンヘン滞在

ミュンヘンには、十九世紀前半のドイツを代表する独創的な思想家ヨゼフ・ゲレスを中心に、ロマン派詩人クレメンス・ブレンターノ、ミュンヘン大学の有名教授デリンガーやフィリプス、改宗者ヤルケ、若いヴィンディシュマンなどが集う会があった。このゲレス・サークルと呼ばれる知識人の集まりは、南ドイツにおけるカトリック復興の一大拠点でもあった。

ケテラーはこの集いに迎え入れられた。一八三九年五月九日の姉ゾフィ宛の手紙によれば、深刻になりがちな「陰気な北ドイツ人」ケテラーは「愉快な南ドイツ人の快活な生きる意欲」に魅せられる。ミュンヘン在住の遠い親戚の貴族アルコ伯爵にも温かく迎え入れられ、学生時代からの趣味、狩猟には共に頻繁に出かけた。アルコ伯爵夫人はケテラーの姪であり、この夫人が主宰する社交界に加わり、その楽しみも知る。確かに、迷いのなかにあった。しかし、だからといって陰気で物憂い日々を送っていたのではない。

しかも、この南ドイツの人々の快活な生活は厚いカトリック信仰に裏づけられていた。一八三九年の手紙には「この人々は真に生き生きしたカトリック教徒の模範であるように思われる。忠実、誠実、信仰がこの人々の生活全体にも、どの言葉にも染み渡っている」と書かれている。生きる喜びと一体化した信仰との出会いである。

ケテラーの故里ヴェストファーレンは、平らな土地が広がる北ドイツ平原地帯の西北部に当たる。高い山はなく、丘陵と湿地が散在する。そのため、この地方の中世以来の城郭は湿地を利用した水城《みずき》が多い。そのような風景に慣れていたケテラーは、南ドイツの山岳地帯、特にティロルの山々の息を呑むような美しい景観に接し、魅了された。登山と山歩きもケテラーの楽しみに加えられる。一八三九年十月九日の姉ゾフィ宛手紙には、自然という「外面に現れた事柄が、この地方ほど深い信仰と宗教性の表現となっているところはない」と書く。そのような生活のなかで古いドイツ的な生活への強い憧れも芽生え、現代の出来事から遠ざかりたい、という現実逃避の心情にも囚われ、何も決断できない、という思いはますます強まっていく。

しかし、この状態から抜け出す日がついにやってきた。一八四〇年二月三日の兄ヴィルデリヒ宛手紙には、この南ドイツの人々との交流のなか「聖職者になりたい、という気持ちが生まれてきたようにも感じる」と書く。しかし、それに続く言葉にはびっくりさせられる。その動機は「教会が巻き込まれている不和軋轢、そのなかで生き生きと活動するためだ」という。時代の嵐のなかにある教会、そこに自分も身を置きたいと言う。このような動機は、ケテラー自らが言うように「宗教的でもなければ、美しくもない」。

官僚時代に示されたように、ケテラーには、誰からも認められた実務的な才能があった。何をさせてもそつがなかった。そういう人物が、一八三七年のケルン紛争を経験し、職を辞した。その際に、カトリック教会が置かれている困難な状況を自らの体で知った。この状況のなか、ケテラー流の聖職への道の動機があらわれる。状況は難しい、しかし、だからこそ、聖職者となり、身を挺して困難な状況に当たりたいという思いである。

後の一八四八年秋に開かれた第一回カトリック教徒大会での即興演説「自由と社会問題について」（第四節五を参照せよ）では、この同じ思いは次のように表現される。「解決の至難な、もっとも重大な問題、それは社会問題であります。私は真心を込めてこう言いたい。この問題の困難さ、重大さ、緊急性は私の心に至上の喜びをもたらす、と。私にとって、苦しみが楽しいわけではありません。疑いもなく、私の心も深い悲しみのなかにあります(5)」。

重大で、緊急で、困難な状況に巻き込まれ、そのような状況のなかで働くことに生き甲斐を見出す、という思いが聖職者を志すにいたった動機である。

だが、このような動機は許されるのか、ケテラーは自問する。「聖職といった事柄に、このような人間的な動機を持ち込んではならない、こう言って、私を非難する人々もいるであろう。その種の尊敬すべき諭《さと》しは私も十分に心得ている。後で後悔する、それを予想できるだけの知恵も身につけている。だからこそ、この誘惑〔聖職への道〕は私にとっても極めて危険なのである」。

確かに、これは聖人によく見られる神秘的な召命ではない。しかし、なぜ、ケテラーが政治・社会史でも教会史でも名を残すことができたのか、その理由はここにあるように思われる。

ケテラーは自分が何者であるか、何者になりえるか、はっきり知っていた。ケテラーは深遠な神学者ではないし、霊性に溢れた聖人でもない。それらはケテラーからは期待できない。そうではなく、教会内の不和軋轢、教会と国家の闘争、教会と時代精神との対立に巻き込まれ、そこを生き抜く、そこに自己の使命があると考える、それがケテラー流の聖職への道である。

だからこそ、一八四八年の革命、社会問題、バーデン教会闘争、ドイツ戦争、第一ヴァチカン公会議、ドイツ帝国の建設、文化闘争といった一連の出来事のなか何事かを成しえたのではないか。

二　決断

この頃に、ミュンヘンではパッサウ司教に任命されたホーフシュテターの叙階式が執り行われた。この式にケテラーも列席し、そこで聖職への道を決心させた人物、当時のアイヒシュテット司教、後のミュンヘン大司教ライザハと出会う。兄ヴィルデリヒ宛の一八四〇年二月二十六日の手紙でケテラーは次のように言う。「使徒的な精神を持った情熱的な司教が、自己の司教区内で、どのように現代の根本悪と戦い、どのように初期キリスト教精神を再建しようとしているか、ぜひ知りたいと思う。聖職への道を邪魔している多くの事柄がなかったとすれば、私はこのような人たちのもとで学び直すことを願うだろう」。ケテラーはライザハに「真のカトリック奉仕者」を見出し、その信仰と人柄に感嘆の念を抱いた。

一年少しのミュンヘン滞在を終え、一八四〇年六月にケテラーはミュンスターに帰省する。そこから、ライザハに二度にわたり手紙を送り、自分の将来を決定して欲しい旨を伝えた。この手紙は残っていないが、その中身は兄ヴィルデリヒ宛の一八四〇年十月二十日の手紙から推測できる。「すでにお兄さんに書いたように、自分の将来の最終決定は他人の助言と意見に任せることにした。アイヒシュテット司教にそれを口頭で伝えてあるが、書面でも知らせることにした。これで私の将来が善き人の手中にあることは、兄さんも認めてくれるだろう。神に照らし出された人たちが今後の僕の運命をどう決めていくか、安心して静かに待っている」。しかし、ライザハからの返事はなかった。

ライザハとの再会は意外な形で実現する。一八三七年のケルン紛争で大司教ドロステはミンデン要塞に監禁されていたが、一八三九年に釈放され、自分の故里の司教座都市ミュンスターに移り住んだ。一八四〇年にフリードリヒ・ヴィルヘルム四世がプロイセン王位に就くと、このカトリックに好意的な国王とカトリック教会のあいだで合意が成立し、混宗婚と聖職者教育に関する教会の主張は認められたが、ドロステはケルン大司教の座を退くことになった。ローマ教皇は紛争の最終的な処理をライザハに委託し、一八四一年二月にミュンスターに派遣する。

ケテラーはこの機会を捉え、ライザハと面会した。ライザハはケテラーの迷いに答えることもなくケテラーの決意を確かめることもなく、聖職に進むことを当然だと見なし、その教育をどこで受けるべきか指示した。

これでケテラーの行方は定まった。一八四一年二月七日の兄ヴィルデリヒ宛手紙で次のように書く。「その後、状況は大きく変わった。中国の万里の長城を一万回も越える、そのような思いの以前の難しい決断はどこかに吹っ飛んでしまった。もう決断することもない。何とも言いようがない軽い気持ちにある。もう決断することもなく、彼の助言と指導に従う。不動の決断を自ら下そうとして、私は泥沼に落ち込んでいた。さらに先へ進めるか、私は神に委ねる」。

とはいえ、迷いも残る。続いて、本当に聖職に踏み出してよいのか、もしかすると、この軽い気持ちは「神から離れ、無分別な軽率に身を委ねてしまった」証拠ではないか、それとも「神が父としての無限の慈悲によって惨めな私を憐れんでくださっている」証拠か、どちらが正しいのかケテラーに判断はできない。

なぜ、ライザハはケテラーの問に正面から答えないのか、ケテラーは何を迷っているのか。次のように言えないか。聖職に進むべきか、聖職に適しているか、この問には、いくら理性と意志を働かせても答えられない。無限の思考と迷いが続くだけである。自己の真の姿など、自分には見えないからである。

優れた指導者や隣人なら、他人の特性は部分的に見えるかもしれない。しかし、ライザハは決定を下さない。ただ、聖職に進むことはすでに決まったことだとして、どこで神学を学ぶべきか、助言するだけである。ケテラーも決断を下すことなく、進むべき自明の道だとして聖職を受け入れる。これが召し出し（召命）ということである。

三　ミュンヘン大学神学部時代

ライザハはローマの「ドイツ学院」（Collegium Germanicum）で学ぶことをケテラーに勧めた。この学院は、後の十九世紀末に活躍するカトリック社会運動の指導者ヒッツェや、一八九七年創設のドイツ・カリタス連合会の初代会長ヴェルトマンが学んでいるように、教会の指導者を養成する高等教育機関である。

ケテラーには故郷ヴェストファーレンのミュンスター司教区で働きたいという望みがあった。ヴェストファーレンは一八一五年のウィーン条約でプロイセン王国の一州として再編されていたため、プロイセン王国がローマ教皇と結んだ協定（正確には教皇の一八二一年七月十六日の大勅書）に基づき、司祭になるにはドイツの大学で学ぶ必要があった。

ケテラーはアイヒシュテットに短期滞在し、ティロルのインスブルックでイグナティウス・ロヨラに倣った霊操を済ませた後、一八四一年秋にミュンヘン大学神学部に入学し、一八四三年夏まで在学する。

当時のミュンヘン大学神学部は錚々《そうそう》たる教授連を擁していた。ケテラーがもっとも尊敬していたのは教会史家デリンガーである。ずっと後のことになるが、一八七〇年の第一ヴァチカン公会議で教皇の不謬性が定義された後、デリンガーはこの教義に異議を申し立て、カトリック教会から離れる。ケテラーも反対の少数派であったが、この恩師の行動を批判し、恩師とも論争する。これはケテラーの一生でもっとも辛い経験の一つであった。

ミュンヘン大学神学部には、後に「職人の父」として庶民から愛され、カトリック社会運動の真の創始者となるべき人物、ケルンの靴職人アドルフ・コルピングも、軽騎兵少尉から聖職への道を志していた弟リヒャルトも在籍していた。ケテラー家からは多くの聖職者が出ているが、兄弟で聖職者となったのはこの二人だけである。

かつてミュンヘン滞在中、ケテラーはオーストリアのティロルの美しい山々に登り、緑豊かな高原の散策を楽しんだことがあった。今回は弟リヒャルトと一緒に出かけた。姉ゾフィー宛の一八四二年九月九日の手紙ではこの趣味を「ティロルへの情熱」と名づけ「ここには信仰が今も生きている」と言う。

四　ケテラーの神学と教会論

ケテラーは神学をどう学んだのか。姉ゾフィー宛の一八四一年十一月十七日の手紙には「教授、特に教義学教授に指導されている私にとって、祈りのための膝つき板の方が、頭で学ぶ数冊の大型本よりもずっと価値がある」と書く。ケテラーにとって、神学や知識よりも祈りの方がはるかに大切であった。

とは言っても、ケテラーは読書家である。兄ヴィルデリヒ宛の一八四〇年十一月の手紙には、喧嘩、酒、狩猟の学生時代でも、手当たり次第に多くの本を読み漁っていたと書かれている。神学部時代には授業で指定された文献を読みこなしながら、個人的にはゲレスやデリンガーを愛読していた。

しかし、それ以上にケテラーに決定的な影響を与えた思想家は、同時代のテュービンゲン学派の神学者ヨハン・アダム・メーラーと十三世紀の偉大な学者トマス・アクィナスである。この点にも簡潔に触れておきたい。ケテラーはメーラーの『象徴学』（一八三二年）(6)を一八三四年に読み、それ以降この書物を座右の書とした。

そこからケテラーは何を学んだのか。とりわけ教会論である。メーラーによれば、教会とは「自己を客観的に露にしつつあるキリスト教という宗教」である。ケテラーは端的に「生きた有機体としての教会」と言う。これでケテラーの全体系が決まるというほど重要な言葉、それが「有機体的」である。その教会論は一八六二年の『自由、権威、教会』第三十四章「結びの言葉」で展開される。(7)第二章で扱う国家と社会に関する議論でも、ケテラーは有機体的という言葉をもって「自由」を擁護し「絶対主義」を拒否する。

この「有機体」という言葉によって、十九世紀の宗教思想のなか、ケテラーがどのような立ち位置にあったか確認できる。

第一に、フランスの伝統主義者ド・メーストルとの違いである。ド・メーストルはフランス「絶対王政」を手本にしてローマ教皇と教会位階制（ヒエラルキー）を位置づける。いわば絶対主義の教会論である。しかし、ケテラーはその種の教会論を拒否する。教会の一体性は教皇と司教の協働のなかにある、教皇と教会の権限も、それに固有な分野、つまり宗教と魂の救いに限定される、というのが有機体としての教会論である。

第二に、教会の本質は歴史的な発展段階ごとに新しい質を獲得する、換言すれば教会の本質は変化すると見るプロテスタント神学者シュライエルマッハーや哲学者ヘーゲルとも根本的に異なる。ケテラーにおいても教会は時代と共に変わる。しかし、その変化とは教会の本質が成長していくことを意味する。これも有機体思想である。従って、ヘーゲルやプロテスタント神学者ローテのように、国民国家の成立によって教会の役割はなくなった、今後、教会は国家のなかに解消されるとは考えない。

ケテラーにとって、教会と国家はそれぞれ別個の任務を担った独立した存在である。だからこそ「教会の自由」が必要となる。

このケテラーの有機体思想は、トマス・アクィナスの神学と結びつき、明快な規範として定式化されていく。十九世紀中葉以降、他のヨーロッパ諸国と同様にドイツでもトマス哲学の再興が見られた。ケテラーもその流れのなかにある。ミュンヘン時代にゲレス・サークルのなかで、教会と国家、政治と自由、社会問題への実践的な関心が培われた。これらの問題を扱う際、ケテラーは例えば本書第三章の「所有権思想」でも『自由、権威、教会』の第十九章「法治国家」や第二十三章「宗教の自由とカトリック教会」でもトマスの概念や命題に依拠しながら、自己の議論を組み立てている。

しかし、ケテラーは「厳格な」スコラ哲学を嫌う。新スコラ哲学の代表者として、同時代のイタリアにはイエズス会士ジョヴァンニ・ペローネがいた。この神学者は、後にローマ教皇ピウス九世の片腕として「聖母マリアの無原罪の御宿り」（一八五四年）や「教皇の不謬性」（一八七〇年）の教義化に中心的な役割を果たす。ゲレス・サークルで出会った同年齢の友人、当時のケテラーの聴罪司祭、後のミュンヘン大司教ライザハの総代理ヴィンディシュマンは、ケテラーにペローネ神学の勉学を勧めた。しかし、ケテラーは悪戦苦闘の読書の末、この神学は自分の気質に合わないと判断した。後には、神学生として学んだことは人に分かち与えるべきでないと語っている。(8)

ケテラーは、一八四三年秋にミュンスターの神学校に移り、そこで司牧神学を学んだ後、一八四四年三月二日にミュンスター司教座聖堂において助祭に、六月一日に司祭に叙階された。聖職者ケテラーの誕生である。助祭になった十一日後に母を亡くしている。

第三節　農民司祭として

一　ベックムの助祭

ケテラーが命じられた任地は、ヴェストファーレン東部の人口四千ほどの町ベックムであり、その地の教会の助祭として一八四四年十月一日から一八四六年秋まで働く。

この町でケテラーは日々の生活の糧に事欠き、病のなか人生に絶望している人々を目にした。十九世紀前半、特に一八四〇年代に、ドイツだけでなく、ヨーロッパの多くの地域は凶作や疫病の蔓延に苦しんだ。この危機的な状況を捉えるため、当時すでに「大衆窮乏化」や「社会問題」の概念が用いられている。その原因に関する解釈は第三章第六節で提示するが、聖職者としてのケテラーが最初に直面した問題は、飢餓、貧困、病であった。ベックムでは学童、貧民、病人の世話に努めたが、この町には貧弱な救貧院しかなかったため、ケテラーは病院の建設を計画し、資金集めに奔走する。病院は一八四八年十一月に完成し、聖エリザベト病院と名づけられ、運営は慈悲修道女会に任された。その時、ケテラーは次の赴任地ホプステンにあったが、完工式に招かれ出席している。

この関連で二点の補足的な説明を加えておきたい。

第一　当時の病院は「ホスピタル」と呼ばれ、主に支払い能力のない貧者、困窮者、障碍者、孤児、老人などを診察し、治療していた。それゆえ、病院は救貧施設でもあった。それに対し、富裕な人は医者の来診を受けている。十九世紀末になって初めて、病院と救貧施設の分離が始まる。

第二　十九世紀は無神論と唯物論の時代だと言われてきた。しかし、歴史学界ではすでに明らかにされているように、逆に「宗教復興」の時代であった。(9) ドイツでも他のヨーロッパ諸国でも信仰の刷新運動が興っただけでなく、以前の数世紀とは比較にならない数の修道会が一八二〇年代以降に設立され、そこで訓練された修道士、特に修道女が病院や福祉施設に送り込まれていった。教会は模範的な形でこのような時代の要請に応え始めていた。ケテラーもこの運動の担い手の一人である。

ベックムの教会には一人の主任司祭と三人の助祭がいた。世俗の信徒の司牧という、司祭本来の任務をどう的確に果たせるか、三人の助祭は相談した結果、「共同生活」（vita communis）と名づけた生活規範を定め、実践することにした。その様子を実際に目にした同時代人の証言によれば、三人は「小さな助祭館で共に暮らし、司教区の司祭にふさわしい日課を定めた。朝四時に起床し、食堂で一時間黙想した後、ミサ聖祭を準備する。すべては共同であったが、自分たちの職務だけは各自のやり方に従った」(10)。助祭の一人は後の文化闘争でも信仰を公言し続け、「証聖者司教」として名を馳せたブリンクマンであった。

この共同生活の発案者は、十七世紀の教会改革者バルトロメウス・ホルツハウザーである。ケテラーは、これこそ司祭に相応しい生活形態だと見なした。

二　ホプステンの農民司祭

一八四六年の諸聖人の祝日（十一月一日）にケテラーは転任の辞令を受け取る。新しい任地はヴェストファーレン北部の農村ホプステンであった。農民司牧のために働きたいという希望は聞き届けられた。赴任直後の一八四六年十一月十七日に書かれた兄ヴィルデリヒの嫁パウラ宛の手紙には「この職務が神から委ねられたことで、私はこの地上で考えられる最上のものを手にした」と記す。

新しい任地ホプステンは人口二千の寒村である。人口の半分は「非常に貧しく、過酷な隷属下に置かれたホイアーと呼ばれた下層農」であった。状況はベックムよりもはるかに悲惨であり、貧困に加え、特にチフスの流行に悩まされていた。赴任した一八四六年から翌年にかけて、凶作と飢餓の危機がドイツだけでなく全ヨーロッパを襲った。アイルランドからは大量の移民が発生した。この危機は今日から見れば、農業社会に固有な危機、しかも最後の大危機であったが、危機に直面した人々には、過酷な時代の到来を告げる不吉な前触れだとしか思われなかった。(11)

前任の司祭は成す術もなく、九十八歳で死亡していた。前記の手紙には「私に委ねられた人々の魂よりも、体のことを心配しなければならない。というのに、ほんのわずかの人しか助けられない、とても辛い経験だ」と書かれている。

この状況下、ケテラーは何ができたのか。まず、村の少数の裕福な農民と協力し、飢餓に瀕する人々を支援するための団体を結成した。さらに緊急措置として、ケテラー家の親戚の貴族たちに援助を求め、穀物やジャガイモなど十分な食料を荷馬車で送らせた。当座の危機は回避できた、という点ではケテラーの努力は実を結んだ。それに加え、人々から避けられていたチフス患者のもとを訪れ、世話し、体を洗う、といったことまでやっている。これには村の人々もびっくりし、貴族の出ということもあり、それまでケテラーを敬遠していたが、その後は徐々に心を開いていき、最終的には信頼を寄せるにいたった。

ここホプステンでも、ケテラーは聖アンナ病院の建設を計画し、準備を進めたが、完成する前にベルリンに転任する。

後にホプステンの教会に赴任した司祭は一八五七年に、村民は今もケテラーを「父親のように、恩人のように」慕っている、と記している。(12)

ケテラーの人柄と精神を示す逸話は数多く伝えられているが、前任地ベックムでの出来事を一つだけ紹介しておこう。(13)

散歩の途上にあったケテラーは、腹を空かし泣いている子供に出会った。聞けば、裕福な農家でパンをねだったが、すげなく断られたと言う。ケテラーはこの農家に向かう。農家の主人はケテラーを温かく迎え入れ、食事も勧めた。ケテラーは丁寧に辞退し、パンだけを求める。当惑顔で求めに応じた農民にケテラーは感謝し、強い諭しの言葉を投げかけた。「司祭だから、貴族の出だからということで皆さんは私を大切にして下さる。このパンは、私よりも高い地位にある客人、ひもじい思いをしている子供に与える。キリストは『私の兄弟、この最も小さな者の一人にしたことは、私にしてくれたことである』（マタイ二五・四〇）と言われている」。これは、司祭に求められる言葉と行動である。

ケテラーにとって、信仰心を伴わない物的支援に意味はなかった。だから、ベックムでもホプステンでも「罪人の回心のための清いマリアの心の兄弟会」という信心会を設立し、実践と結びついた信仰心の涵養に努めている。ミュンヘン大学神学部に在籍していた頃、ケテラーもこの信心会に所属していた。

ベックムとホプステンでの司牧活動は、十三世紀の聖人アッシジのフランチェスコを模範とする。マインツ司教に就任した後の一八五五年五月二十四日の手紙に「自分は完全な『農民司祭』（Bauernpastor）だ」とあるように、貧しい農民に仕えること、それこそ自分にもっとも適した、もっとも望ましい任務だと感じていた。司教になった後も、司教を辞任し、農民司祭に復帰したいという強い願いを何度も聖堂参事会に提出したが、実現していない。

第四節　一八四八年の革命

一　フランクフルトへ

一八四八年二月にフランスで革命が勃発すると、三月にはドイツ各地でも暴動や騒乱が吹き荒れた。ドイツで革命が目標としたことは国家統一と議会制民主政の実現であった。国家統一は、後の一八七一年にビスマルクがドイツ帝国を建設するという形で達成される。完全な意味の議会制民主政はさらに遅れ、一九一九年のヴァイマル憲法によって漸く確立する。この両者が一八四八年に実現しなかったという意味では革命は挫折した。しかし、今後のドイツ史の方向が決まったという意味では、一八四八年の革命はドイツ近代の「開幕」を告げるものであった。

一八四八年の革命は、ケテラーにとって第二の人生の転機となる。

革命のなか、フランクフルトにドイツ最初の国民議会が召集され、ドイツの国家統一をどう実現すべきか、どのような憲法を制定すべきか、審議されることになった。議会選挙は五月に実施された。

ケテラーは周囲の人々、特に聴罪司祭のハルヴェルデから選挙への出馬を懇請され、気が進まなかったが応じた。選挙区テクレンブルク・ヴァーレンドルフ・ライネの投票数一二二のうち、ケテラーは七〇票を獲得し、当選した。対立候補は、ホプステン生まれのケルンの新聞編集者でプロテスタントのブリュゲマンであった。

しかし、聖職にある者が、議員となることは許されるのか、政治活動をやってよいのか、この問題をケテラーはどう考えていたのか。聖職者の本来の任務は、人間の救いと隣人愛の実践にある、という点でケテラーには何の迷いもない。だから、ケテラーは真剣にこの任務に取り組んだ。

としても「教会の自由」が保障されない限り、教会は自己に固有な本来の任務を十分に果たすことができない。第六章第四節で述べるように、十九世紀前半の国家は「国家教会主義」のもと教会に固有な事柄にも介入していた。このような場合には、政治的な枠組みや条件を変更するため、聖職者の政治活動が必要だ、とケテラーは判断した。

それゆえ、ホプステン村の貧しい農民のことを心配しながら、ケテラーは五月中旬にフランクフルトに向かうが、自らに課していた任務を果たした後には、ただちに議員を辞し村に帰ると決めていた。

フランクフルト国民議会の開会式では、司祭帽に黒・赤・金の記章を付けるほど、ケテラーは国民主義（ナショナリズム）と自由主義に強く共鳴し、自由な憲法と国家統一の実現に向けた強い意志を示した。実際、数ヶ月後の九月十七日の公開書状では「心の底から込み上げる喜びをもって、残酷な警察国家の失墜と死滅を歓迎する」(14)と公言している。

最初、ケテラーは改革への熱意に共鳴して極左政党に近づく。しかし、その綱領に政治的急進主義と反教会主義が掲げられていることを知ると、そこから「三日後に離れ」て、ブレスラウ司教ディーペンブロックの呼びかけで設立された超党派組織「カトリック・クラブ」に所属する。

超党派組織とは、特定の共通な目標を実現するため、政治的な立場を異にする議員が一時的に集い結成する政党である。それゆえ、目標が達成されれば解散する。カトリック・クラブの唯一の目標は、フランクフルト憲法に「教会の自由」を保障する条項を定めることにあった。

カトリック・クラブの指導者は、一八五〇年にプロイセン外相となる保守政治家ヨゼフ・フォン・ラドヴィッツであった。この組織には様々な政治方向のカトリック議員、ミュンヘン大学教授のデリンガーやフィリプス、プロイセン文部省の役人アウリケ、数名の聖職者が加入していた。ケテラー自らは弟リヒャルトに宛てた一八四八年九月十七日の手紙に書いているように、この超党派組織を後の中央党のような真の政党にすべきだと考えていた。

フランクフルト国民議会は五月十八日に開会する。無名の農民司祭ケテラーは初めて政治と社会の公的な舞台に登場し、様々な場所での発言や演説をとおして全ドイツ的な著名人となる。その活動を簡潔に記しておこう。

二　議会演説「学校問題」

議会ではケテラーは何度も演説名簿に載せられたが、議事日程の都合上、実際に演壇に立つことができたのは一度だけであった。九月十八日、後に文化闘争でも論点となる「学校問題」について演説した。

中世以来、学校と教育は教会によって担われてきた。神聖ローマ帝国の皇帝も、領邦君主も、大学を除けば、教育にかかわる意志も余裕もなかった。しかし、十九世紀に完成する国民国家、つまり一円的な領域性を持つ行政国家は、学校、特に初等教育を自己に固有な権限だと主張する。ここに、教育をめぐる教会と国家の対立が先鋭化していく。

教育と学校は婚姻と家族と共に人間の魂にかかわる。従って、これらの事柄に教会が関与せず、発言を控え、国家に全面的に任せる、ということは、キリスト教としての責任を放棄することを意味する。学校問題は教会にとってそれほど重要な問題である。この問題をめぐり、カトリックの議員は自由主義と激しく対立し、ケテラーも論戦に加わる。(15)

国民議会の演説で、ケテラーは次の三点を主張した。第一に、初等教育の主体は、国家でも学校でもなく、両親とゲマインデ（市町村）である。従って、国民学校でどのような教育を施すべきか、それを決める権限は両親とゲマインデにある。第二に、教える自由と教育を受ける自由は保障されなければならない。第三に、教育の場で、教会と国家がどう協働するか、それも両親とゲマインデが決める（現代ドイツの公立学校における宗教教育については、第二章第五節を参照せよ）。

フランクフルト憲法一五三―一五六条は「知識教育」に関する上級監督権を国家の権限とし、教員採用権を国家とゲマインデの協働の権限とした。それゆえ、この面での教会の歴史的な権限は否定された。しかし「宗教教育」の権限は両親と教会にあると規定された。結果から見れば、ケテラーの主張は部分的にしか採用されていない。としても、この条項を含む基本権案の一括採決でケテラーは賛成票を投じた。

他にも、ケテラーは「国民主権の原則」「ベルリン国民議会に対するフランクフルト国民議会の地位」「貴族について」の原稿を入念に作成していたが、演壇に立つ機会はなかった。議場でも他の議員、特に自由主義者の発言には注目している。ここで作成された草稿や覚書はすべて全集に収録されている。ケテラーは議員の責務を真剣に受け止め、誠実に果たそうとしていたことが分かる。

フランクフルト憲法は一八四九年三月二十八日に国民議会で採択された。教会の自由も基本権として認められた。しかし、この憲法は革命後の反動期（一八四九―一八五八年）にどの領邦国家でも無視されたため、最終的には実施されなかった。とはいえ、その基本理念は一八五〇年のプロイセン憲法にも、一九一八年のヴァイマル憲法にも、現代ドイツ憲法の基本法にも受け継がれていく（第六章第四節を参照せよ）。この点でフランクフルト憲法には不朽の価値がある。

三　追悼演説

ケテラーが議会で学校問題の演説をしていた、ちょうどその時、フランクフルトで暴動が起こり、激しい市街戦となる。その発端は、シュレスヴィヒ・ホルシュタイン問題に関し、プロイセン政府が最終的にイギリスとロシアの圧力に屈したことにあった。この外交上の屈辱的な譲歩に対し、民族主義者は怒りを爆発させ、その矛先を保守派に向け、二人の議員を殺害した。人々はこの残酷な事件に恐れ戦いた。

殺害された議員の葬儀を依頼されたケテラーは、九月二十一日に遺体を収めた棺の前で長い追悼文を読み上げた(16)。事件の経過を手短に述べた後、ケテラーは次のように話を続ける。現代人は、一方で、自由、平等、平和、兄弟愛、国家統一、ヒューマニズムなど崇高な理念を掲げる。しかし、他方で、平然と残酷な犯行を仕出かす。なぜ、このようなことになったのか、その理由は、人間が自己の内面を崩壊させたことにある。内面を失った人間は、一方では崇高な理想を掲げながら、他方では冷酷で下劣な行為に及ぶ。しかも、この人々は、歴史の最先端を行く、などと過去を傲慢に見下している。

この追悼演説は、人々に深い感動を与えた。その原稿は直ちにドイツ各地の新聞に掲載され、フランクフルトとライプツィヒでは小冊子としても出版された。ケテラーは一躍ドイツの有名人となる。

四　テュージングとの論争

議員になったとはいえ、ケテラーは最初から政治そのものに関与するつもりはなかった。憲法が教会の自由を保障すること、ただそれだけを求めた。議会審議のなか、一八四八年八月にその目処がつくと、ケテラーは議員を辞職し、聖職者としての本来の任務に復帰しようとした。

当時の制度では、選挙の際、同時に代理人も選出されていた。ケテラーは代理人テュージングに短い辞意の手紙を送り、交代の三条件を付けた。テュージングは返書でその条件を拒否し、両者の手紙を新聞に公表した。ケテラーは反論の公開書状を発表し、自己の政治・社会論を展開した。テュージングも公開書状で再反論し、同時にこれら四通の手紙を単行本として出版した。

これが八月から十一月にかけて行われたケテラーとテュージングの書状論争である。ケテラーは第二書状で、自己の一生を貫く、国家、社会、宗教の基本理念を語った。これは第二章の主題である。

テュージングは最終的に議員を引き受け、ケテラーは一八四九年一月、八ヶ月ぶりに農民司祭に復帰する。

五　即興演説「自由と社会問題」

一八四八年の革命のなか、世俗のカトリック信徒はドイツ各地で「ピウス協会」と呼ばれる団体を結成し、自分たちが何を欲しているか、それを明快に表現し、政治に反映させていこうとした。支部二千と地方本部十七の代表者は、一八四八年十月三日から六日までライン河畔の町マインツに集まり、最初の全国大会を開催した。この大会は後に「カトリック教徒大会」と名づけられる。

一八四八年の革命はカトリック教会史上初めて、このような形で信徒を結集させた。確かに、カトリック政治・社会運動の芽生えは、一八三七年のケルン紛争で見られた。しかし、それを現実の組織体として成立させたのは、カトリック教徒大会である。カトリック教徒大会は、十数万人の信徒が集まる大会として今も続く（序章第一節も参照せよ）。

第一回大会にはフランクフルト国民議会のカトリック・クラブ議員も招待され、その場で何か話すように依頼された。ケテラーの即興演説「自由と社会問題」は人々に鮮烈な印象を与えた。[17] ここで提起された命題「宗教が自由を必要とするように、自由も宗教を必要とする」は第二章の結論で取り上げる。自由と社会問題はケテラーの一生を貫く合言葉である。

六　待降節説教「現代の大社会問題」

この演説に深い感銘を受けたマインツ司教座聖堂の司祭ニッケルと助祭ハインリヒ（後のケテラー司教の総代理）は、ケテラーをマインツ大聖堂の待降節説教に招待し、社会問題についてもっと詳しく語る機会を与えた。一八四八年十一月十九日から十二月二十日までの六回にわたる説教で、困窮した人々の支援こそ現代の最重要課題である、その解決にはキリスト教への復帰と人々の回心が必要だとケテラーは訴えた。

この連続説教は『現代の大社会問題』と題され一八四九年に出版された。六回の説教に表題を付けるとすれば「キリスト教所有権思想」「現代の課題としての社会問題」「自由」「人間の使命」「キリスト教結婚と家庭」「権威」となる。第一回の所有権思想は、本書の第三章で取り上げる。

第五節　ベルリンからマインツへ

一　ベルリンへ

農民司祭に復帰した三ヶ月後、ケテラーの人生に第三の転機が訪れる。

フランクフルト国民議会で共にカトリック・クラブに所属していたプロイセン文部省カトリック局参事官アウリケから、一八四九年四月十日付の手紙が届く。そこには、プロイセン王国の文部大臣がケテラーをベルリンの聖ヘートヴィヒ教会の首席司祭に指名した、ブレスラウ司教ディーペンブロックもこの人事に同意している、と書かれていた。

今もベルリン都心にある聖ヘートヴィヒ教会とは何か。

ベルリンを首都とするプロイセン王国は、東ではロシア帝国支配下のポーランド、西ではオランダと国境を接する北ドイツの大国であり、プロテスタント国王を戴いていた。プロイセン人口の三分の二はプロテスタント教徒であり、残りの三分の一のカトリック教徒が住む地域は、東ではシュレージエンとポーゼン、西ではラインラントとヴェストファーレンにほぼ限定されていた。ベルリンを含むプロイセン中心部のブランデンブルクは純粋なプロテスタント地域である。そのため、ベルリンにはカトリック司教座は存在しなかった。

しかし、宗派混合の大国プロイセンは、カトリック教会さらにローマ教皇との交渉なしに内政も外交もやっていけない。そのための交渉役を必要とする。その役割は、プロイセン東部でもっとも有力なブレスラウ司教座に委ねられたが、その実務は「マルク・ブランデンブルク地方のブレスラウ司教代理」としてベルリンの聖ヘートヴィヒ教会の首席司祭に任せられた。それゆえ、この教会の首席司祭は、カトリックとプロイセンの仲介という重要な職務も兼ねる（一九三〇年にベルリンに司教座が置かれ、聖ヘートヴィヒ教会は司教座聖堂となる）。

アウリケの手紙にケテラーは困り果てた。一八四九年四月十七日の返信には次のようなことが書かれている。自分には「学問がない」し「事務処理能力にも劣る」。それに加え「若い頃から農村生活への自然な愛」を育んできたし、好んで「庶民との交わり」を求めてきた。それに対し「いびつな都市生活には嫌悪感」がある。以上のような理由から「この種の責任の重い地位を思い浮かべるだけで目が眩む。それが教会の上役の命令であり、そこに神の意志を聞き分けなければならないという場合には、どのような召命にも盲目的に従うつもりである。

しかし、そう感じることができるまで、断じて引き受けることはできない」。

確かに、高い地位への畏れはあった。しかし、それ以上にホプステン村の農民のことが心配であった。しかし、ブレスラウ司教ディーペンブロックだけでなく、当地のミュンスター司教ヨハン・ゲオルク・ミュラーの説得もあり、またホプステン教会の後任に弟リヒャルトが指名されたこともあり、ケテラーは安心して転任を受け入れた。ケテラーはミュンスター近くのレムベックで黙想を済ませた後、八月末ベルリンに向かい、十月に活動を始める。

ベルリンは極端なカトリック少数派の都市である。それに加え、プロテスタント国家プロイセンは、カトリック教会に対する厳しい国家監視（国家教会主義）を敷いていた。この二つの困難がケテラーを待ち構えていた。しかし、赴任するなり、ケテラーは活発な司牧を展開する。

まず管轄区を頻繁に巡回し、カトリック少数派の苦境を実地に見聞した。少数派の司牧はどうあるべきか、後にケテラーは何度も発言するが、その際にはベルリンの経験が生かされる。

またカトリック学校の拡充にも努めた。さらに「ベルリンにカトリック病院を建設するための呼びかけ」を発表し、有名な聖ヘートヴィヒ病院の拡充にも努めた。特にカトリック教徒がどう生きようとしているのか、何を望んでいるか、公にはっきり示すため、一八五〇年にはベルリン最初の聖体行列を実施した。それには千人を超える信徒が参加している。ケテラーは、少数派であることに引け目を感じていないし、政府と対立することにも恐れを抱いていない。

当時のベルリン都市圏の人口は五十万に近づいていた。ケテラーは大都市生活の実態も、大都市での司牧の難しさも知ることができた。この知見は後に労働者問題を議論する際に役立つ。

二　ケテラーとプロイセン

ここでケテラーとプロイセン国家の関係にも触れておきたい。ケテラーはカトリック聖職者である、だから、プロテスタント国王を戴くプロイセン国家を敵視したと思う人がいるかもしれない。しかし、これは事実に反する。それは近代世界の論理、政治と宗教の分離、言い換えれば世俗化を理解しない人々の偏見でしかない。この点ははっきり認識される必要がある。ケテラーがプロイセンに友好的であった証拠を挙げておこう。

第一に、スイスの寄宿舎学校から兄ヴィルデリヒに宛てた一八二六年の手紙がある。そこに十四歳のケテラーは「自分は良きプロイセン人だ」と書き残している。プロイセンはケテラーの祖国なのである。第二に、家庭環境も親プロイセン的であった。父親はプロイセン国家に仕える郡長であったし、男兄弟六人の内、二人はベルリン陸軍幼年学校に進み、他の二人もプロイセン軍に勤務した経験を持つ。

ある国家がカトリック的であろうと、プロテスタント的であろうと、国法を遵守し、国家に忠誠を誓うことはケテラーにとって自明の理であった。一八六二年の基本綱領『自由、権威、教会』の第三十三章「ドイツ統一」では「私どもカトリック教徒は正邪をしっかり識別し、祖国ドイツ、その統一と偉大さへの愛において、誰にも引けを取ってはならない(18)」と言う。このような姿勢を取ることは、宗教とは無関係に、近代世界に生きる者が世俗国家に対し果たすべき当然の義務である。

同じことは、一八六六年の戦争でカトリック国オーストリアがプロテスタント国家プロイセンに敗れた際にも言える。ケテラーはプロイセン主導のドイツの国家統一に賛成した。宗教が異なるという理由で、ある国を敵視するという姿勢はケテラーには見られない（第六章第四節三も参照せよ）。

三　マインツ司教への指名

ベルリンに赴任して半年も経たないうちに、ローマ教皇ピウス九世が新しいマインツ司教にケテラーを指名した、という知らせが届く。

前任のカイザー司教は一八四八年十二月三十日に死亡していた。選挙団のマインツ聖堂参事会は激しい議論の末、ギーセン大学教授レオポルト・シュミートを選出する。しかし、司教人事は、一八二一年八月十六日のローマ教皇の大勅書によって、教皇とヘッセン大公国（通称ヘッセン・ダルムシュタット）の承認を必要とした。(19)

教皇と国家のあいだで結ばれる協定は一般に「政教条約」（コンコルダート）と言われる。しかし、十九世紀ドイツのプロテスタント諸国では、自国内のカトリック教徒の権利と義務に関し、国家外の権力（権威）と条約を締結することは、国家主権の制限につながる、と考えられた。そのため、ローマ教皇と国家が内容に合意した上で、教皇が大勅書を発行し、その条文を国家が実際に適用する、という形で両者の関係は調整された。正式な政教条約はヴァイマル時代に実現する。

ヘッセン大公国は聖堂参事会の決定に同意したが、ローマ教皇は拒否した。その理由は、シュミートの神学が啓蒙思想のもと、教会への大幅な国家介入を許す国家教会主義に与している、という点にあった。教皇からの通知は、一八四九年十二月に届いた。

この結果、聖堂参事会内でも、司教区でも激しい対立が再燃した。マインツ聖堂参事会は新たな候補者としてブレスラウ聖堂参事会員フェルスター、ケテラー、ロッテンブルク聖堂参事会員エーラーの三人を選ぶ。ヘッセン大公国は三人の候補者のいずれも承認できると回答した。そのため、最終的な決定は教皇に委ねられた。教皇はミュンヘン大司教ライザハとその総代理ヴィンディシュマンの推挙に従い、三月十五日にケテラーを選んだ。教皇ライザハは、ケテラーが聖職へ進むことを決定づけた人である。正式な通知は、マインツ聖堂参事会には三月二十九日に、ケテラーには四月四日に届けられた。

この決定にケテラーは驚き尻込みした。ミュンヘンの教皇公使サコーニに宛てた一八五〇年三月三十一日の手紙には戸惑いがはっきり表明されている。「そのような高い地位の適任者ではないこと、お役に立てないこと、それを私は神の前ではっきり自覚しています。私という存在の無上の喜びは、小さな村の教会で働くことにあります。そこに私の真の職務があると信じています。……最後に、次のことも配慮してくださるようにお願いします。そもそも私には学問がありません。神学の知識にも欠けています。……ラテン語は読めるにしても、他人の助けなしに文章は書けませんし、会話では少なからぬ誤りを犯します。教皇さまとの意思疎通にも通訳を必要とします」。

喜びを覆い隠すための装われた謙遜、その種の自己欺瞞はここには見られない。ケテラーは正直に自己を語っている。現代では、ケテラーは十九世紀ドイツを代表する司教として評価されている。しかし、どこにケテラーの才能があったか、見誤ってはならない。ケテラーは独創的な神学者ではなかったし、神学体系に精通していたわけでもない。ラテン語会話も流暢ではなかった。とはいえ、ラテン語力はローマでも問題にされなかった。どのドイツ司教もその点で大差はなかったからである。

ケテラーの才能は別なところにあった。時代の課題、ケテラー自らの言葉では「時代の印」を見抜き、それを文章、講演、説教で端的に表現し、的確な対応策を示し、直ちに実践するという才能である。この才能は、国家と社会、議会と教会会議、そのどこでも如何なく発揮されている。実際、ケテラーの書物のほとんどは、具体的な出来事に触発されて書かれたものである。ピウス九世はその才能を見抜き「マインツ司教区が必要としている司教、そのような司教としてケテラー男爵を神の御心に沿って与える」[20]と断言する。

最終的には、聖職への道を決意した時と同様にライザハの助言に従った。一八五〇年四月七日の手紙には「教皇さまの決定にお任せする。……教皇さまの命令とあれば、私は塔からでも飛び降りる。教皇さまが命じるところ、私はどこへも出かけて行く」と述べている。

一八五〇年七月二十五日、ケテラーはマインツ司教座聖堂でフライブルク大司教ヴィカリによって司教に叙階された。三十八歳の若い司教の誕生である。死ぬまで二十七年間、ケテラーはその職にあった。

しかし、ヴェストファーレンの貧しい農民たちのことは忘れられなかった。村の司祭に戻りたい、という辞任願いを何度か提出している。一八五五年六月一日の手紙には「司教という顕職に就いたがために生まれた心の葛藤はまだ収まっていない。村の司牧に復帰したい、私の農民たちと子供たちのところへ帰って行きたい、その慕る思いに私の胸は今も疼いている」と心のうちを吐露している。

一八六四年にケルン大司教ガイセルが死亡した後、ケルン聖堂参事会はケテラーを後任に選んだが、プロイセン政府はこの人事を拒絶した。ケテラーのような人物がプロイセン西部のカトリック拠点ケルンに赴任し活動する、といった事態は避けなければならない、とプロイセン政府が考えたためである。もちろん、この拒否は教皇とプロイセン国家の協定に基づく合法的な行為である。

第六節　マインツ司教として

一　司教区の状況

マインツは帝政期のローマ人によって建設されたドイツ最古の都市の一つである。八世紀にはドイツのキリスト教化に最大の貢献があった「ドイツ人の使徒」聖ボニファティウスが、マインツ司教として西北ドイツの布教に努めた。神聖ローマ帝国ではマインツ大司教は選帝侯と帝国大書記長の地位も兼ね、権力と名声を誇っていた。

しかし、一八〇三年の世俗化によって状況は一変する。大司教区から普通の司教区に格下げされ、その管轄区はヘッセン大公国の領域とほぼ重なるように大幅に縮小された。その上、前述した一八二一年の大勅書によってヘッセン大公国は教会の自由を大幅に制限する。優れた司教にも恵まれなかった。高級官僚や上層市民は領邦の首都ダルムシュタットに移ってしまったため、マインツは活気のない町に落ちぶれていた。

一八五〇年にマインツ司教となったケテラーには、次のような問題が待ち構えていた。

第一に、少数派カトリックという問題である。一八四八年の統計によると、プロテスタント君主を戴くヘッセン大公国では、カトリック人口は総人口の四分の一である。この状況下ではプロテスタントと同じ権利を得ることは難しいし、国家教会主義の拘束も受けやすい。それゆえ、まず「同権」と「教会の自由」を確立することがケテラーの課題となる。ただ司教座があるマインツ市では、プロテスタント六千人、ユダヤ教徒二千人に対し、カトリック二万八千人で、カトリック人口が圧倒的に多かった。(21)

第二に、カトリック内の国家教会主義との対立である。司教区内の聖職者や信徒も、ヘッセン大公国に仕えていた少数のカトリック官僚も、十八世紀以来のカトリック啓蒙思想に支配されていた。そのため、この人々は自ら国家教会主義を志向し、教会の自由の価値を認めようとしなかった。

第三に、一八四〇年代にシュレージエンで生まれた分派「ドイツ・カトリシズム」との対決である。すでにマインツにも拠点を築いていたこの異端は、教皇の首位権、教会位階制、カトリック的な敬虔（聖人、絵画、祭日など）、カトリック教会の普遍性と国際性を否定する。それゆえ、この異端では、教会は国家内的な存在でしかない。

第四に、急進革命派との対決である。フランス革命に続く戦争のなか、一七九七年にマインツはフランス軍に占領され、市政府はジャコバン派に占拠された。ミサ聖祭は監視され、聖体行列や巡礼は禁止された。宗教学校も多くの修道院も閉鎖された。その後も、この民主急進派の流れは続く。一八三八年に設立されたカーニヴァル協会の会長、弁護士のツィッツは一八四八年に急進政党を結成し、フランクフルト国民議会にも選出され、マインツ司教選出の混乱を見て教会攻撃も始めていた。

このような状況に心を痛めたケルン大司教ガイセルは、一八五〇年に「この古いカトリック都市は堕落のどん底にある」と嘆き憂えている。ケテラーは着任の前日、ライン河畔の町ビンゲンで司教区の現況を聴き取り、まるで「病人」のようだと呟いた。(22)

本書の主題は社会問題であるが、マインツ司教としてケテラーが司牧という本来の業務をどう行ったか、最小限のことはここでも言及しておこう。(23)

二　ヘッセン大公国との誓約

司教として叙任される前、政教条約に従って、カトリックの司教は世俗の国家ないし君主に対し国法の遵守を誓約する義務を負う。それは正当な義務として現在も変わっていない。どのような誓約をするか、ケテラーは、一八五〇年六月二十日の公的な書簡でヘッセン大公国の君主ルートヴィヒ三世に事前に知らせていた。そこに書かれていたとおり、七月二十三日に首都ダルムシュタットの宮殿で行われた宣誓式では自己流のやり方を貫く。ケテラーは伝統的な宣誓文を変更し、そのなかに次のような新しい言葉を付け加えた。

神の掟が司教に課してきた神への義務、そのような義務しか私は認めない。それ以外の義務に服するつもりはない。……神のものは神に与え、皇帝のものは皇帝に与える（ルカ二〇・二五）、そのために最大限の努力を払いたい。……神の法やキリスト教会の掟に反する事柄が求められた場合、それは私にはできないと断言する、と。(24)

この宣誓によれば、神の掟が何よりも優先する。君主と司教、人民と聖職者はすべて神の掟に服する。換言すれば、神のものに君主や国家が干渉するといった事態が生じた場合、司教は国家との対立も辞さないということである。ヴィーゲナーはこの姿勢を「司教権を留保した上での宣誓」と表現する。(25)それがどのような形であらわれるか、すぐにはっきりする。

三　施政方針表明

ケテラーの司教叙階式は、七月二十五日にマインツ大聖堂で行われた。その場でケテラーは司教としての最初の説教を行い、自分が司教職をどのようなものだと捉えているか、今後どのように司教職を奉じていくか、司教区内の聖職者と信徒に対し宣言した。「私という存在、私が所有しているもの、これらすべては私のものではなく、皆さまのものであることを誓う。私の衣食住にかかわる事柄で、余分なもの、快適なものを避ける義務が私にはある、司教の地位から生まれる収入で使い残したものを慈善に振り分ける義務があることを誓う。私のすべての時間、私の全身全霊を神と皆さまの霊のために仕える義務があることを誓う」。

これは長い説教の一節であるが、この言葉が何を意味するか、その後のケテラーの人生が証明する。叙階式の当日には、司教区内の信者に向けた長文の司牧教書（司教書簡）も発表し、司教に就任するからには何をやらねばならないか、強い意志で公言した。これらは、いわばケテラーの施政方針表明である。

四　マインツ神学校の再建

マインツには、ナポレオン支配下の一八〇三年にコルマル司教が設立した神学校があった。ヘッセン大公国はこの神学校を一八二九年に閉鎖し、翌年ギーセン大学にカトリック神学部を新設する。今後、マインツ司教区内の聖職者はすべてここで養成されることになった。大学神学部であれば、国家はたやすく教育や人事に介入し、国家教会主義を貫くことができる。

司教区を立て直すためには、まず教会が聖職者教育の権限を取り戻さなければならない。そのためには優秀な教授陣と完全な教育課程を備えた神学校が必要である。この趣旨から、ケテラーはヘッセン大公国に一八五〇年十月十四日付の建白書を提出し、神学校の再建を通知した。神学校は大公国の許可がないまま、一八五一年五月一日に開校された。

なぜ、ケテラーはこれほど強硬な姿勢を取るのか。その第一の理由は、教会の自由にあった。教会が自らの働き手を自ら養成しない限り、司教区の再建など不可能である。教会内に世俗の利害が入り込み、教会は堕落していく。第二の理由は、十六世紀のトリエント公会議で、聖職者教育の権限は司教にあると決められていたことにあった。司教に固有な任務に関し、ケテラーがどのような行動を起こすか、以上から明らかである。

ヘッセン大公国は神学校の再建を黙認し、ギーセン大学カトリック神学部を一八五九年に廃止した。ドイツ中の人々はケテラーのやり方に驚いた。

さらに、小神学校も一八六四年にはマインツに、一八六九年にはディーブルクに新設された。

しかし、これらの小神学校も、前記のマインツ神学校も、後の文化闘争のなか一八七〇年代に閉鎖を余儀なくされる。

五　聖職者の規律の強化

ケテラーは一般信徒との交わりも大切にした。だから、信徒がどのような信仰生活を送っているか、司教区内の実情を知るため、司教就任後すぐに小教区の視察を始め、三年以内にすべての教会を訪問した。その際には聖職者の不名誉な評判も耳にし、事情を聴取している。視察を終えた一八五二年一月六日に、全聖職者宛に秘密の書状を送り、司祭の堕落の実例を挙げながら、姿勢を正すように強く要請した。

そのためにも、ベックム助祭時代に実践していた「共同生活」（第三節一を参照せよ）こそ、世俗の信徒の司牧を担う司祭にもっとも相応しい生活規範だとケテラーは考えた。その提案者ホルツハウザーの没後二百周年を記念して、一八五八年にマインツ司教区全体で共同生活を実施しようとした。しかし、周囲の反対、特に司教総代理のアダム・フランツ・レニヒの反対で実現していない。レニヒは、この点以外ではケテラーのもっとも良き理解者であり協力者であった。

その後も三年ごとに全教会を見回っている。その際には、いつも病院を訪問した。隣接のフライブルク司教区のヴィカリ大司教が老齢であったため、代理人としてしばしばバーデンにも出かけている。

六　様々な修道会の招致

カトリック教会には、ローマ教皇（教皇庁）・司教（司教区）・司祭（小教区）の教会位階制（ヒエラルキー）と並んで、修道会が存在する。前者は、地域共同体として、世俗信徒の日常的な司牧に携わる。後者は、機能共同体として司教区や国家を越え、司牧、教育、看護などに従事する。

マインツ司教区では、一八〇三年の世俗化以来、修道会はほぼ活動停止の状態にあった。唯一の例外は、一七五二年からマインツ市内の公立女学校で細々と働いていたイギリスのマリア・ワード女子修道会である。一八四八年にはヴィンセンシオ会の三人の修道女がマインツに入り、病院建設の準備を始めた。

ケテラーは司牧の再建に向け修道会の招致も試みる。それには政教協定に従い国家の許可が必要である。ヘッセン大公国は修道会の活動拠点の設置に関し非常に好意的に対処している。その若干の事例を挙げておこう。

まず「神の摂理修道女会」が一八五一年にフィンテンに拠点を設営した。この会の修道女の多くは、農村で教師や看護師として働き、住民から慕われた。一八五二年にはマインツ市立病院の運営を任せられ、一八五六年には少女孤児院も建設している。

続いて「マリア会」が一八五二年にマインツで聖マリア女子校を開校し、あらゆる階層の子弟を受け入れた。しかし、前述の急進民主派は、教会が教育に影響を及ぼすことを嫌い、その開設に強く反対した。

ベルリン滞在中のケテラーの導きで、一八五〇年にカトリックに改宗した文筆家イダ・ハーン伯爵夫人はマインツに移り住み、一八五三年に身寄りのない少女を世話するため「善き羊飼い修道女会」を設立した。この伯爵夫人は、死亡する一八八〇年まで施設の一室に住みながら、後半生を少女の養育や更生のために捧げている。一八五五年には、ボロメウス修道女会がライン河畔の町ビンゲンに、慈悲修道女会が司教区南部の町ベンスハイムに拠点を設営し、少女のための孤児院を建設した。

一八五四年にマインツに新設された巡回病院への看護師の派遣は、アーヘンの工場主の娘シェルヴィーアが一八四五年に設立した修道女会「聖フランチェスコの貧しい姉妹たち」に依頼された。激しい反プロイセン感情を持つ修道女によって設立された修道会をマインツで活動させてよいかどうか、市政府はためらったが、ケテラーの物怖じしない助言で入国と活動を認めた。

日々の生活に困難を覚える成人や孤児のため、男女別の二つの施設が建設された。一八五六年、オーデンヴァルト山麓の村に聖マリア少女孤児院が建設され、その運営は前述した神の摂理修道女会に任された。一八六四年には、ディーブルクに聖ヨセフ少年孤児院が建設され、孤児の躾と教育に携わる人材を養成するための機関「聖ヨセフ兄弟会」も結成された。この事業にはケテラーも寄付し、少年たちが演じる劇を聖堂参事会員と共に見物している。

一八五九年には、ケテラー自ら、病や高齢にある女性の家事使用人を無料で収容するための施設の建設を促した。そのための支援団体「マリア互助会」は一八六一年に結成された。なぜ、女性の家事使用人なのか、経済史上の重要な問題であるため若干の解説を加えておこう。(26)

家事使用人は、住み込みの家事手伝いとして富裕な市民家族に雇われた労働者である。この職業部門は、農業社会から産業社会への移行期において不熟練な女性労働者に提供された雇用機会のかなりの部分を占める。いわば女性に生きる機会を与えた仕事である。それゆえ、女性の家事使用人が病気や失業に陥ったり、未婚のまま高齢化したりすることは生存の危機を意味した。

この点を認識すれば、なぜ、その支援が急を要したか、よく理解できるであろう。第五章第三節で述べるように、一八六九年にケテラーは司教会議に社会問題の報告書を提出するが、それは工場労働者だけでなく、職人と失業中の女性家事使用人も対象とする。

ちなみに、産業化が高度化する一八八〇年代以降、労働者の実質賃金は上昇していく。換言すれば人件費は高騰する。そうすると家事使用人という職種は徐々に消えていく。その消滅は豊かな産業社会が到来したことを意味する（第三章第六節も参照せよ）。

一八五三年には、刑務所を出所した人々が社会復帰を図るための事業も計画されたが、頓挫している。これは今日でも困難な課題である。

文化闘争の大波は一八七〇年代にヘッセン大公国にも押し寄せ、看護系の修道会を除き、ほとんどの修道会はこの国から追放されていく。こうして、ヘッセン大公国における国家と教会の友好な関係は終わりを告げ、二十年以上にわたるケテラーの努力は水泡に帰する。

七　国内伝道、イエズス会、カプチン会

イエズス会は一八五九年にマインツの聖クリストフ教会に拠点を構えた。

この戦闘的な修道会の活動を認めてよいかどうか、認可前にマインツ市政府内でも世論でも激しい論争があった。ケテラーは少年時代にスイスのイエズス会寄宿学校で学び、そこで受けた教育に感謝の念を抱いていた。次の二点でケテラーはイエズス会に期待し、招致を決める。

第一に、この時代の教会には、教会から離れていた人々を教会に戻すという難しい課題があった。そのための運動は国民伝道（Volksmission）とか国内伝道（Innere Mission）とか呼ばれる。この事業を軌道に乗せるには、イエズス会から派遣される有能な人材を必要とした。その拠点はマインツ市を含め五つの都市に置かれた。

第二に、信徒の信仰の強化という仕事もあった。そのために（一）信心会や兄弟会、（二）隣人愛の実践に従

事するカリタス会、(三) 様々な職業に従事する人たち、特に農民・職人・労働者の利益の擁護をめざす社会運動（農民組合、職人組合、手工業者組合、労働者同盟など）を奨励し、組織する必要がある。このような団体を組織するという面でも、イエズス会には知識と技術が蓄積されていた。

国内伝道のためには、ケテラーはすでに一八五四年にカプチン修道会をマインツに誘致していた。この修道会は説教だけでなく、貧者や路上生活者の世話にも携わっている。一八五〇年にこの修道会に入っていた弟リヒャルトがマインツに派遣され、若くして死亡する一八五五年まで働いた。この修道会は、下層の民衆に愛され、後にはディーブルクにも活動の拠点を築いている。

ケテラー自らも信心会を勧め、黙想や巡礼を催し、カプチン修道会の国民伝道にも加わった。一八五一年には信徒のカリタス会として男子のヴィンセンシオ会と女子のエリザベト会がマインツにも結成された[27]。同年には、司祭コルピングに指導されていたカトリック職人組合もマインツに設立された。その職人会館（後のコルピング会館）が一八六四年に建設される際、ケテラーはかなりの額の資金を援助している。序章第一節で述べたように「職人の父」コルピングと「労働者の司教」ケテラーは、十九世紀ドイツのカトリック社会運動を代表する。

八　ドイツ司教会議の定例化

ローマ教皇を頭とするカトリック教会組織のなか、司教区はいわば独立国家のごとき存在である。従って、司教たちが国民国家を単位に纏まるなどといったことは、十九世紀まではありえなかった。

しかし、一八四八年の革命のなか、ドイツの司教たちは、教会問題に関し全ドイツ的な一致した行動を取る必要性を痛感させられた。ケルン大司教ガイセルの提案によって、第一回の司教会議がマイン河畔の町ヴュルツブルクに召集される。この集まりで、司教たちは、それぞれの司教区が属する領邦に「教会の自由」を求める建白書を提出することを決議した[28]。

この司教会議は、革命という緊急事態への一時的な対処であった。ローマ教皇はそのような会議に対し危惧の念を表明した。ドイツの司教たちが国民国家的な纏まりのなか、教皇からの独立性を志向する疑念があるからである。

しかし、その後、ドイツのカトリック教会を取り巻く状況はますます険悪となっていく。一八五〇年代にはバーデンで「教会闘争」が始まる。この闘争は一八七〇年代にプロイセンと全ドイツに拡大し「文化闘争」と呼ばれる。さらに第一ヴァチカン公会議が一八六九年に開催されることが予告され、それにどう対処するかという問題もドイツの司教たちを悩ませる。

一八六七年の司教会議でケテラーは議長を務めた。その際、ケテラーは会議の定例化を提案し、司教会議は今後、毎年秋に中部ドイツの司教座都市フルダで開催されることに決まった。そのため、この司教会議は「フルダ司教会議」とも言われる。フルダには「ドイツ人の使徒」聖ボニファティウスが布教の拠点とした、お気に入りの修道院がある。その地下の礼拝堂には、今もボニファティウスの遺体が安置されている。

ボニファティウスは、司教区を持たない大司教として、特に北ドイツで布教に努めていたが、七四六（ないし七四七）年にマインツ司教に任命された。そのため、マインツもボニファティウスゆかりの地である。ドイツのキリスト教化の拠点であるフルダは、ドイツの司教たちが集まり、協議するには最も相応しい場所である。司教会議も回を重ねるにつれて、参加者たちのあいだに新しい全ドイツ的な帰属意識も芽生えていく。この司教会議は今もフルダで毎年秋に開かれている。

一八六九年の司教会義にケテラーが提出した報告書「工場労働者のための教会の支援活動」は第五章第三節で取り上げられる。

九　論争の一生

ケテラーには「労働者の司教」の愛称以外に、論敵から付けられた渾名「論争好きの司教」「喧嘩早い司教」もある。ケテラーが死んだ時、不倶戴天の敵であったベルリンの新聞は追悼記事で「生まれながらのジャーナリスト」とも名づけている。(29) この面のケテラーにも触れておこう。

ケテラーは、一八四八年の革命時に公的舞台に登場し、一八七七年に死亡するまで、宗教、政治、社会の諸問題をめぐり、国家主義者、自由主義者、社会主義者、教会離反者、フリーメイソンなどとの論争に明け暮れた。一八六六年のドイツ戦争後には、プロイセン主導の国家統一を認めたため、身内の陣営であるドイツとオーストリアのカトリックの人々とも険悪な状況に陥った。(30) 一八七一年のドイツ帝国議会では、宰相ビスマルクだけでなく、トライチュケやベニヒセンなど自由主義者とも激しい論戦を繰り広げた。第一ヴァチカン公会議ではローマ教皇ピウス九世とも対立した。この公会議に抗議してカトリック教会を離れたミュンヘン大学教授デリンガー、ケテラーがもっとも尊敬していた恩師との悲痛な論争もあった。

ケテラーの書物や小冊子のほとんどは、このような論争の際に出版されたものである。唯一の例外は、一八四八年の革命から十年以上の思索を積み重ねて仕上げた『自由、権威、教会』(一八六二年刊)である。

なぜ、ケテラーはそれほど「論争好き」であったのか。その理由の一つとして、第一節で述べた癇の強い気質が挙げられる。この生来の性格にはケテラー自らも悩み、中年になっても同じ過ちを繰り返している。しかし、それとは別に、ケテラーには論争しなければならない明快な理由と基準があった。その点ははっきり認識される必要がある。

ヒルデスハイム聖堂参事会員の叔父ヴィルヘルム・フォン・ケテラーは、当地のフリーメイソン団で指導的な地位にあった。この聖職者の叔父はケテラーが洗礼を受けた際の代父であり、名付け親でもあった。ということは、実の親に次ぐ大切な人である。しかし、そのようなことはおかまいなしに、ケテラーは一八六〇年代以降、激しいフリーメイソン批判を展開する。[31]

恩師、名付け親、ローマ教皇であろうが、正しくないと判断した考えには果敢に異議を申し立て問い質す、そのような人物がケテラーである。

第七節 死

ローマ教皇ピウス九世の司教叙階五十周年の祝賀式典に出席するため、ケテラーは一八七七年五月八日、五度目のローマ訪問に旅立った。この際の旅行鞄には、マルクス『資本論』の解説論文も入っていたと伝えられている。

ケテラーはヘッセン大公国との協定を改正するため、一八五四年から一八五五年にかけて初めてローマに滞在した。その時には教皇庁事務局のだらしない仕事振りに腹を立て、いざこざを起こしている。一八六九―一八七〇年の第一ヴァチカン公会議では、ケテラーは教皇とも対立し、非常に辛い思いをした。ローマには不愉快な思い出しかなかった。

しかし、今回は心から教皇を祝うことができた。五月十七日に大広間でピウス九世に謁見したが、その時間は異例なほど長かった。教皇はケテラーを称賛して「私の息子よ、汝には文才がある。汝の方が、私よりもはるかに優れた文章を書く」と語りかけた。[32]実際、ケテラーの語り口は絶妙で、その文章は平易で明快であり、しかも力強い。

ローマ滞在中の慣例として、ドイツからの巡礼者のために建てられた教会で何度か説教をした。これが最後の説教となった。列席者は「彼の信仰宣言であり、聖職者としての遺言であった」という感想を残している。五月十六日にもドイツからの巡礼団に挨拶した。これが公の席にあらわれた最後である。六月三日の祝賀式典が終わると、明くる日にはドイツへの帰途に就いた。

ローマに旅立つ前の四月、堅信を授けるためにマインツ司教区内の各教会を巡回していた時、ケテラーはすでに風邪を引いていた。ローマからの帰途、南方のモンテ・カッシノ修道院に立ち寄った際に風邪を再発させた。しかし、健康に自信があったケテラーはいささかも気に留めていない。そこから、ドイツに向け北上する。病状はフィレンツェで悪化し、インスブルックとミュンヘンを経て、バイエルンの巡礼地アルト・エッティングに辿り着いた時には、かなり重症化していた。旧友や親戚を訪ねるため、近くの小都市ブルクハウゼンのカプチン修道院に向かったが、この修道院で三十三日間、病の床に臥し、七月十三日に死亡した。

診断によると、死因は胃弱と極度の衰弱である。遺体は鉄道でマインツに運ばれ、一八七七年一月三十日付の遺言書に従って、マインツ大聖堂内のマリーエン祭壇（Marienkapelle）に葬られた。今もそこに眠る。

ケテラーは二通の遺言書を残している[33]。公会議に出席する直前の一八六九年十一月二十二日に書かれた最初の遺言書には「フランス法に従えば、貧しい人々を私の相続人にすることはできない。そこでマインツ司教座聖堂参事会のみを私の遺産相続人に任命し、私の遺産の処分に関し、誰の言い分も聞いてはならないと宣言する」と書かれている。フランス法とあるように、マインツを含むライン左岸地帯では、一八〇一年以降フランス民法が適用されていた。ちなみにドイツ統一民法典は一八九六年に制定され、一九〇〇年から施行されている。

一八七七年一月三十日付の第二の遺言書には「書斎机の現金以外、私に財産はない。私が持っていたもの、それは善き目的のために使われた」とある。二つの遺言書が示すように、ケテラーは文字通り貧しい人として死んだ。

結びの言葉

ケテラーは十九世紀ドイツを代表する司教である。しかし、ケテラーは霊性や神学で卓越していたわけではない。ケテラーの貢献は、近代世界における宗教、政治、社会の諸問題と誠実に向かい合い、これらの諸問題に対し宗教が果たすべき役割を提起し、問題解決へ向けての道筋を示したことにあった。だからこそ、論争の一生ともなった。墓碑には「力強い言葉と実践」[34]の言葉が刻まれている。

しかし、十九世紀ドイツの自由主義的、国家主義的、プロテスタント的、プロイセン的な時代精神のなか、ケテラーの言葉は聞き入れられなかった。序章に述べたように、ケテラーの思想はむしろ死後、特にヴァイマル時代と第二次世界大戦後に実を結ぶ。この意味で、最近の研究者はケテラーを評価して「行動における挫折、〔後世への〕作用における成功」と表現する。一口で言ってしまえば「挫折のなかの成功」である。[35]

第二章　ケテラーの基本思想——補完性原理を中心に

はじめに

国家、社会、宗教、人間をケテラーはどう捉えるのか、その基本的な立場を解き明かすことが本章の課題である。その材料として、一八四八年のテュージングとケテラーの書状論争を取り上げる。この論争で、ケテラーは「補完性原理」という言葉を用いていないが、補完性原理そのものを定式化していると見なしてよい文章を残している。その原理は、国家、地域、法、議会制、学校問題、宗教教育に応用されていく。その議論を見ると、ここに補完性原理が始まると言えるように思われる。

第一節　補完性原理とは何か

一　書状論争の切っ掛け

第一章第四節で述べたように、一八四八年五月の選挙で、ケテラーはフランクフルト国民議会の議員となり、初めて政治の舞台に登場した。

ケテラーが議員になった目的は、フランクフルト憲法に「教会の自由」の条項を制定させること、ただそれだけにあった。その目処がつくと、農民司祭に復帰するため、一八四八年八月十九日、選挙の際に代理人に選ばれていた司法委員テュージングに短い手紙を送り、辞任の意図を伝えた。そこから始まったのが、この書状論争である。

その手紙で、ケテラーは議員交替の条件としてカトリック・クラブ三原則への同意を求めた。三原則とは、第一に、教会の国家からの独立、第二に、教育の自由、第三に、ゲマインデ（最下級の地域共同体としての市町村）の自治権（これには国民学校に対するゲマインデの自治権も含まれる）である。テュージングは九月二日の公開状でこれを拒絶し、ケテラーの書状と自分の回答を地方新聞に発表した。

選挙民は不安を募らせ、ケテラーの反応を待った。ケテラーは九月十七日の公開状で反論し、そのなかで彼の一生を貫くことになる政治・社会信念を語った。テュージングも十一月二日の公開状で再反論した。しかし、この冗長な書状は真の批判となっていないし、その中身も九月二日のものから一歩も出ていない。ケテラーもこれには反論していない。テュージングは直ちに、ケテラーの許可も得ずに、以上の書状を『教会、学校、国家に関する四書状』と題して出版した。ここで取り上げるのは、テュージングの九月二日の書状とケテラーの九月十七日の書状である。(1)

二　補完性原理の定式化

序章第三節一で述べたように、補完性原理は一九三一年のローマ教皇の社会回勅『社会秩序の再建』で定式化された。そのものをずばりと表現している、と見なしてよい文章がケテラー書状の最後の方に出てくる。まずその箇所を引用し、補完性原理とは何かを示しておこう。

テュージング氏とは異なり、私は単純な命題を出発点に置く。その命題とは、個人は誰でも、自分の力でできることを自ら実行する権利を持つ、というものである。私にとって、国家は機械でなく、生きた有機体である。その有機体を構成する個々の生きた肢体は、どのようなものでも、自己に固有な権利、自己に固有な機能を保持し、自己に固有で自由な生活圏を形成する。このような肢体の例として、個人、家庭、ゲマインデなどがある。下位にある肢体は、どのようなものも、自分の領域内では自由に動き回り、最大限の自由な自己決定と自治の権利を享受する。

この有機体の下位の肢体が、自分の目的を自分の力だけで達成できない場合、また自己の活動や成長を脅かすような危険を自分の力で防御できない場合、このような場合に初めて、より上位にある肢体が登場し、活動を開始する。その場合には、下位の肢体は、自己の自由と自己決定の一部を上位の肢体に譲渡しなければならない。そのように譲渡された権限を用いて、上位の肢体は自己の目的を達成する。

とすれば、家庭やゲマインデが自分たちに固有な目的を達成するため、自分の力でできること、そのようなことは家庭やゲマインデの自治に任せておかなければならない。そうすることで、あらゆる人々、教養ある人たちだけでなく、国民すべてが統治に参加する。国民はそれぞれ自分のことは自分でやる。ゲマインデは、繰り返し起こる小さな問題を処理し、大きな問題を自らの議会で審議する。このような政治の実践を訓練し、学習する学校、それがゲマインデである。こうして、政治の舞台で活動するための能力が国民の身についていく。それは、私どもに自律の感情を与えてくれる(2)。

解説の必要などまったくない明晰な文章である。何よりも貴重なことは個人の自発性である。個人ができることを、他人も、どのような機関、団体、国家も奪ってはならない。しかし、個人には自分の力でできないことがある。そのような場合には、個人は他人と協力して団体を結成し、目的を実現しようとする。このような団体のなかで、もっとも重要な最小の団体は家庭（家族）である。家庭という小学校において、人間は自他の区別、独立と献身、自己主張と協調、対立と協力、裏切りと信頼など社会生活の基本を学ぶ。

家庭に続いて重要な団体は、最下級の地域共同体（ドイツのゲマインデ、フランスのコミューヌ、日本の市町村）や職業上の団体（企業、産業団体、労働組合）である。自分が住んでいる地域、自分が携わっている職業、そこに固有な事柄、そこで生ずる問題は、まずその内部で処理され解決されなければならない。しかし、このような下位の団体にも実行不可能なことがある。そのような事柄を処理するため、さらに上位の団体や国家が登場する。その時には、個人と下位の団体は自己の権限の一部を上位の団体や国家に譲渡しなければならない。

しかし、上位の団体から受ける援助は、あくまで「自律」のための支援であり、「自助」へ向けての援助である。上位の団体や国家も、個人や下位の団体に固有な任務や自由を奪ってはならない。個人や下位の団体にできないことを「補う」ように干渉し支援しなければならない。「補完」という言葉はここに由来する。現代カトリック社会論の学者ロースは、補完性原理を「草の根民主主義」と呼ぶ(3)（以下では、自律と自立は同じ意味で用いられる）。

ここで予め、ありうる誤解を解いておこう。補完とは自助へ向けての援助である。それゆえ、存在能力のない産業を保護せよ、とは言わない。福祉への過当要求、ましてや便乗、ごね得、たかりなども完全に補完性原理に反する。補完性原理は、個人、団体、国家にはそれぞれ固有な任務と権限がある、それゆえ、それぞれの任務は自らの力で遂行せよ、と命ずる。また逆に、民族自決を与えられると部族紛争や内乱に終始するような国家、そのような国家に独立を与えよとも要求しない。それは、他からの援助を必要とする老人、子供、障碍者に自律を強要することになる。自由と自律は能力と成熟を前提とする。

三　「有機体」としての国家

前記の引用文のなかに「国家は機械ではなく、有機体である」という文章がある。機械とか有機体といった言葉でケテラーは何を言いたいのであろうか。

「機械」としての国家とは、ケテラーにとって有無を言わせず強制的に命令する権力機構、「警察国家」的な支配、例えば十八世紀の絶対王政や十九世紀の中央集権のことである。このような国家体制をケテラーは拒絶する。それに対し、ケテラーは「国家は有機体である」と言う。ここで言う「有機体」とは何のことか。

有機体の概念は今まで多くの誤解を招いてきた。この言葉は、しばしば個に対する全体の優位、個人に対する国家の優位という意味で用いられる。国家は全体であり、個人はその部分である、全体としての国家があって初めて個人も存在しうる、だから全体としての国家が個人に優先すると主張される。このケテラーとの論争で、テュージングも同じような国家論を展開する。

国家や社会という全体のなか、個人はその全体を構成する肢体、部分でしかない、このような意味の有機体的な国家観や社会観は、十九世紀の思想家、例えば、国家を絶対化した国家主義者だけでなく、シュモラーやアドルフ・ヴァーグナーのような講壇社会主義者、社会を絶対化したコントのような社会学者、マルクスやエンゲルスのような革命的社会主義者にも共通していた。

しかし、ケテラーが言う有機体はそれとは異なる。個人、家庭、ゲマインデなど「下位にある肢体が、どのようなものも、自分の領域内では自由に動き回り、最大限可能な自己決定と自治の権利を享受する」、そのような個人の自発性を許容する体制が有機体である。この有機体的な社会像は、第一章第二節三で述べたように、大学時代から愛読していたテュービンゲン学派の神学者メーラーの影響下に形成された。

従って、ケテラー的意味の有機体は、全体主義的な意味に誤解されてはならない。個人には、国家や社会によっても奪われることがない不可侵の権利がある。人間は人間それ自体が目的であって、国家や社会の手段ではない。個人や下位の団体が自発的に自己の責任と権限で活動すること、それ自体に価値がある。団体、国家、社会の役割は人間活動を支援し、人間に力を発揮させることにある。このような体制が造られた時に初めて、国家や社会は人間に奉仕していると言える。国家と社会に対する人間の優位という思想は、人間は「神の似姿《にすがた》」として創造されたというキリスト教人間像、言い換えれば「人格」(ペルソナ)としての人間の尊厳という人間像を前提とする。(4)

四 第三の道

十九世紀のヨーロッパを主導した思想は自由主義と個人主義である。個人は解放され、経済は自由となった。自由と自助を強調する点で補完性原理は個人主義に近い。しかし、個人主義は団体を否定し、人間をばらばらの個体に解体する。中間団体は否定され、そこには「アトム化された個人」と「全能の国家」しか残らない。こうして中央集権的な「機械国家」が生まれる。社会面では、自由主義は貧富の差を拡大し、貧困問題、階級対立などの大きな弊害をもたらした。しかし、夜警国家も自由主義もその責任を引き受けようとはしなかった。

当然、この自由主義や個人主義と対決し、それを全面的に否定する運動、社会主義が起こる。社会主義は、諸悪の根源こそ自由競争と私有財産にあると考え、生産手段や企業の公有化を主張した。しかし、その結果あらわれたのは統制経済、集団主義、国家の絶対化である。そこには個人や下位団体の自発性を尊重しようとする精神は存在しない。社会主義のもと、やはり冷酷な「機械国家」が支配する。

一九三〇年代のヨーロッパで危機が先鋭化した。一方で、自由放任主義が引き起こした経済と社会の混乱、一九二九年以降の大不況で極に達した混乱があった。他方で、ロシアでは、一九一七年の革命で共産主義が権力を奪い、イタリアでは一九二二年にファシズムが政権を握る。ドイツでは少し後にナチズムが台頭してくる。この差し迫った危機のなか、ローマ教皇ピウス十一世は一九三一年に社会回勅『社会秩序の再建』を公表し、そのなかで補完性原理を定式化した。自由主義的な個人主義と社会主義的な集団主義という近代世界の二大思想との対決、そこから生まれた第三の道が補完性原理である。

以下では、テュージングとケテラーの個々の論点を見ていきたい。

第二節　ゲマインデと国家、どちらが基盤か

国家と地方制度に関する議論から始めよう。

テュージングは言う。「ゲマインデは、国家があって初めて存在しうるもの、国家なしには考えられない制度である」。

ケテラーは反論する。「国家は、ゲマインデがあって初めて存在しうるもの、ゲマインデがなければ考えられない制度である。私は、テュージング氏にお願いする。ゲマインデが成立する以前から存在していた国家、ゲマインデを生み出した国家、そのような国家があったとすれば、どうか教えていただきたい。恵み深い国家援助と国法によって誕生したゲマインデ、テュージング氏の表現を借用すれば『国家なしには考えられない』ようなゲマインデ、そのようなゲマインデが存在するとすれば、どうか教えていただきたい」。

ここでいうゲマインデとは、フランスのコミューヌや日本の市町村に当たる最下級の地域共同体のことである。では、ゲマインデと国家、どちらの方が基盤なのか、どちらの方が歴史的に古いのか、どちらの方に価値があるのか。

一　今日のゲマインデについて

今日のドイツの地方制度を見てみよう。最上級には連邦（Bund）があり、州（Land）、県（Regierungsbezirk）、郡（Kreis）を経て、最下級にはゲマインデ（Gemeinde）がある。この地方制度は、多少の地域差があるにせよ当時から現代まで変わっていない。このうち、県は自治体ではなく、純粋な行政区画であるため無視しよう。この

なかで、ゲマインデには、どのような権限と地位が与えられているのか。

一九四九年に制定された現代ドイツの憲法、基本法の第二十八条は「ゲマインデには、法律の範囲内でゲマインデの事項一切を自己責任で規律する権利が保障されなければならない」と規定する。ゲマインデは、自己の権限で「ゲマインデのすべての事項」を処理してよい。それに反し、連邦、州、郡は法律で決められた権限しか行使してはならない。これが、ゲマインデに保障された「全権限性」(Allzuständigkeit)である。ということは、連邦、州、郡の権限と規定された以外の事項はすべてゲマインデの権限だ、ということになる。

なぜ、ゲマインデにこのような全権限性が与えられるのか。この精神は、最下級の自治体を優先させる補完性原理と一致するではないか。今日のドイツの地方制度、それはケテラーの思想とぴったり合う。

では、ケテラーの時代はどうであったか。確かに、十九世紀に制定されたゲマインデ法や郡法は、自治という点では不十分であったかもしれない[5]。しかし、それにもかかわらず、ドイツに地方自治を確立しようとする精神と運動は強力であった。そのような運動の背景には歴史的実体として確たる基盤を持つゲマインデや郡があり、それが国家と社会の骨組みを造っていた。ちなみに、ケテラーの父は、第一章の冒頭に述べたように郡長であった。

中央党綱領の草案として書かれた『ドイツ帝国のカトリック教徒』(一八七三年)の第九命題「ゲマインデと郡」のなかで、ケテラーは次のように言う[6]。

「君主制と急進派の絶対主義は、ゲマインデの本質を理解しようとしない。両者とも、ゲマインデを国家の一機構であり、最下級の行政区域であるとしか見ない。そうして、ゲマインデの自律性を奪い取り、全面的な中央集権化を目指している」

「ゲマインデには二つの本質的な意味がある。第一に、それは国家組織の自然な土台であり、国家という体を底辺で支えている肢体である。それゆえ、それは国家統治のための最下級の行政区域である。しかし、それでゲマインデの本質と価値が言い尽くされたわけではないし、そもそもゲマインデは国家によって行政目的のために造られたものではない。

第二に、ゲマインデは国民生活のなかから自然に生まれ、育ってきた地域団体である。ゲマインデとは、まず歴史、血縁、郷土愛、さらに多種多様な団体の利益、この二種類の結びつきによって結成された共同体、自然の道理そのものに根ざし、そこから生まれてきた共同体であり、その種の共同体のなかで最も貴重なものの一つである。従って、ゲマインデが活動的な真の団体となるために、倫理、宗教、物質、これら一切の条件がゲマインデに備わっていなければならない」

二　ゲマインデの歴史について

ドイツだけでなくヨーロッパ全域において、ゲマインデ、コミューヌなどと呼ばれる最下級の地域共同体が、強固で持続的な制度として今日まで存在してきている。一体、その歴史的起源はどこにあるのか。

結論から述べよう。今日の歴史研究は次のように言う。十一世紀から十三世紀にかけて、特に十二世紀のヨーロッパのいたるところで、ゲマインデ、農村では農村共同体、都市では都市共同体が成立した。しかも、このゲマインデの成立は孤立した出来事ではなく、グレゴリウス改革や叙任権闘争などの宗教運動、三圃農法や重量犂の導入など農業上の技術革新と開墾運動、複式簿記や有限責任会社など商業上の技術革新、商業ルネサンスと呼ばれる遠隔地商業の興隆、領域支配圏の建設など政治上の変化、スコラ学の成立など学問上の革新、以上のような文明全体の大変動と密接に関連していた。真の意味の「ヨーロッパ文明」はこの十二世紀に誕生している。堀米庸三は「現代世界の基礎づけ」がなされた時代だと言う。(7)

この構造を基盤にして、十三世紀になるとヨーロッパ各地で国王権力の中央集権化が始まった。数世紀にわたる中央集権化が行き着いたところ、それが十八世紀の絶対王政であり、十九世紀には国民国家の形を取るにいたった。国家の完成は、ゲマインデの成立より七百年も遅い。

とすれば、テュージングが言うように「初めに国家ありき」ではない。堀米庸三が言うように「最初にヨーロッパがあり、諸国家はこのヨーロッパから派生した」とすれば、ゲマインデは初めからヨーロッパ文明誕生の一翼を担っていた。言い換えれば「初めにヨーロッパとゲマインデがあった」ということになる。

十九世紀には、この国民国家が絶対化された。これが国家主義である。しかも、ドイツでそれを主張したのは第六章で示すように自由主義者であった。テュージングも国家を絶対化する自由主義者であった。その行き着くところをゴーロ・マンは次のように言う。「最高で究極の人類の単位は国民国家であり、その偉大さこそ人類の至上目標である、といった誤りに身を委ねてしまった以上、緊張の度を高めていく国家間競争、威嚇と接近、膨張と後退、複雑怪奇な国家間の結合と離反、これから抜け出すことなど不可能となった。そうして、地平線上には……戦争の影がいよいよ濃くなってきた(8)」。

この国家主義が二度の世界大戦を引き起こす。第二次世界大戦後、この悲劇への反省から国民国家は相対化され、ヨーロッパ統合への道が開かれ、それは今日ヨーロッパ連合（EU）へと進展している。

最後の書状でテュージングはケテラーに反論し、ゲマインデに先行する国家の存在を証明しようとする。そのために、王政・共和政・帝政のローマ、古代ギリシアの都市国家、ゲルマン時代から十八世紀までのドイツの国制などを検証し、ゲマインデの「自立」など存在したことがないと主張する。

前述した通り、このテュージングの議論は歴史認識として誤っている。十九世紀の人々にとって「国家」はどの時代にも当てはまる普遍概念であった。しかし、そのような理解は今日ではもう通用しない。当時の人々が前提にしていた国家の概念は十八世紀以前に当てはめることはできない(9)。

では、十八世紀以前には、国家は存在しなかったのか。確かに、支配もあったし、支配者もいた。しかし、歴史学が言う「固有の意味の国家」は存在しなかった。オットー・ブルンナーは、十二―十八世紀のヨーロッパの構造を「支配と団体」の視点から捉える。(10) ゲマインデだけでなく、ツンフト・ギルド、領域支配圏、大学、教会など、中世ヨーロッパのどの制度も、支配と団体の構造を持っていた。ゲマインデの「自立」とはテュージングが言うような「独立国家」の地位を持つことではない。自立とは、十八世紀以前では「支配」を前提にした上で「団体」を結成すること、今日では前述した「法律の範囲内で自治権」を持つことである。

この「支配と団体」の構造のなかから、十三世紀以降、国王を中心とした中央集権化が進展し、それが十九世紀に「国民国家」として完成する。この「国家」が、自由に結合し離反する私法領域としての「社会」を造り上げていく。従って、十九世紀以降のヨーロッパの構造は「国家と社会」の視点から捉えられる。

だが、このような歴史認識に何の価値があるのか。歴史嫌いの人には無意味な議論だと思われるかもしれない。しかし、今日、国家主義の主張を不可能としたのはこの歴史認識である。「現代世界の基礎づけ」がなされた時代、十二世紀の発見は、ヨーロッパ文明の統一性の認識に大きく貢献した。歴史認識こそ自己認識である。

ケテラーの議論の誤りも指摘しておこう。ケテラーは、ゲマインデについて、その「起源はドイツ国民の歴史の発端まで遡る」とか「自由な国家と自治権の拡大、この古いゲルマン思想の再生を私は待望する」とか述べている。十九世紀初頭、立憲制と自由を確立する運動が起こった時、ゲルマン時代の自由を再生するのだと主張された。いわゆる「ゲルマニスト」的見解である。一八〇八年に都市条例を制定し、プロイセン改革を始めたシュタインも改革の理念をゲルマン時代の自由と共同体に求めた。しかし、この見解は今日では支持されない。ゲマインデの起源はゲルマン時代ではなく、十二世紀にあった。

第三節　ゲマインデと国家、どちらが安定しているか

次に、ゲマインデと国家、どちらが持続力を備えているかの議論に移ろう。

テュージングは言う。「ゲマインデは統廃合がいつでも自由にできる。当該法の改正によって、ゲマインデの権限を改変することも可能である。また頻繁に見られるように、ゲマインデ区域の境界を変更することも可能である」。

ケテラーは反論する。「国家こそ今まで有為転変をまぬがれなかった。国境や憲法の改変は極まりなかった。それに対し、ゲマインデは不動である。その起源は、ドイツ国民の歴史の発端まで遡る。ゲマインデほど強靱で安定した制度は存在しない」。

一　今日の歴史家の証言

これも興味深い議論である。国家とゲマインデ、どちらの方が安定しているのか。

「一九四五年のドイツの大破局においてさえ、なお機能していた共同体は家庭とゲマインデだけであった」[11]。これはケルンの経済史家エネンが『ヨーロッパ中世都市』の結びで述べた言葉である。第二次世界大戦直後の廃墟と混乱のなか、ドイツ人にとってゲマインデは家庭と並んで個人を援助してくれる最後の砦であった。だが、国家は頼りとならなかった。

国家とはそもそもどの領域のことなのか、ドイツではそれさえはっきりしない。ドイツ史が始まるとされる十世紀から今日までの歴史地図を見渡してみよう。どこまでがドイツ国家なのか、誰にも何も言えない。また、ドイツ語を話す領域が、国境と一致したことは一度もない。今も一致していない。結局、ケテラーが言うように、ドイツ史をとおして「国家こそ今まで有為転変をまぬがれなかった」。

二　ゲマインデの安定性の数量的証明

国家とは対照的に、ゲマインデについては、その安定性の数量的な証明が可能である。鯖田豊之の鋭い指摘を引用しよう。

「ヨーロッパの農村は、わが国とは比較にならないくらい安定した存在である。わが国の場合、さいきんの町村合併は、地方自治体たる市町村の数をいちじるしく減少させた。一九五〇年には一万あまりであった市町村が、現在では三分の一にあたる三三〇〇ほどに整理されてしまった。ヨーロッパ大陸ではこのような現象は見られない。農業人口の急激な減少、過疎地帯の増大については同じであるが、地方自治体たるゲマインデ（ドイツ）やコミューヌ（フランス）などの数には、さして変動がない。たとえば、フランスのコミューヌ数は、一九四六年でも一九六二年でも、三万七〇〇〇あまりで、統合整理の最終目標も三万程度にすぎない。ヨーロッパ農村の安定性が強く、吸収合併をあたまから毛嫌いする雰囲気がなければ、とうていこうはいかないではあるまいか。ところが、こうしたヨーロッパ農村の安定性は、なにも最近のことでない。ずっとむかしから同じ傾向がつづいてきた……コミューヌの前身たる十四世紀の教区数と一九六二年のコミューヌ数のあいだには、たいした開きがない。コミューヌの安定性は封建時代までさかのぼる(12)」

ちなみに、日本では明治の初めの一八六八年、村の推定数は七万であった。しかし、市町村の数は一八八九年には一万四〇〇〇に、一九九五年には三二三三に減少し、その平均人口は三万八八〇〇人となった。さらに平成の大合併によって、市町村の数は二〇〇八年に一七九四まで減少した(13)。

それに対し、フランスでは、一九九〇年でもコミューヌ数は三万六〇〇〇もある。フランスの国土面積にはそれほど変化がなかった、ということは、小規模なコミューヌが強い持続性をもって維持されてきたということである。フランスは、法制でも行政組織でも中央集権国家である。しかし、フランスには確固たる歴史的実体としての地域共同体があり、地方制度はそれを土台にしている。この事実は見過ごされてはならない。

ドイツでは国境がたびたび変更されたため、地理的な範囲を限定しない限り、意味ある長期統計とはなりえない。そこで、一九八九年までのドイツ連邦共和国（旧西ドイツ）の領域で見ると、ゲマインデ数はやはり一九一

○年から一九七〇年まで二万七六〇〇から二万二五〇〇へと減少しているにすぎない[14]。産業化と都市化のなか、ゲマインデの合併や行政区域の再編は、一九一〇年以降に始まった。とすれば、一九一〇年以前にゲマインデ数に大幅な変動があったとは考えられない。確かに、ドイツでも、農村人口の減少と農村の過疎化というフランスと同じ現象は生じた。としても、中世以来のゲマインデの安定は続いている。

しかし、一九六〇年代以降のドイツでは、交通の発達、特に自家用車の普及によって、人々の居住地と職場は一致しなくなってきた。この変化に合わせ、一九七〇年代初めに行政区域の再編が実施され、ゲマインデ数は一九八〇年に八五〇〇まで減少した。この改革の狙いはゲマインデの財政力の強化と行政の効率化にあった。ゲマインデ行政も名誉職から職業公務員に変わり、住民に身近な近隣共同体としてのゲマインデにも、ついに匿名化の傾向があらわれた。

この強行された改革に対する住民の不満はいまだ強く、この再編が最終的なものかどうか、まだ判断は下せない。地域住民の帰属意識は、依然として歴史的なゲマインデにある。住民の意図に反していること、歴史的構造を無視していること、効率性しか追求しないテクノクラート的発想の改革であること、以上の点を考えれば、この地域再編が補完性原理に合致するかどうか、大いに疑問だと現代カトリック社会論の学者ラウシャーは言う[15]。というにもかかわらず、ドイツのゲマインデの平均人口は、一九七〇年で二七〇九人、再編後の一九八〇年でも七〇五八人であるにすぎない[16]。ドイツでもゲマインデは小規模な共同体として今も続いている。

第四節　国家権力の法的基盤は国家それ自体か、それとも国民か

続いて、国家と自由の問題に入ろう。

テユージングは言う。「国家だけが唯一の法主体であり、国家の法的存在の根拠はゲマインデではなく、国家

それ自体、全国民の総意思にある」。

「ゲマインデの自治は国家から授与されたものでしかない。国家のためを考えゲマインデが放棄した権利、ゲマインデが国家に譲渡した権利、そのようなものを根拠にして国家が存立しているのではない」。

ケテラーは反論する。テュージングの主張は、絶対王政よりも過酷な専制支配に行き着くとして、次のように議論する。長くなるが、重要な箇所なので引用しよう。

一　ケテラーの議論

「皆さま、テュージング氏の文章を厳密に検討してください。『国家』という言葉は、ここでゲマインデの対立語として、個人の対立語として用いられている。それゆえ、それは国家の中央権力としての立法権と執行権のことである。それに続いて、テュージング氏はこの中央権力の法的基盤は『国家それ自体、全国民の総意思にある』とひといきに書き、国家それ自体と全国民の総意思を同一視している。

中央権力、つまり議会と政府の法的基盤が国家それ自体にあるとすれば、それは国民に由来しない、ということになる。それが全国民の総意思にあるとすれば、それは、国家それ自体に由来するのではなく、国民から委任されたものでしかない、ということになる。

私は次のように考える。人間意思の主体は個人である。国民意思の主体は、個々の人間であり、国民は個々人によって構成される。従って、中央権力としての立法権と執行権が、国民の総意思に由来するとすれば、中央権力の法的基盤は国家それ自体ではなく、個々の国民に由来するということになる。個々の国民は自らの意思を持つ者として、その意思のすべて、ないしその一部を他人に行使させることができる。しかし、自らの意思の主体であること、それを放棄することは絶対にできない。たとえ放棄することを望んだとしても、それはできないと私は考える。というのは、人間の個人性は譲渡不可能だからである。国民こそが法的主体であり、自己の法的基盤をそれ自身のうちに持っている。それに対して、国家、つまり国家の立法権と執行権は委任された権限でしかない。

この私の議論が正しいとすれば、なぜ、国民は自己の権限全体を委任することしか許されないのであろうか。自己の権限の一部だけを委任することが許されてよいではないか。なぜ、国民は自己に固有な事柄を自分で処理し、自分で解決してはいけないのか。なぜ、国民は自己の自由な決定に従って自分の家庭をやりくりし、自分たちのゲマインデを統治してはいけないのか。家庭やゲマインデにあって自らの力で解決できるし、自らの力で解決することを希望する事柄、そのような事柄さえ、ベルリンやフランクフルトの全権委任者の命令によって自由に処理できない、このような事態はどうすれば回避できるのか。教養や財産がないため、国民大衆は議会に選出されることも、政府に参加することもできない。とすれば、大衆はゲマインデの事柄に関してさえ自由な自己決定を禁止される、といった屈辱を甘受するしかないのであろうか」

要約しておこう。国家権力の基盤は国民の意思にある。従って、国家の立法権と執行権は、国民から委任された権限である。国民は、自分で処理できることを自己の権限として保留する。自分の力でできないことは、上位の機関や団体、さらに国家に委任される。このような権限の「部分委任」が承認されてしかるべきである。

逆にテュージングのように、国民の全権限を「一括して」立法議会と行政機関に譲渡してしまえば、どのようなことになるか。そこでは、個人や団体に自由な行動範囲があるとしても、それは国家から付与されたもの、押し戴いたものでしかない。事と次第によっては、国家はそれを取り戻すかもしれない。そうすると、法主体であることを放棄した国民は徐々に無意思となっていく。国民は国家にすべてを任せるようになる。ゲマインデの統治、家庭のやりくり、自己の良心さえ国家に預けようとする。これこそ国家を絶対化する自由主義の行き着くところだとケテラーは言う。第六章で示すように、十九世紀ドイツの自由主義は国家主義と変わるところがない。実際に、国家の絶対性を主張した人々が、自由主義者と呼ばれている。(17)

自由主義と国家主義の結合、それをケテラーは風刺のきいた文章で次のように表現する。「生まれながらのジャーナリスト」と言われたケテラー特有の辛辣な皮肉がたっぷり含まれている。

「テュージング氏は、ゲマインデの自治は国家から授与されたものだと主張する。ということは、ゲマインデの自治は、国家の恣意で奪い取られてよいということも意味する。この主張に基づき、教養ある紳士たちが議席を占める国民議会は、農民全員や下層市民に向かってきっと次のように教え諭すことだろう。『確かに、国家内の一切の権力、ありとあらゆる法律、政府の全権限、これらは皆さま国民に由来します。皆さまの意思は、国民の意思であります。国民の意思は一切を指揮し、指導しなければなりません。しかし、皆さまが国民意思として主権を用いることが許されるのは、自分たちにもう意思は要らない、完全に無意思でありたいと宣言する場合だけであります。自分たちの権限を自ら行使しよう、などと皆さまは絶対に考えてはなりません。私ども教養ある紳士が皆さまの名において法律を制定し、それを皆さまの家庭にきちんと配達し、皆さまが自分たちの子供を今後どのように教育しなければならないか、それを教えて差し上げましょう。近い内にキリスト教も廃止し、皆さまの子供に純粋な異教徒の教育を施すことにいたしましょう。しかし、どうか勘違いしないでください。これらのことは、すべて皆さまの名において実行されます。私どもの行動を検証する際、私どもは皆さまのことを考えている、ということを決して忘れないでください。これで、皆さまは、もう良心の呵責に悩まされることもないでしょう。国家、換言すれば私ども国民議会の紳士だけが、真の意思、至上の知恵、唯一の良心、これらの所持者であります』と」

「国家が唯一の法主体であり、国家の法的存在の根拠は、国家それ自体にある」というテュージングの命題を前提とする限り、国家干渉に歯止めをかけることはできない。国家は、安全、外交、経済・社会政策といった外的事柄を決定するだけでなく、人間の内面にまで干渉することができる。こうして、ケテラーが言う「屈辱の奴隷制、恥辱の絶対主義」が登場する。「かつて神の恩寵を名乗っていた国王神権の絶対主義、その同じ絶対主義が、国民の恩寵を名乗っているにすぎない」。共産主義、ファシズム、ナチズムを経験した現代の人間になじみの現象、国家の絶対化、一切を国家に預けようとする傾向、このような傾向にケテラーは早くも十九世紀中頃に警告を発している。

二　議会制絶対主義の問題

ケテラーは、自由をもっとも大切な精神財だと考えた。もっとも嫌ったのは絶対主義である。従って、ケテラーは過去の絶対王政を拒絶する。しかし、この絶対主義は、フランス革命と共に滅びたのではなかった。十九世紀には、まったく異なった名称を持つ絶対主義が登場した。それが「議会制」絶対主義である。なぜ、議会制が絶対主義なのか。

この議会制絶対主義は、絶対王政よりも陰険である。絶対王政は「絶対」を名乗り、自分が何者か、明かしている。だから、誤認されないし、対処することもできる。しかし、議会制は民主主義を自称し、国民の意思を強調し、議会で決定されたことはすべて合法だと主張する。この主張に抗う人は、反民主主義者とされる。とすれば、多数決さえ取ってしまえば、議会は法律の制定によって何でも廃止できるし、何を行っても合法的となる。口実さえあれば、基本権の侵害さえ正当化できる。

これは、単なる想像上の危険でなかった。フランス革命の鬼っ子ジャコバン主義は、自由の名のもとにギロチンを正当化した。十九世紀末のドイツでは文化闘争が勃発し、国家と自由主義政党は法治国家の原則を無視し、例外法を制定した。一八七八年には社会主義者鎮圧法（一八九〇年に廃止）も制定され、カトリック社会運動もその対象とされた。文化闘争時の一八七五年、ケテラーは「自由とその危機」という講演で次のように言う。「個人の自由にとって絶対主義が危険となるのは、むしろ絶対主義が自由の仮面の下に隠れた場合である。多くの人がこの仮面に騙されると、ひどい目に遭わされ、現実には一切の自由を奪い取られているというにもかかわらず、自分ではまだ自由だと錯覚しているといった事態に陥る。……

ルイ十四世は『朕は国家なり』という言葉を残し、自己の無限の意思を法としたが、ロベスピエールといった人も自由主義者も、自分たち自身が掌握した議会の立法権を絶対化する。彼らにとって、自分たち以外の人間は彼らの英知の命ずるままに自由な形に細工できる粘土でしかない。

急進派のサンジュストは、このような立法権を絶対化する思想、個人の自由一切を否定する立法絶対主義を見事に表現し、フランス国民公会において次のような嘲笑すべき傲慢不遜な発言をしている。『立法が未来を決定する。立法は善を望む。立法の任務は人間の本性《ほんせい》と考えるものに人間を造り替えることにある』と。

これは正気な人間の言葉ではない。許せることではない。それは、議会の多数派に所属しない人間全員を奴隷とすることを意味する。ところが、これこそが近代国家の理念を支持する人々の思想の真髄となっており、私どもは今やその支配下にある[18]」

三　議会制絶対主義への対処

議会制は最悪の絶対主義となりうる、とすれば、この弊害をいかに回避すべきか、その対策は、テュージングとの論争では議論されていない。

現代の法哲学者ホラーバッハは次のように言う。フランス革命は、国民の意思に基づく「憲法制定権力」の理念を確立した。国民の意思に基づいている限り、立法議会は、その時々の状況と要求に応じて、何ものにも拘束されずに法律の制定と撤廃、政策の決定と変更、制度の新設と廃止を行うことができるとされた。しかし「批判的な学者は、当時からここに危険性があることを見抜いていた。ここでは、絶対君主制に代わって、絶対民主主義が登場しただけのことではないか。そもそも憲法制定権力は自由のために工夫されたはずであった。しかし、それは、自由に処分できるという権限を用いて最終的に自由を否定するようなことをやっていないか[19]」。

ホラーバッハによれば、この問題はヴァイマル憲法でも解決されなかった。第二次世界大戦後の基本法の第七十九条、十八条、二十一条が、初めて最終的な解答を出した。そこでは人間に固有な価値、例えば自由などの基本権はいかに国民の総意に基づいている場合でも廃止できない。自由を破壊するために活動する人や政党は、基本権を喪失する。この背景には、国民の意思に従って権力を掌握し、自由と基本権を蹂躙していったナチ独裁の苦い教訓があった。

一八三七年のケルン紛争から一八七〇年代以降の文化闘争まで、教会への国家の不当な干渉を経験したケテラーも、この危険性を見抜いていた。ケテラーは次の三点の対策を提案している。

第一の対策は『ドイツ帝国のカトリック教徒』（一八七三年）で提案された上院と憲法裁判所の新設である。[20]連邦参議院に代わるべき上院は、保守的で伝統的な勢力の場として下院の帝国議会に対抗できる権限を持ち、下院への権力集中を回避すべきである。そのため、上院は、イギリスの貴族院のように大土地所有者の貴族、さらにドイツの事情も考慮して職業上の諸団体から構成されるべきであった。しかし、この提案はドイツでは実現しなかった。

憲法裁判所の新設の意図は次の点にあった。議会で多数を取ってしまえば、何をやってもすべて合法だという議会制絶対主義、その立法権の恣意的な行使を回避するため、法治国家の権力分立が制度的に保障されなければならない。その役割を期待されたのが、神聖ローマ帝国の「帝国最高法院」を手本とした憲法裁判所である。この提案はドイツ帝国でもヴァイマル共和国でも実現しなかったが、第二次世界大戦後に憲法裁判所が設立され、ドイツは「司法国家」「裁判官国家」になったと揶揄されるほど、憲法裁判所に強力な権限が付与された。ケテラーの提案は現代ドイツで結実している。

第二の対策は、自然法の再興と法意識の強化である。

議会制絶対主義の背後にある法思想は「法実証主義」である。法実証主義はケテラーの言葉によれば「国家と国法がないところ、法、権利、自由はありえない」[21]と考える。それに対し、ケテラーは、法の支配、法感覚、自然法を強調する。中世以来のヨーロッパに伝統的な法意識は、人民と国王の両者の上に法があるという「神授王権説」であった。それは絶対王権が神に由来するという絶対王政の「国王神権説」とははっきり区別される[22]。神授王権説のもと人民だけでなく、国王も法に服さなければならない。国王と人民の協働によって初めて法は有効となる。ここには権力の絶対的行使を回避する思想がある。

とすれば、議会だけが、例外となりうるはずはない。議会も自然法の支配下にある。かつて法律が制定される際、それが自然法に合致するか、立法者には意識されていた。そのようなヨーロッパに伝統的な自然法は、ケテラーのなかでも生きている。

この面でも、ドイツは、ナチ支配の悲劇を経験した第二次世界大戦後に変わった。国家の権限は国家に固有な分野に限定され、国家がそれ以外の分野に介入することは許されない。この原則は基本法の前文では「人間の尊厳」と表現される。現代史家モルザイはそれを「国家権威の非神話化と合理化の原理」と呼ぶ[23]。

第三の対策は、社会構造の多様化である。

絶対王政にせよ、議会や行政の専制支配にせよ、様々な形の絶対主義を回避するには、それを不可能とするような社会構造を造ればよい。

政治では、中央集権的一元支配でなく、連邦制や地域分権による権力の分立が求められる。経済では、職業上の諸団体が結成され、各自に固有な事柄はそれぞれの団体に処理させることが望ましい。同じことは社会にも当てはまる。個人は、合唱団や読書会から政治結社まで様々な団体に所属し、そこで各自の自発的な活動を自らの責任でやっていく。

これは、画一的支配を不可能とするような、国家と社会の重層的な構造を築き上げよう、という提案である。『ドイツ帝国のカトリック教徒』の第八命題「国家と社会の基本構造」はこの問題を扱う[24]。

しかし、この提案にケテラー自身は悲観的であった。なぜなら、このような社会構造は歴史的伝統がないところ、建設は不可能だからである。そのような構造は中世にはあったとケテラーは言う。しかし、フランス革命以降、人々はその破壊作業に終始してきた。取り返しは困難である。人々の日常生活のなか生成していく重層的で多元的な構造こそ、ケテラーが言う「有機体秩序」である。有機体であるため、計画も製作もできない。「機械は製作できる。しかし、生きた有機体は製作できない。有機体は生長するものである。とすれば、社会と国家の秩序も無から造られるのでなく、人間の生活のなかで生まれ、育っていく」。有機体的という思想が、ケテラーにとってどれほど重要か、ここからもはっきり分かるであろう。

四　「弱体国家」の提唱ではない

ケテラーは国家の絶対化を認めない。しかし、かといって「弱体国家」を主張したのでもない。当時のバイエルンに見られた「分立主義」の傾向、つまり中央権力としてのドイツ帝国の弱体化、ないし領邦の独立化の傾向をケテラーは支持しない。ドイツ人は統一国家を建設しなければならない、というのはケテラーの変わらぬ信念であった。ケテラーはドイツ帝国を承認し、かつ地域分権も強調する。国家の統一と地域の自立は両立可能である。

この精神は、一八六二年の基本綱領『自由、権威、教会』の第六章「国家内の二つの基本的な力」では次のように言われる。「人間が生活している様々な団体結社〔国家、教会、地域共同体、企業、家族など〕には識別可能な二つの基本的な力が作用している。一つは、構成員を一つにまとめる力〔求心力〕であり、もう一つは、構成員が自己という個体、他者との違い、自らの個性を生かそうとする力〔遠心力〕である」。求心力と遠心力の「両者の実現度が高ければ、それだけ完璧な団体結社」となる。[25]

「求心力と遠心力」は「統一と多様性」と言い換えることもできる。この二つの力が拮抗していない社会、どちらかが欠如している社会には真の生命力は宿らない。

従って、国家の自由な行動を阻止してやろう、「弱い国家」が好ましいなどとケテラーは考えない。国家の権限は限定されている。それゆえ、国家には干渉してはならない人間の生活分野がある。しかし、国家に固有な限定された分野では、例えば対外的・対内的な安全と秩序の維持という分野では、国家はつねに迅速、的確に行動しなければならない。あらゆる種類の不測の事態に備えた万全の危機管理、それは国家の責任であり義務でもある。

要約しておこう。国家に固有な分野では、国家はその権限を全面的に発揮する。この分野では、人間は、国家にそのような活動を期待し、国家の支配に服し、国家に忠誠を誓う。しかし、それ以外の分野では、人間は自由に考え、自由に行動する。そのために、人間は、国家以上の存在（価値）に忠誠を誓い、国家を拒否することもある。その代表例は宗教である。そのようなものが存在することを国家も承認する。ここで人間と国家の両者は価値を共有する。

第五節　国民学校と宗教教育について

最後に、学校問題と宗教教育に関する両者の論争を見ることにしよう。

テュージングは言う。「国民学校の授業の目的は、一般的な国家目的そのものである」「原則として、国民学校に関するゲマインデの自治権を承認することはできない」。ケテラーは反論し、次のような議論を展開する。

一　ケテラーの議論

第一命題　子供の教育権は、親権（Elternrecht）として両親にある。

「ここでの私の根本的原則は、皆さま自身、つまり家庭の長たる父親が神の掟と自然法に基づき子供の主人でもあるということ、そうして、皆さま両親こそ、自分たちの子供をどのように育て、子供にどのような教育を施すべきか、決定する神聖で不可侵の権利を持つということにある」

第二命題　教育の場でも、宗教の自由は保障されなければならない。

「前記の原則を行き着く所まで一貫して追求する、そうすると当然、次の命題が出てくる。カトリック教徒には、自分たちの子供をカトリック信仰で教育する権利、信仰深いプロテスタント教徒には、自分たちの子供をプロテスタント信仰で教育する権利、この権利が承認されなければならない。しかし、それとまったく同様に、無信仰の人々にも、彼らの可哀想な子供を無神論や無信仰のもとで教育してよいという権利、そのような恐るべき権利が承認されなければならない」

第三命題　国家には、知識教育（知育）の権利しかない。

「良心と信仰の完全な自由を承認する国家は、国家に固有な権限として、国民全員は形式的に定められた一定水準の知育を受けるべきだということしか両親に要求できない」

第四命題　宗教教育の権限は、両親にある。

「子供の魂の教育（宗教教育）に対する神聖な権利と義務は皆さま両親にあること、これが私の主張である。それに対して、テュージング氏は皆さまに体育の権利しか与えない。そうして、子供の魂の教育を国家に預け、国家の意にかなうように子供を教育しようとする」「子供の教育について神に責任を負うのは、国家ではなく両親である。どんな極貧の子供でさえ、神はその子供を国家でなく、両親に与えた」

第五命題　国家は、教育の自由を承認しなければならない。

「一般的な教育の自由、つまり教える自由と学ぶ自由を承認し、両親が可能な限り、自分たちの根本原則に従って子供を教育できるように国家は支援しなければならない」

第六命題　公立の国民学校を設立すべきである。

「子供の教育に対する親権は、裕福な家庭には完全に保障される。しかし、貧しい家庭の両親には、子供に教育を施す力も、子供のために家庭教師を雇う力もない。……〔とすれば〕自分の居住地の国民学校に子供を通わさざるをえない。……〔その公立学校で〕キリスト教の宗教教育を施すべきか、それとも拒否すべきか、貧しい両親も自ら決定する権限を持つ。子供の教育について神に責任を負うのは、国家ではなく、両親である。どんな極貧の子供でさえ、神はその子を国家ではなく、両親に与えたのである」

第七命題　公立学校の教育権はゲマインデにある。

「ドイツの北端から南端まで、農民たちが〔フランクフルト国民議会への〕無数の請願のなかではっきり主張していること[26]、それから判断する限り、この神聖な親権を国家がもぎ取ることなど絶対に許せない、と農民たちは決意している。とすれば、ゆとりのない貧しい家庭でも、子供の教育への両親の望みがかなうように国家は配慮しなければならない。これを可能とする唯一の方法は、もっとも重要な教育施設、つまり国民学校をゲマインデに譲渡することである」

第八命題　公立の国民学校で、どのような宗教教育を施すべきか、それを決定する権利は両親とゲマインデにある。

「国民学校において、両親たちは多数決で自分たちの学校での宗教教育の方針を決定する。ゲマインデがキリスト教信仰に厚いとすれば、その学校はそれぞれの宗教に従って教会との関係を保つ。ゲマインデが非キリスト教的だとすれば、学校は教会から分離されてよい。少数派の両親が、多数派の見解にどうしても同意できない場合には、自分たちの学校を設立すればよい」

以上の命題から、教育の主体は、両親、ゲマインデ、学校にある、それに加え、宗教教育に関しては教会が協働し、知育と全体の調整に関しては国家が協働すると言える。

学校と教育が両親とゲマインデの権限か、それとも国家の権限か、なぜ、このようなことが論点になるのか、私たち日本人には不思議な気がする。この問題を探っていけば、ドイツだけでなく、ヨーロッパに共通な精神が発見できるように思われる。以下では、私なりに二つの問題を提起し、考えてみたい。

二　なぜ、国家には、宗教教育は許されないのか

日本では、第二次世界大戦まで、忠孝を徳の基本とした教育勅語と修身があった。敗戦によって両者とも否定され、公立学校では今日まで徳育は実施されていない。しかし、修身の復活を主張している人もいる。修身はいけないが、教育は「知育」に止まるべきではない、「人格」「人造り」にかかわり「徳育」が必要だと考える人もいる。

修身は、かつて国家主義や軍国主義と結合した。そこに、戦後、修身が否定された理由があった。ケテラーも国家に宗教教育の権限を与えない。しかし、その理由は異なる。民主主義的であろうと、国家が宗教教育を行うこと、それ自体が許されない。なぜか。

その理由は、一口で言ってしまえば、宗教や道徳といった人間の内面にかかわる問題は、国家の権限ではないという点にある。国家には法律を強制する物理的な力が備わっている。その強制力を行使することで、国家は平和と秩序を維持する。それは国家の義務であり、本質である。そのような国家が人間内面にかかわることは、自由の否定を意味する。

一八六四年刊の『労働者問題とキリスト教』でケテラーは次のように述べる。「外面的な国家権力が、この地上における全生活分野の正義を監視する、そのような形で救い主キリストは国家に全権を与えなかった。正義の一部だけ、この地上における人間社会の秩序と平和を維持するために必要な部分だけ、その部分だけが国家の権限とされた。……国家権力の正当性は、すべての人に安全を保障し、社会に秩序を与えるために必要な範囲にし

か及ばない」[27]。

徳育は、宗教、キリスト教会の権限である。国民学校での宗教教育は「親権に基づいた」「教会の任務」である。善意であれ、国家も知育の教師も、この任務を遂行してはならない。

換言すれば、国家は国民に向かって「善き市民」であること、法律を遵守し、国家秩序を維持することを要求してよい。しかし、国家は国民に「善き人間」であれと要求することはできない。善き人間は、宗教と道徳を含む人間性全体にかかわる。国家そのものが宗教と道徳にかかわると、良心と宗教の自由が損なわれる。ケテラー流の表現を用いると、国民は国家の奴隷となる。善き市民と善き人間の区別は、自由の前提である。

三　なぜ、ドイツの公立学校で宗教教育が実施されているのか

国家に宗教教育の権限がないとすれば、なぜ、ドイツの公立学校で宗教教育が実施されてきたのか、今もされているのか。それは憲法で保障された政教分離に違反しないか。ドイツでは、テュージングが主張した「教会と国家の文字どおりの分離」など今日にいたるまで実現していない。なぜか。

国家に宗教教育の権限がないとすれば、残る道は、公立学校での宗教教育を廃止するしかない。それでよい、と考える人はそれでよい。ケテラーもこの立場を認める。

しかし、法律と秩序を守ることにしか関心がないという「善き市民」だけでは国家と社会は維持できないし、その統合も実現しない、それには、国家と社会への奉仕や犠牲を自らの自由意志で実践する「善き人間」を必要とする、この善き人間は宗教なしに育たない、このように国民の大多数が考えるとすれば、公立学校で子供たちに宗教教育を受けさせるようにしてよいではないか。社会のなかで、宗教や教会に何らかの役割を与えてよいではないか。

とすれば、公立学校で宗教の時間が設けられ、その科目を教会に依頼するという形を取らざるをえない。その

宗教教育は、カトリック教会と福音（プロテスタント）教会が認可した教育施設（大学神学部や神学校）で教育を受け、資格を取得した教員によって担当される。ドイツでは、この二つの教会が宗教教育を委任され、公的に承認された宗派として「公法上の社団」の地位を持つ。この地位も国家との協約に基づく。

なぜ、この二つの教会なのか。その理由は、第一に、この二教会が今日のドイツ文化を形成してきたという歴史、第二に、今日のドイツ人口のほとんどがこの二教会に所属しているという現実にある。最近のドイツでは、外国人労働者としてドイツに居住しているイスラム教徒子弟のため、イスラム教の宗教教育を実施する州もあらわれた。しかし、イスラム教にはキリスト教会に対応する制度がないため、法的契約は存在しない。

とはいえ、宗教教育の強制は宗教の自由を損なう。生徒が宗教の授業に出席すべきかどうか、それは両親の決定事項である。子供に宗教教育を受けさせない権利も両親に留保される。この形で宗教の自由は保障される。

宗教教育やその他の任務を委任された教会は、国家に対して責任を負い、国法を遵守し、国法上の義務を履行しなければならない。ドイツにおいて国家と教会は、様々な分野で補完しあうことが期待されている。(28)

四　教会と国家の関係をめぐる論争史

とはいえ、このような教会と国家の関係は、ここ百五十年以上、ドイツ社会の激しい論争の的となってきた。この論争の最初の舞台が、一八四八年のフランクフルト国民議会であった。そもそもケテラーが国民議会に立候補したのも、宗教教育や教会の自由など、教会の基本権を確立するためであった。第一章第四節二で述べたように、同年九月、ケテラーは国民議会で「学校問題」について演説した。教育問題ではケテラーの主張は部分的にしか実現しなかったが、教会の自由はフランクフルト憲法に規定された。

一八五〇年のプロイセン憲法も同様の規定を定めた。ケテラーはそれを「宗教上の平和のためのマグナカルタ」と呼び、後のドイツ帝国憲法にも採用するように要求した。しかし、第六章第四節五で述べるように、逆に文化闘争のなか、ビスマルクと自由主義者はこのプロイセン憲法の教会条項を廃止してしまった。

以上から明らかなように、公立学校における宗教教育の廃止、国家と教会の法的協定の破棄を主張してきたのは、十九世紀の反教会的立場の自由主義であり、一八七五年の「ゴータ綱領」以降の社会民主党であった。その根拠は「宗教はわたくしごと（私事）」という標語に表現された宗教観にあった。宗教は個人の内面だけにかかわり、国家や社会にかかわるべきでないと主張された。

それに対し、カトリックとプロテスタントの大多数の国民は、公立学校の宗教教育も、教会と国家の協力関係も支持してきた。両者が協力するとは、国家それ自体がキリスト教を「国教」とすることでも、制度的に国家と教会が一体化することでもない。しかし、キリスト教がドイツ人の道徳を形成してきたこと、今も宗教という基盤なしに社会生活は維持できないこと、このような歴史と現実を根拠として、教会と国家は協力すべきだと考える。ここでは、宗教は単なる「内面的なもの」「わたくしごと」とは見なされない。第二次世界大戦後にカトリックとプロテスタントの信徒によって設立された政党「キリスト教民主・社会同盟」はこの立場を取る。一九四九年の基本法は、ドイツ史上もっとも緊密な国家と教会の協力関係を樹立した。

自由主義政党と同様に、社会民主党もキリスト教に敵対的な党綱領を掲げてきた。しかし、それにもかかわらず、ヴァイマル憲法にプロセイン憲法の教会条項を復活させることに同意し、徐々に教会政策を変えていった。特に一九五九年の「ゴーデスベルク綱領」は正式に公立学校での宗教教育も、教会の公的な性格と公法上の地位も承認し、従来の方針を根本的に転換させた。今日ではドイツの二大政党の教会政策に本質的な違いはない(29)。

日本では、宗教と政治の分離、つまり政教分離とは、宗教を公的世界から締め出すことであるかのように議論する人がいる。しかし、以上の議論から分かるように、ドイツでは、政教分離は、政治には政治に固有な力を発揮させる、宗教には宗教に固有な力を発揮させる、そのような両者の分離と協力を意味すると理解されている。

最後に、次のことも強調しておこう。国民学校と宗教教育を支える究極の基盤は、ケテラーにとって国家でも教会でもない、自治共同体たるゲマインデとその住民である。ゲマインデの住民が自治と信仰に無関心となり、それらを放棄すれば、自由と宗教教育は崩壊する。自由を尊重したケテラーにとって、これは当然の帰結であった。

結びの言葉――自由と宗教

以上では、ケテラーにおける補完性原理の定式化、その具体例への応用を見てきた。そこから、ケテラーがどれほど自由と宗教を大切にしていたか、よく分かるであろう。最後に、この両者がどのように密接に結びついているか、それを端的に示すケテラーの文章を引用しておきたい。テュージングとの論争中の十月に、マインツでは第一回カトリック教徒大会が開かれた。そこでの即興演説「自由と社会問題について」でケテラーは次のように語っている。

「悲しい事件も喜ばしい出来事も、自由があるところ避けることはできません。確かに、自由があるために、恐るべき事件も起こります。しかし同時に、自由があるからこそ、人間は素晴らしいこともやってのけます。宗教は自由を恐れてはなりません。むしろ、自由によって宗教は自己の真の輝きを取り戻すでありましょう。確かに、自由になれば、宗教は人間界の保護、国家と警察の保護を失います。しかし、そのような保護は宗教にあってしかるべきものではありません。宗教には神の加護があります。人間界の保護がなくなれば、それだけ神の加護は増えます。自由であること、それを宗教は率直に喜ぶべきであります。自由があって初めて宗教は自己の力を全面的に発揮し、真理を伝え広めることができます。自由となり、世俗権力の支えがなくなれば、偽物の宗教は自ずと倒壊していくしかありません(30)」

この後に、ケテラー論では頻繁に引用される文章「宗教が自由を必要とするように、自由もまた宗教を必要とする」が続く。

すべての人は宗教（信仰）を選択する自由を持つ。それは現代先進国のどの憲法でも保障されている。しかし、なぜ「自由も宗教を必要とするのか」。

ケテラーはこう説明する。「宗教に立ち返ろうとしない国民は、自由をもてあます。……完全な自由を活用する能力、そのような能力は教会とキリスト教をとおしてしか身につけることはできない。とすれば、宗教に支えられている限り、国家制度を自由にすることに何の危惧もない」。

宗教がなければ、人間は自由をもてあます。宗教がなければ、自由は人間の利益を主張するための道具にされてしまう。そうさせないためには、人間は仕えるべき権威、つまり宗教を必要とする。ケテラーにおいて自由と宗教は切り離せないものである。

第三章　社会問題の第一段階（一八四八年）——慈善（カリタス）

はじめに

第二章で見たように、ケテラーは一八四八年に明快な政治・社会理念を打ち出した。その基本理念は一生変わっていない。しかし、十九世紀後半のドイツでは、産業化という未知の出来事が進む。それに伴って、経済的・社会的状況も社会問題の性格と中身も大きく変わっていく。では、この変化にケテラーはどう対応したか、変化を正しく捉え、然るべき対策を打ち出すことができたか、第三・四・五章で検討したい。

結論を先取りして言えば、ケテラーは二度、社会問題の認識を改め、その対策も変えている。第一段階の一八四八年では、キリスト教に伝統的な慈善を奨励することで社会問題は解消できると見なしていた。第二段階の一八六四年には、資本と労働の分離を悪だと考え、資本主義に変わる生産方式を模索する。第三段階の一八六九年には、既存体制を現実として受け入れた上で、国家の社会政策の提唱へと進む。(1)

本章では、第一段階の一八四八年の認識と対策を取り上げる。ここでは、社会問題は人間の心の問題だとされた。十九世紀前半、特に一八四〇年代末に、ドイツは社会崩壊の危機に襲われた。というにもかかわらず、国民の大部分は利己的に生き、困っている人々を助けようとしない、だから、そこから社会問題が生まれる、とケテラーは捉えた。従って、対策として、心の改悛、隣人愛の実践、キリスト教への復帰が提案される。

第一節　慈善の実践と言葉

キリスト教では、貧しい人、病にある人、困っている人、見捨てられた人を支援することは隣人愛の要請である。従って、慈善は古代教会から連綿と続けられてきた。この活動はカトリックではカリタス（Caritas）、プロテスタントではディアコニー（Diakonie）と呼ばれる。

ドイツのカリタスは一八〇三年の世俗化で全面的に崩壊していたが、十九世紀前半に窮乏化が進むなか、信徒の自発的な活動が始まる。またフランスからは修道会の救貧・医療活動も伝えられ、組織的な活動も広まっていく(2)。

一　実践

ケテラーは一八四四年に司祭となった後、慈善を自ら熱心に実践し、信徒にも強く要請した。何が実行できたか、第一章第三―六節で述べたため、ここでは手短に再確認しておこう。

最初の赴任地ヴェストファーレン州の小都市ベックムでは、学童、貧民、病人の世話に尽力しただけでなく、病院の新設も企画し実現させた。一八四六年には、飢餓と疫病に悩んでいたホプステン村に転任する。ここでは困窮者を支援する団体を作り、自ら病者の看護もした。ここでも病院建設を準備し、この企画も後に実現する。この二箇所で、ケテラーは、大衆窮乏化の深刻な現実に接した。

一八四九年、ケテラーは、プロイセン王国の首都ベルリンの首席司祭に任命された。ここでは、プロテスタント国家内での少数派カトリックという厳しい状況も、大都市における司牧の困難さも体験する。しかし、病院の拡充など、慈善活動も忘れていない。

一八五〇年にマインツ司教に就任すると、孤児、寡婦、老人、身体障碍者への支援活動に努めた。また、教育や看護の事業を拡大し、それに従事する人材を養成するため、様々なカリタス系修道会をマインツ司教区に招致している。一八七〇年代には文化闘争が起こり、多くの修道会は国外に追放されたが、ケテラーは一八七七年に死ぬまでカリタスに熱心であった。

二　言葉

続いて、ケテラーは、大衆窮乏化と慈善について何を語ったか、その言葉と思想を確認しておきたい。

一八四八年五月にフランクフルト国民議会議員に選ばれたケテラーは、他のカトリック・クラブ議員と共に、十月にマインツで開かれた第一回カトリック教徒大会に招かれ、その場で突然に何か喋るように依頼された。この即興演説「自由と社会問題」でケテラーは次のように語る。

「どのような法律を制定しようと、どのような国家形態を採用しようと、解決の至難な、もっとも重要な問題は社会問題であります。私は真心を込めてこう言いたい。この問題の困難さ、重大さ、緊急性は私の心に至上の喜びをもたらす、と。私にとって、苦しみが楽しいわけではありません。疑いもなく私の心も深い悲しみに沈んでいます。同胞の苦しみが嬉しいわけでもありません。このようなことを私は言いたいのではありません。カトリック教会とプロテスタント教会、そのどちらに神の真理の力が宿っているか、それが〔社会問題への対処で〕証明される、証明されるはずだ、こう確信しているからであります。社会問題の最終的な解決はカトリック教会に託されている、このことが証明されるからであります。確かに、国家には法律を制定する権限はあります。しかし、国家には社会問題を解決する力はありません(3)」

この引用文から、次の三点が確認できる。

第一に、人々の窮乏化がどれほど深刻か、ベックムで助祭として働き始めた一八四四年以降、自らの体験で分かっていた。二年後にその深刻さは危機に変わった。しかも、その危機は全ドイツ的で全ヨーロッパ的なものとなった。一八四八年には政治革命も起こった。問題の解決に向けた努力は、同時代に生きる人々すべての緊急の義務である、という強い訴えには、はっきりした歴史的な背景がある。

第二に、プロテスタントとの競争意識がある。どちらの教義が正しいか、かつて争われた。しかし、双方の言い分に理があることは一五五五年のアウクスブルクの宗教和議で双方とも承認し合った。今後、どちらがどれだけ真剣に隣人愛を実践するか、それによって信仰の真理が証明されるとケテラーは言う。

これも、実践のない信仰はない、というケテラーの基本姿勢を示す。予定されていた国民議会での演説草稿には、次のように書いている。「教義や学問によってキリスト教の諸宗派を統一しよう、と今まで何度も試みられてきました。しかし、まだ成功したことがありません。とすれば今後、キリスト教の各宗派に含まれている愛の力、それを尺度にして、宗派間の優劣を測定してみようではありませんか。どこに、真の愛、犠牲的で献身的な愛があるか、それを見極めることができれば、どこに真の信仰があるか、それも同時にはっきり知ることができます(4)」。

両宗派の対立を煽るところにケテラーの意図があったのではない。その趣旨は、社会問題の解決に最大限の努力を傾けよという呼びかけにある。この面でケテラーはプロテスタントとの協力を心から願っている。実際、この演説草稿は、フランクフルト国民議会で基本権が審議された際に「立派なプロテスタント牧師」が社会問題への対処を呼びかけたことに即座に応えた文章である(5)。

第三に、今日から見れば不思議な文章「国家には社会問題を解決する能力はありません」が書かれている。この文章はどう解釈されるべきか。確かに、十九世紀中頃の国家は、社会問題に関与する意志も、そのための技術や機関も持ち合わせていなかった。しかし、ケテラーはそのような事実を指摘しているのではない。この文章はずばり「国家干渉は許されない」を意味する。では、なぜ許されないのか。その理由は第五章で探究する。ここでは、国家干渉を否定したという点だけを確認しておこう。

なぜ、ケテラーは社会問題に強い関心を抱くのか。一八四四年以来の司牧と慈善の実践からも、一八四八年の言葉からも、ケテラーには困窮した人々への繊細な感受性があったことが分かる。ケテラーの実践と言葉は、宗教心だけでなく、その感性にも由来する。

三 感受性と出自

それに加え、もう一つの動機が作用していた。ケテラーはヴェストファーレンの名門貴族の家系に生まれた。中世において貴族は自己の支配圏の平和と秩序を守るため独自の「権力」を行使したが、同時に支配下の農民を「保護する義務」も負った。しかし、この権利と義務は国民国家（ドイツでは領邦国家）が成立していくなか、つまり中央集権化のなかで空洞化されていく。フランス革命以降、ドイツでも貴族の存在価値は厳しく問われていた。

予定されていた国民議会での演説草稿「貴族について」で、ケテラーはこの問に答えている。貴族制は廃止されるべきである。時代遅れの権限に執着することはもう許されない。逆に、貴族は新しい時代の新しい道徳的な義務を負わなければならない。大衆窮乏化が進展していくなか、時代の生きた証人として、社会問題の解決に向け自己の一生を捧げる。これこそ貴族の末裔の義務である。そのような使命感がケテラーを貫き突き動かしている。この演説も議会の議事日程の都合で実現しなかったが、今では全集に掲載されている(6)。

四 対策としてのキリスト教への復帰

時代を認識する、聖書の言葉では「今の時を見分ける」（ルカ一二・五六）は、ケテラーの重要な標語である。一八四八年の連続説教『現代の大社会問題』の第二回（十二月三日）では、パウロの言葉「あなた方は、今がどんな時であるか知っている。……もう眠りから覚めるべき時刻なのです」（ローマ一三・一一）を引用し「現代を認識しようとすれば、社会問題を捉えなければならない。社会問題と対決する人は、現代とは何かを知り、それをしない人には現代も将来も謎である」と言う。(7)

では、現代の社会問題の本質はどこにあるのか、その原因は何か、対策として何が提唱できるのか。

現代の社会問題の本質は何か。「一方では、単純明快な自然法を否定し、良心に痛みを感じることなく、自己の財産を浪費している富者がいる。しかし、他方では、飢えている貧民、野獣のような生活に追いやられている貧しい子供たちがいる」。このような貧富の差の拡大、それが社会問題の本質である。

その原因は「心の病、常軌を逸した快楽欲と貪欲、隣人愛の無視」にある。言い換えれば「キリスト教精神からの離反によって、現代人は破滅するにいたった」。従って、対策は「キリスト教への復帰」以外にありえない。(8)

五　「借財の返済」

では、キリスト教への復帰とは何か。それは、先の文章にあるように、隣人愛つまり慈善の実践である。しかし、なぜ、慈善の実践が、キリスト教への復帰となるのか。貧者や困窮者のために「施し与えている」、だからキリスト教的だ、という答は誤っている。では、どのように答えるべきか。

連続説教の第二回で、ケテラーは「人間は、救い主キリストから溢れるばかりの愛の借財を受けた。というのに、それを返済できない。この思いが貧者や病人の奉仕への泉となった」と言う。これがケテラーの答である。だが、ここでいう「溢れるばかりの愛の借財」とは何のことか。人間は、どのような借財を背負っていると言うのか。聖書の言葉を引用しながら、説明を試みてみよう。(9)

パウロは「一体、誰があなたを他の人よりも優れた者と見なすのですか。あなたの持っているもので、戴かなかったものがあるでしょうか。受けたなら、なぜ、受けなかったかのように誇るのですか」（一コリント四・七）

と書く。

人間には、自己の肉体、感性、才能、精神、それらすべてに関し、自らの力で手に入れたものなど一つもない。すべては神から与えられた賜物である。とすれば、借財は返済されなければならない。しかし、人間は神に何も返済できない。とすれば、人間は「債務奴隷」に陥るしかない。

というのに、人間は「借財」から無償で「解放」された。なぜ、そのようなことが可能となったのか。自らを犠牲にし、解放のための身代金を支払い、人間の罪を贖《あがな》われる方、救い主キリストが天から遣わされたからである。

この神と人との関係は、福音書では「神は、その独り子をお与えになったほどに、世を愛された。独り子を信じる者が一人も滅びないで、永遠の命を得るためである」(ヨハネ三・一六)とも説かれる。

この「救い主キリストから」受けた「無償の愛」、それへの感謝の行為が、隣人愛つまり慈善の実践である。とすれば、慈善とは「施与」つまり施し与えることではない。それゆえ、そこに、自己満足、優越感、虚栄心、独善などの意識が働く余地はない。

以上のように、慈善の根底には、人間の罪、神の無償の愛、神の救いという神学がある。ここで宗教は社会との接点を持つ。この接点は、ケテラーの社会思想の核心を成す。だからこそ、六回にわたる連続説教『現代の大社会問題』では、回心(悔い改め)、自由、結婚と家族、人間の使命、権威など、信仰にかかわる事柄が説き明かされていく。

しかし、第四章で後述するように、ケテラーは、後にキリスト教への復帰だけで社会問題は解決できない、社会制度の改革が必要だという認識にいたる。しかし、だからといって、信仰が不要だと考えたのではない。というのは、愛と犠牲を伴わない福祉の向上など、そこには人間的な価値が発見されないからである。今日のカトリック社会科学者は、宗教的な回心と現世の制度改革、その両者とも強調する。(10)

第二節　キリスト教所有権思想

とはいえ、一八四八年の時点でも制度にかかわる提唱があった。それが、連続説教の第一回（十一月十九日）で取り上げられた所有権論である。

一　なぜ所有権を議論するのか

社会問題の概念は一八四〇年代に造られ、時代の流行語となった。その議論のなか、もっとも激しい論点の一つが私的所有権、つまり「私有権」の是非であった。

フランス革命以降、自由主義者は個人主義に基づく私有権の不可侵性と排他性を主張する。私有権を保障し、競争を自由化することで、資本主義は国民すべてを豊かにしていくと言う。それに対し、社会主義者、特に一八四八年二月に『共産党宣言』を発表したマルクスとエンゲルスは、私有権を諸悪の根源だと見なす。労働者はプロレタリア革命を引き起こし、共産主義を建設し、国民すべてを平等にすると言う。

この対立する二思想に対し、どういう態度を取るべきか。ケテラーは次のように言う。「有産者と無産者は敵対している。人々の生活が日増しに苦しくなるにつれ、人々は所有権に関し不信を募らせている。地上のあちこちでは、不気味な炎が上がっている。迫りつつある社会の全面崩壊の前触れである。一方では、私的所有権に固執する人々がいる。他方では、私的所有権を断固として拒否する人々がいる。この真っ向から対立する見解に苛立ちながら、何とか調停できないか、私どもはその道を模索している[11]」。

結論から言えば、ケテラーは自由主義にも社会主義にも同調できなかった。だから手探りで道を探し求めた。ここで切り開かれた道はカトリック教会史上最初の社会回勅、レオ十三世の『労働者の境遇について』（一八九

- 所有権
  - 本源的所有権……神に帰属
  - 利用権……人間に帰属
    - 取得と管理の面……私有
    - 使用の面……………共用

一年）に取り入れられ、現代では「キリスト教所有権思想」として定式化されている。

二　トマス・アクィナスの所有権思想

実は、このキリスト教所有権思想には先達がいた。「このような状況のなか、カトリック教会の所有権思想、すでに六百年も前に、信仰に導かれた一人の学者が今日の私どものため模範として描いていた道、信仰から離れ、自律した人間には発見できない道がある」とケテラーは言う。その学者とは十三世紀の聖人トマス・アクィナスである。ケテラーはトマスに依拠しながら、基本命題を提示し、そこから応用命題を引き出し、その内容を具体例で説明し、この理論こそ社会問題の解決に有効だという結論を導き出す[12]。

では、どのような所有権思想か、最初にその全体像を図示しておこう（上図）。

三　三つの基本命題

所有権の第一の基本命題は「この世の一切のものは、本質的に神にのみ帰属する」である。「神にのみ帰属する」とは何のことか、と訝《いぶか》る人がいるかもしれない。これは神秘思想ではなく、世俗の実生活に向けられた命題である。言い換えれば、この世の財物は、ある特定の人間や集団に帰属するように予め決められているのではない、逆に言えば、この世の財物は人類のため、人間全員のためにある、人類が自分たちの生存を維持し、自分たちを成長させるためにある、ということである。

では、所有権に関し、人間は無権利なのか。そうではない。第二の基本命題は、人

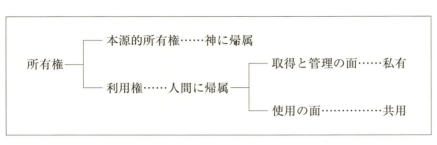

間には、地上の財物の管理者となる権利、つまり財物の「利用権」が与えられる、というものである。

しかし、この権利は同時に義務でもある。それゆえ「この世の財物の利用について、人間は神が定めた規則を認めなければならないし、神が定めた目的から逸脱することも許されない」。そこから、人間は財物の「良き」管理者となる「義務」を負う、という第三の基本命題が引き出される。逆に言えば、与えられた利用権を用いて「悪い」管理者となる、つまり利用権を「悪用」するといった権利など最初から与えられていない。

以上から明らかなように、キリスト教所有権思想は、フランス革命で唱えられた私有権の不可侵性、排他性、絶対性を認めない。ケテラーは「人間はこの世の財物を勝手に支配し、管理してよい、そのような権利を教会が認めたことはない」と言う。

四　利用権の分類

利用権は人間に帰属する。では、その権利を誰がどのように行使するのか。それには二つの方法がある。一つは、地上の財物を共同で所有・管理・分配する共産制である。もう一つは、所有権も、そこから生じる収益も、個人に帰属させる私有制である。

そのどちらが優れているか、この問題もすでにトマス・アクィナスが検討している。その優劣を判定するためトマスは利用権を二つに分類する。一つは、財物を「配慮・取得・管理する権限」である。もう一つは、財物から生じる「果実と収益を享受する権限」である。ここでは、前者を「取得・管理権」と呼び、後者を「使用権」と呼ぶことにしたい。

これは、トマスの分類である。なぜ、このような分類をするのか、その必要と価値は後述するが、この分類から次の二つの応用命題が定式化される。

五　第一の応用命題――取得と管理の面での私有制

応用命題の第一として、取得と管理の面では「私有制」が主張される。なぜ私有なのか、トマスに従って、ケテラーは次の三点の論拠を挙げる。

第一の論拠は「効率」である。個人に私有権を帰属させることで「財物の効率的な管理が期待できる」。それに対し、共同所有のもとでは「どの人も労を惜しみ、他人まかせにする傾向にある。……人間本性《ほんせい》のなかに眠る怠け癖が目覚め……地上の一切のものは無駄遣いされる」。

人間には、自己の所有物は大切にする、しかし、共有物は疎略にする、自己の利益のためには懸命に働く、しかし、共同作業では労働意欲は衰える、という本性的な傾向がある。本性は如何ともしがたい。とすれば、自己の所有物は大切にするという本性は、悪として否定されるよりも、善き目的のために活用されるべきである。つまり「善用」されるべきである。そうすれば、私有制のもと財物は効率的に利用され、社会の効率化に役立つ。

第二の論拠は「秩序」である。「個人的な所有権が承認される場合にのみ、地上の財物の効果的な管理に必要な秩序は維持される」。それに対し「各人が、すべてのもの、あらゆる事柄に注意を向けなければならないとすれば、いたるところに混乱が生じる」。従って「各人が自己に固有な業務を自己責任で行い……人間が多様な職業活動を続けていく」という制度の方が好ましい。

私有制によって「我のもの」と「汝のもの」がはっきり区別される。誰に権利が帰属するか、誰に責任があるのか、その範囲ははっきり確定される。これは秩序形成に役立つ。

第三の論拠は「平和」である。「経験が教えてくれるように」自分のものと他人のものを区別しない「共産制は抗争や対立に陥りやすい」。それに対し、人間は自分の財物を確実に自らに帰属させることで、心理的な満足と安らぎを得ることができる。その点で、私的所有権は、平和と安定に役立つ。

以上の三点の論拠から、取得と管理の面では、私有制が擁護される。

六　前提

しかし、以上の私有制を擁護する議論には前提がある。

第一に、肯定された人間の所有欲が暴走し、人間があくなき欲望の追求を始めると、人間本性に基づく論拠は崩れる。利己心の「善用」という前提があって初めて、効率の達成に役立つ。従って、人間には「自足と自制」が、ケテラーの言葉では「神の秩序」が求められる。

第二に、私有制を採用したがために、富の分配が著しく偏り、格差も拡がった、その結果、階級社会が形成され、階級闘争が激化した、そのような事態にいたった場合には、効率と秩序と平和に貢献するという議論は通用しない。従って、富が公正に分配され厚い中間層が形成されていること、つまり中間層社会がその前提となる。

以上のように、トマスとケテラーの所有権論は、ある特定の人間精神と社会構造を前提とする。この前提がない場合には、キリスト教所有権思想は機能しないし、悪用される恐れもある。

七　例外

以上のように、取得と管理の面では「私有制」が主張された。とはいえ、この私有制は近代の「私有権」と同一視されてはならない。

私有権はフランス革命では神聖不可侵な「自然権」として主張された。しかし、トマスやケテラーでは「権利」ではなく「制度」として、私有制と共産制、そのどちらが優れているか、という比較考量の問題として提起される。それゆえ、その結論も、人間本性と経験に基づいて下される比較優位でしかない。ということは、私有制が適切かどうか、その結論は時、場所、状況、産業分野、職業、地位などによって異なってくる、ということになる。

従って、トマス所有権論の日本人研究者、野尻武敏によれば、次のような三点の例外が考えられる(13)。

第一に、公共性の高い財では、共有制の方が有利な場合もある。とはいえ、公共性が高いか低いかの判断は、予め与えられていない。従って、状況を観察しながら、その都度、どちらが適切か、人間は判断を迫られる。

第二に、戦争や大災害のような緊急時には、私有権が停止されうることもある。例外状況にあっては、私有権の制限や停止によって、逆に平和と秩序は保たれる。

第三に、聖職者のような徳の高い人々から構成される組織では、清貧（無所有）と貞潔（独身）の共産制の採用が可能となる。カトリックでは、聖職者は共有、信徒は私有を原則とする。ちなみに、ケテラーによれば、カトリック教会の財産は「合有財産」である(14)。この概念のもと、教会に所属する人すべてはその所有権に与るが、その処分権は持たない。

八　第二の応用命題——使用の面での共用

応用命題の第二として、使用の面では別な原則が立てられる。ケテラーは次のように言う。「この世の財物の管理と運営から生じた果実と収益を享受し、活用する権利、つまり人間の使用権に関しては、……人間はこの果実と収益を自己の所有物ではなく、万人に共同なものと見なすべきである。とすれば、困窮状態に陥っている他人には、自分の所有物を快く分け与えるだけの心構えがなければならない」。

この「使用権に関しては共同」が使用面での原則となる。日本人の研究者、五百旗頭《いおきべ》真治郎はそれを「共用」と呼ぶ(15)。だが、共用とは何か。これは誤解を招きやすい概念である。

それが「共に用いる」を意味するのであれば、個人は、財物を購入することも、販売することも、贈与することもできない。つまり使用権は否定される。しかし、野尻武敏が言うように、私有権が承認されたとしても、使用権が認められない場合には、そのような私有権は無用の長物でしかない。[16] どの個人にも、どの団体にも、使用権は認められなければならない。

では「使用権に関しては共同」とは何のことか。それは「困窮状態に陥っている他人には、自分の所有物を快く与えるだけの心構え」を持つべきだという規範を意味する、と解釈されるべきであろう。その証拠となるケテラーの文章を引用しよう。

「神不在の所有権思想、人間自らが自己の所有物の主人だ、という所有権思想がますます普及していく。神から離れた人々は、自分自身こそ財物の排他的な所有者だ、財物は膨らむ一方の享楽欲を満足させるための手段でしかない、人間存在の目的は生活の享楽と快楽にあり、その目的を達成するための手段こそ財物だと考えるにいたる。そうすると富者と貧者のあいだには、かつてキリスト教世界では見られなかったような深い亀裂が入るにちがいない。富める人は大金を浪費し、途轍もない甘美な快楽を享楽する。それに対し、貧しい人々は生活必需品にも欠乏し、人間が生存できるため神が保証していたものさえ与えられない」

続いて、パウロの言葉「この世で富んでいる人々に命じなさい。……物惜しみをせず、喜んで分け与えなさい」（一テモテ一七・一八）を引用し、神の宇宙創造という神学的根拠に基づき、ケテラーは次のように言う。「なぜ、神は自然を創造したのか、その理由は万人に生きるための糧を与えることにあった。財物は、この本来の目的を達成するためにある。とすれば、全人類の生存の保障という目的を達成するため、各人にできる範囲で、各人は自分の所有物から生じた果実と収益を再び万人に共同なものとするため、協力しなければならない」。

ここで、前述した所有権の第一の基本命題「この世の一切のものは、本質的に神にのみ帰属する」、つまり所有権の本来的な目的は、人類の生存の維持にあるという命題が生きてくる。現代流に言えば「生存権の保障」である。とすれば「共用」とは生存権の保障を意味することになる。

生存権に関しては、古代教会の教父には「金持ちから何かを奪い取ることは、小さくない罪である。しかし、それに劣らぬ罪は、それができるし、余分なものを持っているにもかかわらず、困っている人々に何かを与えることを拒否することである」という言葉があり、トマス・アクィナスの『神学大全』にも引用されている。(17) 共用の理念が、伝統的なキリスト教社会思想に深く根差していることが分かる。

ここで、なぜ、利用権は「取得・管理」と「使用」に区別される必要があるのか、という先に提起された問にも答えることができる。

取得と管理の面では、私有制が承認される。私有権を用いて、人間は自発性を発揮し、創意工夫し、自らのことは自らで対処していく。これは人間の「自律」の側面である。それに対し、使用の面では共用が要請され、人間は「相互支援」の義務を負う。というのは、人間は完璧でないからである。

人間にとって不可欠な自律と相互支援の二側面、それを両立させるところに利用権を区別する必要と価値がある、と言えるのではなかろうか。

九　信仰と自然法

以上を纏めると、次のようになる。第一に、所有権は承認される、しかし、義務を伴う。第二に、生存権は所有権に優先する。この意味で、五百旗頭真治郎はキリスト教所有権思想を「私有共用」と定式化する。

この所有権論を支える二本の柱は、信仰と自然法である。

第一の支柱、三つの基本命題と応用命題（二）の「共用論」は、神の掟と信仰を土台とする。ここには「宗教」の働きがある。

第二の支柱、応用命題（一）の「私有制」は、人間と社会の本性《ほんせい》、現実、経験を土台とする。これは「自然法」思考である。

この自然法思考は、その後のカトリック社会科学の興隆に大きく貢献する。この頃、カトリック社会思想はまだ過去の身分制思考に引き摺られていた。これでは成立途上の産業社会の現実は認識できないし、それが引き起こす社会問題にも対処できない。しかし、第五章で後述するように、カトリック社会思想は十九世紀末に現実的な社会政策に辿り着く。なぜ、それが可能となったか、その答は自然法にある。人間の本性、現実、経験を出発点に置くことで、過去の身分制的な思想を乗り越えていくことができた。この自然法の再興という流れのなかにケテラーの所有権論も位置づけられる。

第三節　共用の解釈をめぐって――隣人愛、国家強制、社会規範

以上のようなケテラーの所有権思想、特に「共用」に対しては当時から異議が唱えられてきたし、誤解もあった。それをここで取り上げ検討しておきたい。この作業もケテラー社会思想の理解と深化に役立つはずである。前記では「聖トマスの見解によれば、人間はこの果実と収益を自己の所有物ではなく、万人に共同なものと見なすべきである」というケテラーの文章を引用した。この言葉を根拠に、一八四八年末以降、ケテラーは社会主義者だ、共産主義者だという噂が立った。[18]

このような誤解を避けるため、ケテラーを待降節説教に招待したマインツ大聖堂の助祭ヨハン・ハインリヒは連続説教を『現代の大社会問題』の題名で単行本として一八四九年に出版した際、次のような注を付けた。「この説教を出版する任務を引き受けたケテラーの友人として、この箇所が別に他意を持つわけでもない若干の人々に誤解と疑惑を与えたりすることがないように、ここで注を付けることが許された。説教者ケテラーは、この説教全体のなか法的観点ではなく、道徳的観点を取っており、この観点からカトリック教会と共にケテラーは次のように考える。どの人にも、自己の所有物からの収益を自己のためだけでなく、共通善のためにも用いる義務がある。しかし、この義務は道徳的な愛の義務であり、強制される義務ではない。この義務が強制となると、愛の

価値は失せてしまう。神はこの世界を愛の土台の上に建設したが、硬直した法律は愛を破壊する」[19]。

このような注が付けられたことからも、ケテラーの言葉には、誤解と解釈の余地があったことが分かる。ケテラーが強調したのは、自発的な隣人愛の実践だとハインリヒは言う。問題は、この解釈がケテラーの意図を正しく伝えているかどうかである。

まず「万人に共同なもの」という言葉が、法規（Rechtssatz）として、換言すれば、制定された法律に基づき、貧者が富者を告発し、直接に財物を請求できる権利として提出されたものでないという点ははっきりしている。そのような法的な強制力による財物の収用は、所有権の応用命題の第一や自由の精神に反し、キリスト教隣人愛の実践も不可能とする。

従って、多くの学者はハインリヒの解釈に同意する。ケテラー全集の編者イーザロも、この連続説教が、罪、回心、結婚、家族、自由、権威といったキリスト教神学の概念から構成されている点を考え、ケテラーの言葉を道徳命題だと捉える[20]。

とすれば、困窮者への支援は、完全に自発的な要請となる。それに対し、ボン大学のカトリック社会論の学者ロースは、法原則（Rechtsprinzip）だと解釈する。確かに、法的な強制ではない。しかし、単なる隣人愛の要請でもない。その中間に、人々を拘束する社会的な規範が存在する。そのような社会規範の命題だとロースは言う[21]。

しかし、そこでいう社会規範とは何か、筆者なりの言葉も加えて、説明を試みてみたい。

確かに、社会規範に法的な強制力はない。しかし、だからといって、人々は社会規範を無視して行動できるわけでもない。個人として、種々雑多な団体に所属する組織人として、人間は社会全体に対する責任、つまり「共通善」（序章第三節三を参照せよ）を自覚しながら行動する。そうしない限り、社会秩序は形成されない。とはいえ、実際には、人間は必ずしもそのように行動できるとは限らない。だから、それは規範である。しかし、規範には規範としての働きがある。規範の意識が人々の生活のなかに蓄積されていくと、それは生きた力となる。一口で言えば「価値の社会化（制度化・組織化）」が生じる。ケテラーもそれを目指していた、と解釈できないであろうか。

この解釈に有利な証拠を挙げておきたい。第四章で述べるように、ケテラーは一八五〇年代以降、様々な職業団体の結成を奨励し支援していく。これらの社会運動こそ規範を定着させる最も有効な方法の一つである。社会運動に加わることで、人々は生活と職業に根差した価値意識を形成し、共有していく。それと共に社会も少しずつ変わっていく。このような効果が社会運動にはある。それゆえ、この価値の社会化という点で、ケテラーの思想と行動は一貫していると言うことができる。

第四節　所有権と自由

一　人間の使命と自由

所有権の分類、私有制の優位、相互支援の義務、国家干渉の拒否、なぜ、こんなまどろっこしい議論を展開するのか。貧富の差を解消したいというのであれば、私有を否定する共産制を採用し、人間と社会の一切合財を画一化してしまえば、平等社会は簡単に実現するではないか。

しかし、そのようなことはしてはならなかったし、ケテラーにはできなかった。なぜか。ここで、人間が人間になるため最も貴重な精神財、つまり自由という問題が出てくる。自由を無視した所有権思想など、ケテラーには無価値であった。その議論が第一説教の最後に出てくる。宗教家としてのケテラーの精神が鮮やかに表現されているため、長くなるが引用しよう。

「最後に、このキリスト教所有権思想は、どの程度、神の高次の計画、神の摂理と一致しているのか、どの程度、神の秩序と調和しているのか、という問題に触れないでおくわけにはいかない。人間には、この世で神の意志を成就する使命がある。自分はこの世で何をなすべきか、神は自分に何を望んでいるのか、それを自らの力で発見する使命が人間に課せられている。その使命を自らの意志によって、自己の能力に応じて実践していかなければならない。人間がこの世でなすべき使命、人間がこの世でやりたいこと、それは『あなたの御心《みこころ》が行われますように』（マタイ二六・四二）という祈りと呼応していなければならない。

このような人間の自己決定には尊厳と価値がある、だからこそ、神は人間に自由意志を与えた。自由意志と自己決定によって、人間はこの世で神の御業《みわざ》を実現していく、そのような場合にのみ、人間は人間的に行動している、その行動には道徳的な価値がある、と言える。神自らも人間の自由を尊重する。自由が与えられたため、人間は堕落するかもしれない。しかし、たとえ、自由のために人間が堕落したとしても、神は決して人間から自由を取り上げたりしない[22]」

ここには、人間が神の摂理ないし御心を探りながら、どのように自己の自由な意志によって、この世における自己の使命を定め、実践していかなければならないか、その宗教的な生き方が述べられている。

この自由の原則は、所有権思想にも適用される。「神は自然を創造した。その目的は、人間が自然の大地とその産物によって自己の身体を維持することにある。神とすれば、自然の命令、つまり必然的な法則によって財物を分配する、そうして、人間の生存の保障という財物の本来の目的を達成する、そのようなこともできたであろう。しかし、それは神の崇高な意図ではなかった。ここでも、神は人間の自由意志と自己決定に、もっとも美しい活動の舞台を与えた。神自らが創造したものを人間に引き渡し、それを人間のものにすることを望んだ」。

以上の引用文から、法的な強制ではなく、社会規範に基づく相互支援という思想が、いかに宗教的に動機づけられているか、はっきりするであろう。

二　不平等を正当化するのか

続いて、ケテラーは奇妙なことを言う。「ということは、神は所有と管理に関し、財物の不平等な分配を定めたということでもある。その神の意図は、人間が隣人に財物を恵み与えることにある。こうして、人間は、神が私ども人間のために取っておいた愛を実践できる。神が万人に命じた愛のなか、人間は財物を分け与え、愛に満ちた神の恵みに与ることができる。この世の財物の分配を人間の自由意志に任せるのではなく、すべてのものを必然性の下に置いたり、取得と管理を警察や国法によって強制したりすれば、気高い心という人間のなかで最も美しい泉が枯れてしまう[23]」。

この文章には、不平等に価値を認め、社会の格差を宗教的に正当化する、そのような危険性もある。しかし、もちろん、ケテラーの意図はそこにない。ケテラーはフランス革命の合言葉「自由、平等、兄弟愛」を全面的に肯定する。どころか、次章でも述べるように、キリスト教平等、つまり神の前の平等がヨーロッパ史のなかで果たした役割を強調している。では、前記の引用文は何を言いたいのか。

現実を見れば、人間は、能力、意志、性格、感性、体力、美醜、運など圧倒的な部分において平等ではない。確かに、極端な貧富差や悪しき制度など、是正しなければならないし、是正できるものは多い。これは、正義と公正の要請である。この面では、すべての人は間断ない改善への義務を担う。しかし、どれほど意識、制度、機構を改革したとしても、解消できない違いは存在し続ける。生まれた時点で、すでにかなりのことが決定してしまっている。差がなくなるということはありえない。これはどうしようもない現実である。とすれば、この現実に対し、人間はどういう態度を取ればよいのか。

現実は肯定する、それがケテラーの態度である。人間の違い、言い換えれば人間の多様性はあってよいし、あるべきでもある。それ自体は、悪でも善でもない。問題は、人間がその違いを「善用」するか、それとも「悪用」するかである。善用し、困っている人々を支援せよ、それが前記の文章の意図である。ここでも、現実における違いは、人間が自己の自由を用いて、隣人愛の規範を実践する機会として捉えられる（第四章第四節二も参照せよ）。

第五節　プルードンの警句「財産は窃盗である」

説教の終わりの方で、ケテラーはプルードンの有名な警句「財産は窃盗である」を引用し、次のように書く。「教父の一人が言うように、他人の物を自分の懐に入れる人は泥棒だ、というだけではない。プルードンの悪名高い警句『財産は窃盗である』は嘘だ、というだけではない。そこには、嘘だけでなく、同時に恐るべき真理も含まれている。いくら嘲笑し無視したところで、この言葉が消えてなくなるわけではない。この言葉が真っ赤な大嘘だと言えるには、そこに含まれている真理を根絶しなければならない。この言葉に一片の真理が含まれている限り、この言葉には世界の秩序を転覆させる力がある」(24)。

プルードンの警句には「大嘘」だけでなく「真理」も含まれている、とはどういう意味か。

なぜ、それは「大嘘」か。窃盗とは「他人の物を自分の懐に入れる」ことである。しかし、ここでは、そのような窃盗など行われていない。だから、財産は「窃盗」だと決めつけるプルードンの命題は嘘である。これは自明である。

では、なぜ、それは「恐るべき真理」でもあるのか。

一方では、長時間の過酷な労働に苦しみながら、日々の糧さえ十分に得られない人々がいる。他方では「度外れの貪欲や常軌を逸した官能的快楽を満足させている」人々がいる。しかし、私有権の絶対性を主張する人々は所有権に伴う社会的義務などまったく念頭にない。逆に、正当に取得したのだから、それを何に使おうが勝手だ、そこに不正はないと考える。この人々は「人間の胸に宿るもっとも気高い感情、悲惨な境遇にある人々に共感するという人間の心情を麻痺させ、畜生にも劣る血も涙もない存在」に堕している。

貧富の差の拡大という現実に目を塞ぐだけでなく、それを正当化する、これは「常習犯の泥棒」の論理と行動である。こうしてプルードンの警句「財産は窃盗である」は「恐るべき真理」となる。

以上のように、所有権は社会的義務を伴うという観念がないところ、プルードンの警句は「世界を転覆させる力」を持ち続ける。しかし、人々がその義務に目覚めるところ、その警句に含まれる真理は「根絶」され、この警句は「真っ赤な大嘘」に変わる。

爆薬のように危険な警句を用いて人々を目覚めさせ、支援の実践を促す、この議論の仕方に実践思想家ケテラーの本領が発揮されている。

第六節　ドイツ産業化

十九世紀前半のドイツは「大衆窮乏化」の時代である。特に一八四〇年代に危機は深刻となった。この危機を表現するため「社会問題」という言葉があらわれる。社会問題はキリスト教への復帰と慈善によって解決できるとケテラーは考えた。この認識は正しかったか。その検証にはドイツ経済史の研究成果が必要とされる。本節では、経済史の鍵概念を提示し時代区分を試みながら、その問に答えたい。なお、ここで述べる事柄は以下の章でも応用される。(25)

一　近代世界の特徴としての産業化

ここ二百年に見られた経済史上の画期的な出来事は、一人当たり労働生産性と一人当たり国内生産高の持続的な上昇である。これは人類史二十万年のなかで初めての現象であり「産業化」の概念で表現される。従って、産業化を基準に時代は二分される。産業化以前は「農業社会」であり、それ以降は「産業社会」である。その移行期は「過渡期」である。

産業化は工業部門から始まった。その新しい生産形態は、技術革新を土台とし、機械を用いる「工場制」である。工場制工業は大量の「労働力」を必要とする。そのため、工場が立地する工業地帯に向け、大規模な「人口移動」が起こった。移住者のほとんどは「工場労働者」となる。この人々は後に「プロレタリアート」（無産階級）と呼ばれ、蔑視されることになる。

工場が集積する場所は「都市」へと発展していく。十万以上の人口を持つ居住地はドイツでは「大都市」と定義される。産業化が進展すると共に、都市に住む人口比が高まっていく。これが「都市化」である。それゆえ産業社会は「都市社会」でもある。ということは、社会問題は「都市問題」でもあるということを意味する。

中世以来の農村と都市には、それぞれに固有な生活様式があった。それに対し、産業化は、工場労働などで新しい「労働規律」への適応を強制し、都市化は、大規模人口の居住を可能にするために「都市的生活様式」を要求する。それは、特に農村から都市へ移住してきた人々にとって易しいことでなかった。その上、低い賃金や過酷な労働条件など、悲惨な状況も待ち構えていた。

そこから、都市化された産業社会への「同化」と「統合」は可能か、という厄介な問題が生じてくる。労働者は市民社会に同化していくべきか、それとも「プロレタリアート革命」によって社会主義ないし共産主義の社会を建設すべきか、という体制の選択をめぐる問題である。これらの問題は「労働者問題」と総称される。

以上の相互に関連した一連の動きは、十九世紀の社会問題と労働者問題を正確に捉えるために必要な前提である。

労働者問題は「労働問題」とは区別される。前者は、労働者という階級に固有な問題であり、後者は、大地主や資本家から、中間層の職員や技術者や農民を経て、社会下層の工場・臨時・農業労働者にいたるまでの、一般に勤労する人々の問題である。十九世紀に社会問題として議論されたのは、社会下層の労働者、特に工場労働者の問題である。

二　産業革命、資本主義、工業化、経済成長

しかし、近代経済の特徴を導き出すため、産業化以外の概念も提起されてきた。類似の概念も検討しておきたい。

「産業革命」の概念は、突然で急激な変化、さらに過去との断絶を表現するため用いられてきた。しかし、最近では変化の漸進性や連続性が強調されている。この点では「革命」の概念は適切ではない。とはいえ、人類史二十万年という大きな枠組みのなかで、産業化を位置づけ、現代的な意味を問う場合には「革命」の概念も有効である。

「資本主義」とは「資本」と「労働」が分離した生産方式のことを言う。この概念にも次のような問題点がある。

第一に、資本と労働の分離そのものは、十八・十九世紀に発明されたものではなく、数世紀前から、特に鉱山業で存在していた。第二に、近代経済は資本主義的な生産様式で覆い尽くされたのでもない。現代のドイツ経済でも、資本と労働が結合した「手工業」や「自営業」も存続し、重要な役割を果たし続けている。第三に、近代経済に固有な特徴、つまり一人当たり国内総生産高の持続的な増加それ自体は、私的な資本主義と自由な市場経済のもとだけでなく、後発国や開発途上国で観察されるように、国家干渉のもとでも、社会主義の公有企業のもとでも実現している。それゆえ、資本主義は、近代経済に普遍的な特徴を言い表す概念としては適切でない。

とはいえ、十九世紀のヨーロッパでは、資本と労働の分離が進展した結果として「階級分裂」に続き「階級対

立」という事態があらわれる。資本主義は「階級社会」ともなったという現実は深刻であり、不幸でもあった。それゆえ、この事態をどう考え、どう対処すべきか、という大問題が提起される。

ケテラーも、当時のカトリックの思想家も、資本と労働の分離を倫理的な悪だと考えた。その理由は、労働者は資本家に従属し、主体性を奪われる、という点にあった。この問題は第四章で取り上げるが、その検討には資本主義の概念は有効であり、必要でもある。

「工業化」は工業部門における産業化を指す。ほぼどの国でも、産業化は工業部門から始まった。ある学者は一人当たり労働生産性の向上のことを工業化と名づける。しかし、この概念の使い方は不適切である。というのは、後には第一部門でも第三部門でも労働生産性の向上は進展するが、それを農業の工業化とか、サーヴィス業の工業化とか表現するのは奇妙だと言えるためである。従って、経済全体の動きを言い表す包括概念としては、産業化が用いられるべきである。

「経済成長」は、一人当たり国内総生産高（ないし国民所得）の増加のことを言う。この概念には、国家内の地域差や階層差が無視されるという欠陥があるが、全国平均の変化を見る場合の大雑把な推計値としては有効である。

本書では、産業化を中核概念とし、それ以外の概念も対象に応じて用いることにしたい。産業革命は十九世紀中頃、資本主義は二十世紀初め、経済成長と産業化は第二次世界大戦後の造語である。それぞれの時代の経済学者や歴史家は、自分たちの眼前で起こっている出来事やその時代が提起している問題を捉えるため、新しい概念に挑戦してきた。その成果が以上の概念である。ということは、概念は時代的に制約されている、ということを意味する。この点を強く意識しながら、これらの概念を用いていきたい。

以上の包括的な概念は、一八七七年に死亡したケテラーには未知であった。新しく勃興しつつあった出来事をケテラーは「（経済）自由主義」「国民経済」「工場（労働）」「自由競争」「賃金鉄則」などの言葉で表現している。(26)

それらの概念は第四章で検討する。

三　ドイツ産業化の時代区分

ドイツでは、産業化がいつ始まり、どのように進展したのか、それを正確に捉えて初めて、社会問題に対するケテラーの認識と対処が適切であったか否か判断できる。ここでは、ドイツ経済史研究の成果に従って、次のように時期を区分する。(27)

〔1〕一八五〇―一八七三年　初期産業化
〔2〕一八七三―一九一四年　高度産業化
〔3〕一九一四年以降　産業社会

一八一一年に生まれたケテラーは、一八四八年の革命の際に政治の世界に登場し、一八五〇年にマインツ司教に就任し、一八七七年に亡くなった。そのため、ケテラーの活動期はほぼ初期産業化の時代に当たる。

初期産業化とは、一人当たり国内総生産高が持続的に増加し始める時期のことを言う。産業化がいつ始まったか、正確に確定することは残された数量的な資料が不足するため不可能である。もっとも早く見る経済史家、例えばヘニングはその始まりを一八三〇年代だとする。もっとも遅く見る学者、例えばアメリカの経済史家ロストウはドイツの「離陸期」を一八五〇―一八七三年に設定する。最近の学者、例えばキーゼヴェターによればドイツ産業化の開始はやはり一八五〇年代である。(28) 本書もこの見解に従う。以下では産業化の各局面の特徴を見ておきたい。

ドイツでも一部の地域、特に経済中心地のラインラントやザクセンでは、十九世紀前半に繊維工業が発展し、都市化も進展していた。しかし、ドイツ全体で見ると、人口がそれ以上の速度で増加したため、この時期には、一人当たり生産高はまだ上昇していない。

ドイツ産業化の主導部門は鉄道である。最初の鉄道は南ドイツのニュルンベルクとフュルトの間で一八三五年に開通した。一八五五年には、北のハンブルクから南のミュンヘンまで、東のダンツィヒから西のケルンまで、ドイツの主要都市は鉄道で結ばれる。鉄道の総延長距離は、一八四五年の二一三〇キロから、一八六〇年には一万一六〇〇キロへ、一八八〇年には三万三八〇〇キロへと延びている。

鉄道の発展と歩調を合わせ、石炭業、鉄鋼業、機械製作も飛躍的な発展を遂げる。特にルール地方の石炭採掘量は、一八五〇年以降に急速に増加し、十数年後にはここに「ヨーロッパの心臓」と呼ばれる一大工業地帯が形成される。

経済全体の動きを示す指標である一人当たり国内総生産高も、一八五〇年頃から明確な上昇傾向を示す。一八七一―七三年にドイツ経済は「企業勃興期」と呼ばれる空前の好景気を迎える。このような経済の過熱期には、どの時代のどの地域でも見られるように、無数の会社（一部では泡沫会社）の設立、証券市場の不祥事といったことが起こる。一八七三年に出版した『ドイツ帝国のカトリック教徒』の第十一命題「国債と租税」で、ケテラーは、相場師の詐欺的な行為や人々の飽くことを知らない欲望の追求に対し、激しい非難の言葉を浴びせている。(29)

この好景気は一八七三年に崩壊し、この年で産業化の初期局面は完了する。その後のドイツ経済には、工業の論理が働くようになり、一八七三―一九一四年の時期は「高度産業化」の時代と名づけられる。

ドイツ経済は一八七三―一八七九年ないし一八九五年までの時期に「大不況」と呼ばれる停滞を経験する。原料・商品価格は大幅に下落し、企業収益は停滞した。そのため、カルテルやトラストなど企業の組織化が進む。この時期には、経済だけでなく、どの分野でも「組織化」が進展し、カトリック界でもドイツ・カトリック国民協会（一八九〇年）やドイツ・カリタス連合会（一八九七年）などの大規模な団体が結成されている。

確かに、この時期に価格と企業収益は落ちた。しかし、工業生産量、特に石炭採掘量と鉄鋼生産量は、この時期でも飛躍的に増えている。また消費者物価も大幅に低下し、そのため家計は楽になっている。これらの事実から、この時期の経済を不況とか停滞とか呼んでよいか、現代では疑問を投げかける学者もいる。

一八七九年以降、特に一八九五年以降、経済は再び急激な成長局面に入る。この時期では、化学工業と電気工業が経済成長を牽引した。自動車工業も誕生し、科学知識が生産に応用されるようになる。ドイツの国内生産高は一八七〇年代にフランスを、一九〇〇年代にはイギリスを追い越す。一八九〇年代から第一次世界大戦が勃発した一九一四年までの時期は、ヨーロッパ全体が、将来の経済と科学技術に、文明そのものに楽観的な「進歩」の希望を抱いた時代である。

経済史的に見れば、一九一四年以降は「産業社会」である。ここでは、農業社会に特徴的な危機、天候不順による凶作、疫病の蔓延、大量死などはもう消え去った。経済変動の基調は農業ではなく、商工業によって決められ、人口の過半数は都市住民となる。

産業化の開始の基準値は、一人当たり平均生産高である。しかし、この指標では所得分配の階層別の不均等は観察できない。そこで、次に、賃金労働者の実質所得が真に増加したかどうかを検証する必要がある。経済史家ヘニングによれば「一八八〇年代以降になって初めて、実質所得はゆっくりと、しかし持続的に上昇していった」(30)。労働者の実質賃金と並行して、雇用の安定、失業の減少、極端に激しかった転職率の低下も見られるようになる。

産業化は一八五〇年に始まった。それから三十年遅れて、労働者もやっとその実りにありつき、産業化の恩恵を享受していく。しかし、ケテラーはそれを見ることもなく、一八七七年に死亡している。

四　一八四〇年代の社会問題

以上では、産業化が始まった一八五〇年以降の経済史の時代区分を試みた。しかし、それ以前の一八四四年にケテラーは司祭に叙階され、ヴェストファーレンの都市ベックムと農村ホプステンで、貧困と疫病に苦しむ人々と出会い、その対処に奔走した。当時、まだ産業化は始まっていない。とすれば、この一八四〇年代の危機の本質は何であったのか、第一章第三節と本章第一節で述べたケテラーの対処法カリタスは適切であったのか、検証されなければならない。

ドイツだけでなくヨーロッパ全域は、十九世紀前半に何度かの飢饉に襲われ、特に一八四〇年代後半には危機的な状況に陥った。それは「大衆窮乏化」と呼ばれた。その危機の本質は何か。現代の経済史家の研究に従えば「過剰人口」である。[31] では、過剰人口とは何か。

中世ヨーロッパの農業社会では、経済と人口、マルサス人口論の用語で言い換えれば、生存資料（特に食料）と人口は、いわば「均衡」していた。人口が増加すれば、一人当たり食料の量は減少し、ある一定地域における人口扶養能力は限界に達する。そのような時に天候異変による不作や飢饉が起こり、疫病が蔓延すれば、人口は減少する。人口が減れば、食料に余裕ができる。そうすると再び、人口は増加傾向に転じる。農業を基盤とした経済では、生存資料にも人口にも、これ以上増加できないという天井があり、そのなかで人口の増減が繰り返されていた。このような状態は「マルサス的な悪循環」と表現される。

ヨーロッパ全域でも、ドイツでも、中世中期から十八世紀まで、これ以上の人口は扶養できないという天井が存在し、そのなかで人口は増減を繰り返していた。しかし、一七七〇年代に東エルベ地域で開墾運動が始まり、人口に長期的な増加傾向があらわれる。その傾向は十九世紀には全ドイツ的な現象となった。人口は増えるが、生存資料は増えないという危機的な状況、つまり「マルサス的な危機」がドイツを襲った。これが過剰人口である。換言すれば、経済と人口の均衡はついに十九世紀前半に崩れ去るにいたる。

実際、この面で画期的な研究成果を生み出した経済史家アーベルの推計によれば、十九世紀前半のドイツだけでなく、ヨーロッパ全体の人々の栄養摂取と体格は、十四世紀以来、最低の状態に落ち込んでいる。[32]

この過剰人口に人々はどう対処したか。まず国外移住があった。最初は東ヨーロッパ、続いて南アメリカ、さらに北アメリカへの移住によって苦境を脱しようとした。確かに、十七・十八世紀にも国外移住はあった。しかし、その動機は主に宗教的な迫害である。人々は、新天地に宗教の自由を求めた。それに対し、生存の危機という社会・経済的な動機からの国外移住、しかも大量で持続的な海外移住は十九世紀に始まる。こうして、十九世紀は海外移住の世紀となり、一八一六―一九一四年の時代に約五四六万人が故国ドイツを離れた。しかし、この国外移住者数そのものは、ドイツ総人口の急速な増加（一八一六年の二三五二万人から一九一〇年の六四九三万人への増加）のなか、過剰人口を解消することにはほとんど役に立っていない。

この切迫した状況は一八四〇年代に先鋭化した。ドイツでは、政治的な一八四八年の革命とも合わさり、一八四〇年代末に大衆窮乏化の危機があらわれる。では、この危機はどのように最終的に解決されたのか。その答は産業化である。

一八五〇年頃に軌道に乗った産業化は、雇用を徐々に増加させ、人々に新しい生存の機会を提供していく。生存機会が拡大すれば、人口は増加していく。この人口増加、正確には労働人口の増加は、産業化を加速する。そうすると、過剰人口、換言すればマルサス的な危機は、徐々に解消されていく。農業時代とは逆に、一八五〇年以降のドイツでは、人口と経済は正の連鎖作用に入り、産業化時代に特徴的な現象、人口と経済の同時的な成長が始まる。

とすれば、十九世紀前半の社会問題は、過剰人口による大衆窮乏化、生存資料と人口の均衡の崩壊という農業社会に典型的な危機、言い換えれば「前産業化型の危機[33]」の表れであった。この点はしっかり認識される必要がある。

結びの言葉――ケテラーの対処は妥当であったか

農業社会に典型的な危機への対策は、中世以来の伝統的な対症療法、つまり慈善と救貧、つまりカリタスである。司祭となったケテラーも一八四〇年代にベックムとホプステンでカリタスを実践した。その頃、まだ産業化は始まっていなかったし、始まっていたとしても局地的な現象でしかなかった。一八四八年のケテラーの文章には産業化にかかわる出来事は登場しない。この点で、ケテラーが実践した慈善は、当時これ以外にないと考えられた最善の救済策であった、と評価すべきであろう。

しかし、一八五〇年以降のドイツでは、まったく新しい現象として産業化が始まり、それに随伴する社会問題として「労働者問題」が生じてくる。では、この問題にケテラーはどう対処していくか。これが続く二章の主題である。

第四章　社会問題の第二段階（一八六四年）――社会改革

はじめに

一八九一年、ローマ教皇レオ十三世は、カトリック教会史上、初めての社会回勅『労働者の境遇について』を公表し、社会問題への対処を呼びかけた。この伝統は、代々の教皇に引き継がれていく。そのため、現代のカトリック教会には蓄積された社会原理が存在し、現代の学者はそれに準拠して新しく出現した問題を考察したり、それを土台にして新しい社会原理を模索したりすることができる。

しかし、産業化という未曾有の出来事が始まった十九世紀中頃、そのような指針も、産業化を正確に捉える概念も、労働者問題への対処法も存在しなかった。この状況下、ケテラーは何を考え、どう行動したのか、本章と次章で明らかにしたい。

一八四八年の革命のなか、ケテラーは公的舞台に登場する。その頃、ケテラーの関心の中心は社会問題にあった。しかし、一八五〇年にマインツ司教に就任すると、まずヘッセン大公国との政教合意やバーデン大公国の教会闘争への対処に忙殺される。そのため、一八五〇年代には社会問題について発言することも、執筆することもなかった。しかし、一八六〇年代になると状況は大きく変わり、ケテラーは再び社会問題に直面せざるをえなくなる。

第一節　一八六三年という年

一　大企業の成立と労働者問題

産業化は一八五〇年頃に繊維工業や石炭・鉄鋼業で始まり、その後は急速に進展していった。その結果、第三章第六節で述べたように、雇用は増え、過剰人口は徐々に緩和されていく。とはいえ、一八五〇年代では、ほとんどの企業はまだ小規模であった。雇い主と労働者の関係は、手工業の親方と職人の関係に似ていたし、労働者と職人は区別できない場合も多かった。

ところが、一八六〇年代に入ると工場制の大企業が続々と興ってくる。それに伴い大量の賃金労働者が生まれる。工場制のもと、雇い主と労働者の関係は労働の提供に対する賃金の支払いという純粋な経済関係、いわゆる即物的な関係に変わっていく。また人口増加が続くなか賃金は低く抑えられ、労働条件はむしろ悪化する。雇用は不安定で、失業率や転職率も高い水準にあった。都市や工場地帯への人口流入が続くなか、住宅環境も劣悪化していく。

このような産業化に伴う産業社会に固有な問題、それが「労働者問題」である。従って、一八六〇年代以降の労働者問題は、第三章で取り上げた十九世紀前半の状況、換言すれば農業社会に固有な大衆窮乏化ないし過剰人口とははっきり区別されなければならない。この区別は、歴史的な認識としても、ケテラーを評価し批判する際にも必要である。とすれば、十九世紀の社会問題は次のように図示される（次頁）。

それに加え、労働者問題は、単なる経済・社会問題ではなく、同時に倫理・体制問題でもあった。それは、どういう意味か。

農業社会では、農村の農業でも都市の手工業でも、資本と労働は結合していた。領主と農民、親方と職人はい

社会問題
- 大衆窮乏化＝過剰人口（19世紀前半）
- 労働者問題（1860年代以降）

わば全人的な関係で結ばれていた。しかし、工場制のもと資本と労働は「分離」される。そうすると、労働は「商品」となり、主体性を奪われた「賃労働」となる。資本を持たないために、自己の肉体を労働力として売らざるをえない労働者は「無産階級（プロレタリアート）」と呼ばれる。人間は物ではない、というにもかかわらず、人間を物としか扱わないような力が働く。このような「資本主義」の体制は、倫理的な「悪」として糾弾される。

以上のような新しい状況のもと、一八六三年に、ドイツの労働者運動は一気に盛り上がる。この年に、自由主義、社会主義、キリスト教の三つの労働者運動が興り、近代ドイツの主要な流れが出揃う。

二　自由主義者シュルツェ＝デーリチュ

自由主義者で進歩党員のシュルツェ＝デーリチュは一八六三年一月から四月にかけて、ベルリンで六回の連続講演を行い、それを同年に『ドイツ労働者基本綱領』として出版した。[1]シュルツェ＝デーリチュは、労働者問題への国家介入を拒否し、次のように自由主義を擁護する。「国家は労働者問題を解決できない。……国家干渉が個人に備わっている自発的な精神と力を麻痺させる、ということは人間の内奥の本性《ほんせい》に即した永遠の法則である。……労働者が最初に要求すべき事柄の一つは、社会的自助に不可欠な前提としての労働の自由、営業の自由、移住の自由である」。

しかし、シュルツェ＝デーリチュはすべてを個人に委ねるという意味の自由主義者、つまり自由放任主義者ではなく、労働者のための「労働者教育協会」や中小企業の経営者のための「自由な営業団体と経済団体」など、結社運動の熱心な推進者であった。

さらに、シュルツェ＝デーリチュはドイツ協同組合運動の創始者という不朽の名誉も残す。信用協同組合、原材料購入協同組合、消費者協同組合、健康共済組合、様々な生産者の商品を販売するための共同店舗、共同で会社を営業するための生産協同組合などの結成を提唱し、最初の原材料協同組合を一八四九年に、最初の信用協同組合を一八五〇年に設立した。この事例から分かるように、協同組合は、結社の自由に基づき自由主義から生まれたものであり、社会主義や共産主義の産物ではない。

このシュルツェ＝デーリチュの協同組合運動は、一八四〇年代のプロイセンに興ったツンフト再建運動を食い止めることも目標としていた。この点で、手工業者や職人の運動を強く支援し、推進したカトリック社会運動との対決が不可避となる。

一口で言えば、シュルツェ＝デーリチュの理念は、自己責任と自助を強調する自由主義である。

結果的にドイツの自由主義政党は大衆、特に労働者の支持を得ることに失敗した。現在のドイツにも自由主義の大政党は存在しない。ドイツで大衆の組織化に成功したのは、次に述べる社会主義とカトリック政治・社会運動である。

三　社会主義者ラサール

同じ年の五月に、フェルディナント・ラサールはライプツィヒの演説会で自由主義とシュルツェ＝デーリチュを激しく批判し、その演説内容を小冊子『労働者読本』と題して出版した。同年五月二十三日にはドイツ最初の社会主義政党「全ドイツ労働者協会」を設立する。(2)

ラサールはすでに同年三月に出版した『公開答状』で、古典派経済学者のリカードとマルサスの経済理論に基づき「賃金鉄則」を定式化し、なぜ労働者があのような惨めな状態に陥っているのか解き明かしていた。賃金鉄則とは、資本と労働が分離し自由競争が実現した経済では、労働者の賃金が生活に必要な最低水準を超えて上昇することなどありえない、という理論である。この理論は、当時の労働者の境遇を見事に説明しているように思われた。

しかし、それにもかかわらず、ラサールによれば、労働者の収入を上昇させる方法がある。それが「生産共同組合」である。ケテラーの説明によれば「生産共同組合の本質は、企業経営そのものへの労働者の参加にある。この生産共同組合において労働者は企業家となる。それによって、労働者は、労賃と会社利潤の分配という二種類の収入を得る」(3)ことが可能となる。そうすれば、労働者の窮乏化も阻止できる。

四　カトリック教徒大会

この同じ一八六三年に、カトリック社会運動も大きく盛り上がる(4)。

一八四八年の革命で結社の自由が認められ、様々なカトリック運動が成立していた。その全ドイツ的な結集の場がカトリック教徒大会である。一八四八年十月に開催された第一回大会は、時代の課題として「社会問題」と「教会の自由」を取り上げ、この集いに招待されたケテラーは、第一章第四節で述べたように即興の挨拶で「自由と社会問題」について語った。

固有な意味の「労働者問題」は一八六三年秋にフランクフルトで開かれた第十五回大会で取り上げられた。この大会の議長はケテラーの兄ヴィルデリヒであった。大会は労働者問題一色に塗りつぶされ、カトリック教徒は現代の緊急課題として社会問題と早急に取り組むべきだ、という動議が可決された。自由主義に対する批判、賃金鉄則への支持、生産共同組合の奨励という点で、この大会はラサールの影響下にあった。

この大会では、当時二十歳の大学生、後に中央党の社会政策の専門家として活躍するヘルトリングや、後にヴェストファーレン農民組合を創設する「農民王」ショルレマ＝アルストも演壇に立っている。

そのなかに、スイスのクア司教区の司教総代理であったカプチン修道会士フローレンティーニの風変わりな報告があった。それによれば、社会問題の根源は資本と労働の分離にあり、労働を搾取する資本の横暴にある。とすれば、社会問題は、キリスト教修道会の精神で経営される会社を設立することで解消できる。実際、クア司教区では、繊維、製紙、印刷などの分野で「キリスト教工場」の実験が始められていた。

この実験には過去の手本があった。十一世紀初めのヨーロッパで「貧困」を理想とするキリスト教運動が吹き荒れた。そのなかで、異端の嫌疑を受けながらも、ロンバルディアの貴族たちは「フミリアティ」という名の共同体を設立し、祈りと労働の生活を実践していた。そこには衣服の製作所なども設立されている。

このようなキリスト教工場の実験は、スイス以外でも試みられた。しかし、どこでも失敗している。そこには善意があり、実践的な意志もあった。とはいえ、今日から見れば、どこでも産業社会に固有な論理は少しも認識されていない。その認識なしに、産業化に伴う社会問題は解決できない。

このカトリック教徒大会でも、始まったばかりの産業化はそう長くは持たないだろうという発言さえあった。産業化に対する認識はまだ甘かった。

キリスト教工場の実験は失敗した。しかし、実践する人は失敗から学ぶ。実践のない人には、言葉しかない。確かに、この提案には時代錯誤があり、苦しい時代状況が映し出されていた。としても、実際に試され失敗したことは、その後のカトリック社会運動の貴重な教訓となっていく。

第二節　『労働者問題とキリスト教』（一八六四年）

一八六三年の三つの運動に触発されたケテラーは、改めて社会問題と本格的に取り組む必要を感じた。その成果は早くも翌年の四月初めに『労働者問題とキリスト教』と題して出版された(5)。この書物は同年中に二度も版を重ね、ヨーロッパ各国語に翻訳された。ケテラーは再び注目の人となる。

この書物において、ケテラーは労働者問題をどう認識し、どのような対策を提示したのか。まず、なぜカトリック司教がこのような書物を執筆し、労働者問題を取り上げるのかという問を発し、それに答える。これは本節の主題である。

次に、労働者はどのような窮乏状態にあるのか、このような状態に労働者を陥れた原因は何か、この問への答が提示される。これは第三節の主題である。

では、労働者を救うため、どのような対策があるのか。第四節では、自由主義者シュルツェ＝デーリチュ、第五節では、社会主義者ラサールの提案が取り上げられ、批判される。第六節では、キリスト教に独自な対策が提示される。

以上はケテラーの議論である。最後の第七節では、ケテラーの認識は正しかったか、その対策は適切なものであったか、筆者の批判を提出する。

一　なぜ労働者問題と取り組むのか

確かに、一八六三年のカトリック教徒大会は、労働者問題を大会の論題に掲げた。しかし、宗教的な任務を担う教会が、なぜ社会問題に関与しなければならないのか、教会には社会問題にかかわる権限があるのか、疑問を投げかける聖職者や信徒がいた。

この問は重要である。というのは、社会問題に関与する神学的な根拠が明快に提示されない限り、キリスト教信仰に根差した真の力は出てこないからである。逆に、この問が曖昧なまま教会が社会問題に関与すれば、宗教は社会問題と同一化されてしまう。

この問に答えるため、ケテラーは次の四点の理由と動機を挙げる。

第一は、キリスト教隣人愛の掟である。「労働者問題は、キリスト教国民の物質面の困窮にかかわる。……それはキリスト教の愛の問題でもある。人間の心身の辛苦を癒やすため、教会は永遠に活動しなければならない、と救い主キリストは教えた。どこでも、どの時代でも、教会はこの教えに従って行動してきた。……困っている人をどう支援すべきか、それは、いつ、いかなる場合でも本質的にキリスト教の任務、宗教の任務である」。

第二に、すでに存在する自由主義と社会主義の労働者運動に対し「キリスト教に固有な解決法は、どのような態度を取るのか」はっきり表明する必要がある。それによって「私どもはこの人々に賛成し、協力してよいのか」知ることができる。

第三は「社会的な救い」である。この世における教会の任務は人間の魂の救いにある。ケテラーは「キリストは私どもの魂を救った。だから、キリストは世界の救い主である」と言う。しかし「それだけでない。キリストは同時に市民的、政治的、社会的、その他のどの分野でも救いをもたらした。キリストは特に労働者の救い主である。労働者の救済か破滅か、それはキリストにかかっている」。では、ここで言う「社会的な救い」とは何か。

キリスト教には、人間は「神の似姿《にすがた》」として創造された（創世記一・二七）という人間論がある。そこから「人間の尊厳」の命題が引き出される。この命題が貫徹されるところ、例えば古代の奴隷制が長い歴史のなか徐々に廃止されていったように、政治と社会の在り方も変わっていかざるをえない。これが社会的な救いである。

ケテラーと同時代のイタリア人神学者、愛徳修道会を創立したアントニオ・ロスミーニは、宗教を純粋に審美的に捉え、時代状況を超えたところに信仰を位置づけていた(6)。ケテラーは異なる。キリスト教の救済観と人間像は、人間社会を積極的に築き上げていく原理でもある。それゆえ、教会は社会的にも活動しなければならない。

とすれば「大聖堂を築いた親方が、大聖堂の状態について発言する権利を持つように、労働者を奴隷状態から解放してきたキリスト教も、その教会に仕える司教も、労働者の状態について発言する権利を持つ」とケテラーは言う。

第四に、司教としての職務がある。司教叙階式では「貧しい人、余所者《よそもの》、困っている人すべてを主の名によって愛し、慈しむ意志があるか」「キリストの代理人として、支援を必要とするいかなる階級の人々にもキリストの愛を実践するか」と問い質された。ケテラーは誓約し、この義務を受け入れた。このように「厳粛に誓約した後、無数の労働者の本質的な窮乏にかかわる問題、それに一切関与しない、といったことが私に許されるであろうか。……この人々の福祉の問題は、司教としての私の魂の問題でもある」と明快に言い切る。

なぜ、これほど入念に理由を挙げる必要があるのか。慈善（カリタス）は初期キリスト教の時代から存在している。だから、安心して人々にその実践を呼びかけることができた。問題は人々が実行するか否かにあった。それに反し、産業化に固有な労働者問題は、人類史上まったく未知の出来事である。この種の問題には、中傷や悪意だけでなく、善意からの誤解や偏見からの反発もつきまとう。だからこそ、入念に説明し、人々を十分に納得させておく必要をケテラーは感じていた。

しかし、先覚者であることを誇る、そのような自己顕示欲から、ケテラーはこの書物を執筆したのではない。序章の最後に、本書には限界があるとはっきり書かれている。「キリスト教の観点から労働者の状態を探究し、労働者支援の方法を模索すること、それが本書の目的である。とはいえ、労働者問題のすべては本書で解明された、などといった傲慢不遜なことを私は言いたいのではない。労働者問題は、今もってまだ最終判断を下せる状況にない。この問題を解決するため、私もいささかでも役に立ちたいと望んでいる。特にその一面、今まであまり考慮されなかった労働者問題とキリスト教の関連という側面を私は強調するつもりである」。

二　なぜ労働者問題は重要か

ケテラーによれば「労働者問題の本質は、いかに労働者の日々の暮らしを確保するか、という労働者の生計問題である」。とすれば「なぜ、労働者問題は重要なのか」自明であろう。その理由は「第一に、人間生活に必要不可欠な衣食住、つまり生活必需品は労働者にも保障されなければならない、第二に、他の階級に比べ、労働者人口は圧倒的な比率を占める」という点にある。

それゆえ「労働者問題の対象は、人間の生存に必要なものすべてを含む。労働者問題の範囲は、人類のすべてに及ぶ」。この定義には、疑いもなくケテラーの強い実践的な思いが込められている。

ここで一つの先入観を払拭しておきたい。キリスト教は宗教だから物質や身体を軽蔑し、精神や魂を強調すると言われることもある。しかし、これは完全な誤解である。物質は悪だ、精神は善だと見なすのは、グノーシスやマニ教などの異端に特徴的な考えである。キリスト教によれば物質も精神も神によって創造された善である。どちらも大切で、どちらも欠かすことができない、そのような霊肉の統合体が人間だ、とケテラーは捉える。(7)

第三節　労働者の窮乏化とその原因

最初に、ケテラーの基本的立場をはっきりさせておこう。ケテラーは自由主義者シュルツェ＝デーリチュに批判的であり、社会主義者ラサールに好意的である。ラサールによれば、労働者の窮乏化という悲惨な現実は「賃金鉄則」によって説明できる。なぜ、このような経済法則が作用するのか、その原因は経済の自由化、つまり「自由競争」と「労働に対する資本の優位」にある。これが諸悪の根源である。この簡潔な論理は、以下に引用するように噛んで含めるように説かれていく。少し長くなるが、ケテラー自らに語らせたい。

一　労働者の状態

まず、労働者はどのような状態に陥っているのか。

「現代では、労働は完全に商品となってしまった。それゆえ、労働も商品に働く法則に左右される。……商品の価格を決定するものは需給法則しかない。……この法則に従えば、商品の価格は究極的には商品の生産に必要な費用によって決定される。そこに競争が起こる。そうすると、生産者は、できるだけ安く生産し、より安く販売しようとする。……このような状況下、営業不振に陥った企業は、当面の危機を乗り切ろうとして、時には生産費を下回る価格でも商品を販売しようとする。その結果は、いうまでもなく破滅である。

商品について述べたことは労働と労賃にも当てはまる。商品の価格が商品の生産費によって決定されるように、労働の価格〔労賃〕は、衣食住といった人間の最低生活必需品によって決定される。商品の生産者は、競争に勝つため生産費の削減に努める。それとまったく同様に、労働力の過剰なところでは、労働者は生活を維持するため、最低賃金よりもさらに低い賃金を提示し、仕事にありつこうとする傾向にある。そうして、他の労働者と競争する。これは当然の結果である。……このように、商品の場合と同様、人間という商品がその生産費〔生活費〕以下で叩き売られる、といった悲惨な光景があちこちで見られる。端的に言えば、貧困のどん底にある労働者は、自分と家族を養うための十分な賃金すらもらえない、ということである。……たとえ数日でも、これら最低の必需品に欠如すること、それは一口に言って一家の破滅を意味する」

二　賃金鉄則

労働者とその家族は、以上のような窮乏化に陥っている。その原因は「賃金鉄則」にある。では、賃金鉄則とはどのようなものか。

労働者は生活のため「労賃を必要とする。労働も商品となる。その労働の価格は日々の需給によって決まる。労賃は最低限の生活に必要な費用を軸にして変動する。需要が供給を上回ると、労賃は上昇し、労働者は生活に必要な額以上の賃金を受け取る。供給が需要を上回ると、労賃は下落し、生活に必要な額を下回る。……このようなまったく機械的で数学的な動きのなか、受け取る賃金では、最低の生活必需品さえ購入できないような事態が起こらないとも限らない。そうすれば、どの労働者も、その労働者の家族も、徐々に痩せ衰えていき、ついには飢えて死ぬ」。

労働者とその家族は、生活に必要な最低水準の賃金しか獲得できない。逆に言えば、賃金の持続的な上昇など期待できない。期待できないがゆえ、この法則は「鉄則」である。この法則に支配される状態は次のように描かれる。「日々の問題すべてが市場と価格の変動に晒されている。この事実を誤魔化すことは絶対に許されない。しかも、これほど嘆かわしいことはない。……すべてが日々の市場価格の偶然に左右される。この状況が貧しい人々の心をどれほど傷つけていることか、これが、私ども自由主義ヨーロッパの奴隷市場、ヒューマニズム、啓蒙主義、反キリスト教の自由主義とフリーメイソン、これらのものが自分たちの設計図どおりに造り上げたヨーロッパの奴隷市場である」。

三　自由競争

続いて、ケテラーは「労働を商品としたものは何か、労働の価値〔賃金〕を生存ぎりぎりまで低下させたものは何か」と問う。言い換えれば、賃金鉄則が作用する世界を造りだし、資本と労働を分離したものは何か。ケテラーによれば、その原因は第一に「自由競争」であり、第二に「労働に対する資本の優位」である。

まず、第一原因についてケテラーは次のように言う。

「労賃は需給で決まる。商品でも、労働でも、需給は競争に従って動く。労働供給面の競争が激化すれば、労賃は最低水準まで低下せざるをえない。労働が保護されなくなると、このようなことは十分に起こりうる。商業の制限の撤廃、労働者にとってそれに相当するものは営業の制限の撤廃である。無制限で全面的な営業の自由は数学的な必然性で……労働者間の熾烈な競争を煽り立てる。この全面競争の結果、労賃は最低水準まで低下していく。従って、近代国家において労働者が窮乏化するにいたった第一原因は……一口に言えば、全面的な営業の自由である」

ところが、自由主義者もラサールも「無制限の営業の自由は、疑う余地のない自明の公準だ」と見なす。「この考えが正しいかどうか、ここでは判断しないでおこう。しかし、たとえ営業の自由が不可避だとしても、無制限な営業の自由が、全労働者を必然的にあのような状態に陥れた直接の元凶だ、という事実を隠すことは許されない」。

四　ツンフト——自由と権威の関連

営業の自由の対立概念は、中世以来の手工業者団体のツンフト強制である。ケテラーは次のように言う。「私は営業の自由を批判した。しかし、だからといって、衰退期のツンフト強制を何としても弁護しよう、というのではない。また、可能な限り営業を自由にしよう、という運動すべてを非難するつもりもない。この種の誤解を避けるため、この問題は本質的に考察されなければならない」。

では、本質的な考察とは何か。自由は自由だけで議論できない、権威と関連づける必要がある、とケテラーは言う。これはケテラーに典型的な思考法であり、人間、家族、教会、国家、社会に関する基本理念は、一八六二年の『自由、権威、教会』に提出されている(8)。

では、経済の分野では、自由と権威はどう関係するのか。第二章で明らかにしたように、ケテラーは、人間の自由、政治的・社会的自由、宗教の自由を擁護する。しかし同時に、人間には従わなければならない掟や道徳律がある。これが「権威」である。この「自由と権威という二つの対立要因は、この地上で潮の干満のように交替を繰り返す」。ある人は自由だけを強調し、別の人は権威だけを強調する。そのどちらも間違っている。両者をどう両立させるか、それが問題である。とすれば「この状況のなか、どの人も、神によって与えられた使命を遂行しようとする。私的な個人の生活でも、公の活動のため神が人間に与えた社会的地位でも、すべての人は権威と自由を和解させ、一致させようと努める」必要がある。だから、自由は絶対ではなく、必ず制限を受ける。とすれば、自由競争とツンフトの長所と欠陥、それぞれがはっきり認識されなければならない。では、ツンフトの長所と欠陥とは何か。

長所について、ケテラーは次のように言う。「ツンフト強制の理念は労働者の保護にあった。それは、いわば労働者と一般社会との一種の契約である。その契約に従って、労働者は必要な労働を提供する。それに対し、社会は競争を制限し、労働者の生活の安定に必要とされる賃金を保障する。こうして労働者は日々の変動から保護される」。

なぜ、保護が必要か、ケテラーは次のような社会倫理的な根拠を提示する。「自分の労働を他人に提供し、その対価として受け取る賃金で自分の生活を支える労働者、この労働者がある程度、安心して生活できる基盤を確立し、競争のため生活が破壊されないように保護されること、それは労働者の道徳的な権利である。どの階級や身分の人も、自然の障碍や社会の規則で保護されている。だが、なぜ労働者だけがそのような保護なしにやっていかなければならないのか」。

ツンフトには労働者保護の精神がある。では、ツンフトを復活すべきか。そうではない。ツンフトにも欠陥がある。「ツンフト強制の在り方に欠陥がなかったと言いたいのではない。……ツンフト強制も、時代の変化に適応しようとしなかった。酷い乱用もあった。怠惰に流れ、利己心の餌食になったこともあった。商品に不当な価格を付けたこともあったし、欠陥商品によって消費者の権利を侵害したこともあった。だから、ツンフト強制には改革が必要であった。しかし、それにもかかわらず、ツンフトの理念は正しかった」。

この引用文から分かるように、ケテラーはツンフトの復活を求めているのではない。正しいツンフトの理念とは、労働者の生活権の保障である。これはどの時代でも通用する普遍的な命題であり、現代の社会政策と社会保障を支える根本思想でもある。だから、一般論として「営業の自由の乱用は、ツンフト強制の乱用よりもずっと悪い作用を及ぼす」と言う。

しかし、自由競争にも長所がある。「ツンフト強制と営業の自由の関係は、権威と自由の関係と同じである。営業の自由は、適度の範囲内で正しい。が、その自由の制限も、適度の範囲内で正しい。ツンフト強制は乱用された。……そうすると、営業の自由を求める声が高まった。営業の自由の結果、商品の量は測り知れないほど増加し、商品の質も向上した。不当な高値が付いていた商品価格は下落した。こうして、国民の圧倒的大多数を占める貧しい人々も多くの生活必需品を手にするようになった。このようなことは以前にはなかった」。自由競争の長所ははっきり捉えられている。

とすれば、自由と権威を両立させ、均衡させせなければならない、ということになる。実際、自由競争を有効に機能させるには、規則が必要である。規則があるからこそ、自由な競争が可能となる。この認識は現代の市場経済では確立している。どこで競争させ、どこで規制し、どこで保護すべきか、それは、時代、場所、状況によって変わる。

以上のように、ケテラーは、一面的ではなく、多面的に、しかも柔軟に思考していく。この素質と能力は後の議論でも遺憾なく発揮される。

五　労働に対する資本の優位

労働者を悲惨な状況に陥れた第二の原因は、自由競争に由来する「労働に対する資本の優位」である。

資本が労働に優位すれば、どのような結果が生じるか、次の二点が挙げられる。第一に、資本と労働を結合させた形態の営業、つまり独立の手工業や自営業が減少し、資本に雇用される賃金労働者や日雇い労働者が増えていく。第二に、機械化が進展する。「飲食と睡眠を必要とする労働者は、空腹を訴えず、睡眠や休息を必要としない機械とも競争しなければならない」。そのため、労働者の賃金は「機械の運転費によって決められる水準まで下がる」と言う。

この第三節では、労働者がどのような状態にあるのか、なぜ、そうなったのか、現状と原因に関するケテラーの見解を紹介した。では、それにどう対処するのか、ケテラーは自己の対策を提出する前に、労働者運動の二大陣営、自由主義と社会主義の対策を取り上げ、検討し、批判する。

第四節　自由主義者シュルツェ＝デーリチュの提案

一　シュルツェ＝デーリチュの三つの対策

自由主義者シュルツェ＝デーリチュは、次の三つの対策を提示する。第一の対策は社会の全面的な「自由化」である。具体的には「労働の自由、営業の自由、移住の自由」であり、そこには国外移住の自由も結婚の自由も含まれる。第二の対策は「労働者教育」を施し、労働者に「個人的自助」を身につけさせることである。第三の対策は「労働者団体」（協同組合）の結成である。協同組合を支える基本理念は「社会的自助」である。

これら三点の対策が本当に有効か、ケテラーは検討していく(9)。

二　自由化

社会を「全面的に自由化」すれば、労働者の窮乏化は阻止できる、というシュルツェ＝デーリチュの見解に対し、ケテラーは次のように反論する。

そのような議論の根底には、人間を「機械的合理主義」で動く物質だとしか見ない「唯物論」がある。それによれば「すべての存在は、究極の物質としての原子（アトム）に分解され、また原子から合成される」。その哲学が「残酷にも人間に厳密に適用される」と、人間はどうなるか。人間は「こなごなの粒子、ばらばらの個人、均質な砂の粒子、一種の化学上の原子」でしかない、だから「人と人との関係も、数と数との関係でしかない」と見なされるにいたる。

その結果は何か。原子と原子、数と数が任意に組み合わされるように、社会を構成する人間も「どこか任意な」場所に「杓子定規に割り当てられる」。だから、人間は、取り替え可能な部品でしかない、数として何とでも代替可能である、「砂の粒子が、風に吹かれて世界中どこへも運ばれていくように」、人間も大気中をさ迷う粒子でしかないと見なされる。

それゆえ、自由主義が前提とする哲学「機械的合理主義」と「唯物論」も、そこから導き出す政策「自由化」も誤っている、とケテラーは言う。「人間というものは価値の等しい数ではない。シュルツェ＝デーリチュ氏でさえ、絶対的な社会的平等は無意味であり、自然に反すると述べている。体力でも知力でも、人間の能力には測り知れない差がある。それに加えて、人間には様々な教育が施される。とすれば、複雑極まる社会状況のなか、人間の能力差と多様性はさらに拡大するであろう」。

確かに、人間には粒子に分解できる「機械」的な部分もある。しかし、人間は「神の似姿」として創造されたとキリスト教は教える。そこに「人間の尊厳」がある。だから「有機体」的な独立の統一体としての人間は、他者とも物とも取り替え不可能である。

人間の自由と自律だけでなく、人間の多様性と個性を前提にした相互支援も必要とされる。とすれば、次のように考えるべきだとケテラーは言う。

第一に、なぜ、自由と自律が必要か。その理由は「人間は自己の力で生活できる限り、そうしなければならない。そのために必要な力を人間は神から与えられた」という点にある。

第二に、なぜ、人間の多様性を前提にした相互支援が必要か。確かに、自律は必要である。しかし「誰もが自己の力で生活できる力を持っている、というのは現実に反する。まして生活力という点で人間はまったく平等である、というのは完全に誤っている。肉体でも精神でも、教育水準でも、その他のことでも、人間には測り知れない差がある。同じ個人でも、高齢になるにつれ力は衰える。必要な人に保護と援助を与える、そのような多様な在り方を認める有機体の形成こそ神の摂理であった」。

以上のように、人間は自律と相互支援の二原則を必要とする。

それとは逆に、機械論的な自由化は、非人間的で、しかも残酷な形で労働者を破滅させるとケテラーは言う。「人間を保護する一切のものを撤廃する、そうして独自の個性を持ち、複雑多岐な社会関係のなかにある多様な人間同士を日々、熾烈な競争の嵐に晒す、このようなことは自由主義者の意図ではないかもしれない、しかし、結果として、それは確実に人間に対する真の犯罪となっている」。

そこから「自由化は労働者の状態を改善する対策とはなりえない。むしろ逆に、事態を悪化させ、すさまじい全面競争を労働者に強いる。その結果、平均賃金は疑いもなく生活に必要な最低水準まで低下していく。……これが、単純で機械的な数学思考の必然的な結果である」という結論を下す。

三　自助と労働者教育

シュルツェ＝デーリチュは、労働者の窮乏化を救う第二の対策として「自助」を提出し、これこそ自由主義の最高の発明だと自賛する。それに対し、キリスト教慈善、つまり「キリスト教の労働者支援の事業は、人間の尊厳に対する侮蔑だ。……好意的に言って分別の欠如であり、根本的には怠慢の奨励」でしかないと難じる。ケテラーは、この自由主義者の自助論を三命題に整理し、批判していく。

第一命題　キリスト教慈善は怠惰の奨励でしかない。

この命題に対し、ケテラーは次のように反論する。「キリスト教慈善の本質も、慈善を生み出した精神も、自分の力では自らを助けることができない隣人を支援することにあった」。もちろん「乱用目的のために、キリスト教施設が設立されたわけではない」。しかし「慈善の少しの乱用も許されないというのであれば、慈善なしにやっていけない人々は、疑いもなく無慈悲で冷酷な仕打ちを受けるであろう。慈善を悪く言う人は……隣人愛の欠如を弁解しているにすぎない」と言う。

第二命題　素晴らしい自助の理念の発明者は自由主義である。

ケテラーの反論は次のとおりである。「自助の価値と労働の尊厳、それらを発明し、新しい真理として世界に広めた者こそ自分たちだ、と自由主義者が思い上がっているとすれば、唯我独尊も甚だしい。……人類が出現して以来、自助の必要性を否定した人はいない。……自助とは噛み砕いて言えば『労働の義務』のことである。すでに六千年も前、神は……『額に汗して、汝のパンを稼ぐべし』と述べた。……労働に真の意味と最高の価値を与えたものこそ……キリスト教である」。

では、労働にどのようなキリスト教的意味があるのか、ケテラーはキリスト教労働観を展開する。少し長い引用になるが、ここにはケテラー的な考え方の特徴がよくあらわれている[10]。

「労働には外見上、矛盾した二面がある。労働はつらく苦しく、しかもわずらわしい。できるなら、そこから逃げ出したい。どの労働者も苦しみ、悩みながら働く。しかし同時に、労働には、極めて気高いもの、骨折り甲斐のあるもの、倫理的なものがある。この外見上の矛盾は啓示と信仰なしに理解できない。つまり、労働は罪であり今私どもが背負っている労働の重荷は、神と人間の関係、人間と罪の関係に由来する。キリスト教によれば、（創世記三・一七―一九）、神との和解の手段である（一コリント一五・五八）。また神の子キリストは人間の罪を贖うため人間となり、労働者の子となった（マタイ一三・五五）。自らも労働者となった（マルコ六・三）。こう教えるキリスト教は、第一に、労働する理由、第二に、労働に含まれる、宗教的に意味のある矛盾、第三に、労働の倫理的な力、労働の神聖、労働の真の価値を明らかにする。最後に、キリスト教はこの世の物財よりもずっと高貴な宝物があることを教える。

とすれば、……キリスト教労働者には、人間社会の地位に満足できる十分な理由がある。倫理的な労働の動機もある。たとえ快楽に欠けるとしても、心の内面の満足と気高い内面の幸福を満喫できる労働の理念がある」

それに対し「非キリスト教労働者は、何としてもこの世で快楽を手に入れようとする。だが、その快楽を獲得できる状況にない。そこで自分のつれない運命を呪詛する。満たされない渇きと飢えに、不平たらたらの人生。非キリスト教労働者にとって、労働の動機は、生活のための必需品を手にすること、働かずとも数年間でも遊べるような旨い仕事を探すこと、ただそこにしかない。喜びと幸せに満ちた労働の理念など、想像もできない」。

第三命題　労働者の真の教育と生活状態の改善は、自由主義の「労働者教育協会」によって達成される。

この命題に対し、労働者教育協会は労働者の生活状態を真に改善できるかという問をケテラーは投げかける。答は否である。なぜか。

労働者教育協会は、講習会・集会・講演会の開催、図書館の設置、自然科学の実験や見学、雑誌の発行などを活動内容とする。しかし、これらは「労働者の賃金を上昇させる真の方法ではない」、それよりも「本来の手工業学校の方がずっと役に立つ」というのが第一の理由である。

第二の理由は「宗教とキリスト教を完全に無視している」ことにある。労働者教育協会は、日曜日の催しを開くことで「日曜日をキリスト教から奪い、自分たちの目的に利用しようとする」。自由主義者は「キリストの教会に代えて唯物論の神殿……を建設しようとしている」。

ここで、ケテラーの労働者教育観がはっきりする。

一方で、職業教育が最優先される。労働者や手工業者など庶民の教育は、自分と家族のため、いかに生活の糧を稼ぐべきか、この目的に集約されなければならない。明日、飢え死にするかもしれない、という不安があった初期産業化の時代である。まず職業上の技術を身につけ、生活を安定させること、そこに教育の最優先課題がある。

他方で、ケテラーは宗教を重視する。人生に究極的な意味を与えることができるもの、それは宗教だけである。その上、キリスト教は、労働に宗教的な意味があることも教える。

従って、労働者教育では、職業教育と宗教教育が優先的に実施されなければならない。

それに対し、自由主義の労働者教育協会は「自尊心をくすぐる一般教養」しか提供しない、そのような「気晴らしの娯楽」「欲望や情念に訴えるもの」は逆に人間を堕落させる、とケテラーは批判する。

このケテラーの労働者教育論は、一八四六年に設立され、一八六〇年代にドイツ全域に拡大していった「カトリック職人組合」の庶民教育論とよく似ている。その指導司祭コルピングは、まず何よりも、職業教育と宗教教育を重視した。次に、将来の親方になるための社会人教育として、職業倫理が説かれる。最後に、職人の一般教養を高めるための授業が設けられる。このような教育の体系をコルピングは「庶民大学」と名づけた。[11] コルピングが一八六五年に五十二歳で亡くなるまで、二人はよき協力者であった（第五章第一節一も参照せよ）。

以上のように、ケテラーは自由主義者シュルツェ＝デーリチュの労働者教育論を批判する。両者には、対照的だと言えるほどの際立った違いがある。

四　協同組合

シュルツェ＝デーリチュの第三の対策は「協同組合」である。ケテラーは団体結社の称賛者であり、促進者である。それにもかかわらず、自由主義の協同組合論を次の三点の理由から批判する。

第一の批判点　協同組合は、自由主義の発明物ではないし、自由主義の理念にもそぐわない。協同組合は自分たちが発明した、と自由主義者は自画自賛する。しかし、これは誤った認識である。確かに、原材料・消費・生産などの協同組合は十九世紀の産物である。これは自由主義の偉大な成果として称賛される。しかし、協同組合も団体結社の一種である。「家族、ゲマインデ（市町村）、国家、教会、イヌング、ツンフト、その他の無数の団体、それらの存在理由はただ次の一点にある。人間生活に必要な物資を調達し、人間各人が自己の使命を遂行しようとするのであれば、どのような分野でも団体の結成は必要不可欠である」。団体結社は、ケテラーによれば人類の太古から存在する。

さらに、協同組合は自由主義の理念にそぐわない。自由主義は人間をばらばらの個人に分解する。とすれば、自由主義者が「首尾一貫した行動を取ろうとするのであれば、……団体結社を称賛することも、奨励することもやめ、その普及を禁止しなければならない」。なぜなら、自由化とは一切のものからの「解放」、人類が築き上げてきた価値や伝統の「解体」しか意味しないからである。自由主義の概念そのものには、人間が相互に協力し、善きものを建設し、継続していこうという哲学はない。

協同組合を奨励するのであれば、なぜ「人間本性は団体結社を必要不可欠とする」のか、という問に答えなければならない。その答は、第一に、人間は他者との相互関係のなかで生きているという現実、第二に、人間は相互に助け合う義務を負うという規範、この二点に求められなければならない。解放ではなく、義務への拘束が団体結社を支える理念である。それを後世のカトリック社会論は「連帯」と呼ぶ（序章第三節を参照せよ）。

第二の批判点　シュルツェ＝デーリチュの団体論は「機械的」である。

団体には「事物を内から自然に一体化しようとする有機体的な形態」と「外から強制的に一体化しようとする機械的な形態」の二種類がある。

団体結社は「有機体」的でなければならない、とケテラーは考える。というのは「神は人間を有機体的な統一体として創造した」からである。そのような団体の事例として、家族、地域共同体（ゲマインデや国家）、職業団体（ツンフトや企業や労働組合）などが挙げられる。それらの特徴は、歴史と「人間の道徳的な意志」に支えられていること、そこには「倫理的で精神的な統合力が強く作用している」ことである。

では、機械的とは何か。家族、職業団体、ゲマインデ、国家という枠組みを解体し、社会を「普遍的でコスモポリタン的な世界市民主義」的に再編することである。そこには、ばらばらに分解された個人と世界しかない。換言すれば「自然界の一切の有機体を化学的に加工し、究極物質の原子に分解する、そうしてこれらの物質を機械の力で再稼動させる」ことである。

機械的と有機体的の差は絶対的なものではない。ケテラーも「機械的と有機体的、この差は長い歴史の流れのなか徐々に消えていく」と言う。最初は機械的と思われた団体や制度も、人間の本性に適合している場合には、長い歴史の流れのなか有機体的なものへと変貌していく。ケテラーが「生きた歴史の流れ」を重視する理由はここにある〔第五章第六節五も参照せよ〕。

第三の批判点　どの形態の協同組合も、労働者には有用でない。

中小の自営業者にとって、日々の資金調達に重宝な「信用協同組合」は実に有益である。しかし、そのような金融機関は、資本を持たない賃金労働者には何の役にも立たない。同じことは「原材料協同組合」にも当てはまる。それに対し、「消費協同組合」は労働者にとって大きな利益となる。この協同組合の普及によって、品質の保証された食料がより安価に提供される。しかし、それも労働者の賃金を持続的に向上させる方法ではない。生活費が低下すれば、賃金鉄則が作用し、賃金は逆に低下するかもしれない。

それに対し「生産協同組合」は労働者の収入を直接に増加させる実に有効な方法である。しかし、シュルツェ＝デーリチュは、ほんの数個の生産協同組合しか設立していない。というのは、そこには資金調達上の困難があるためである。この点は次節で取り上げる。

以上から、シュルツェ＝デーリチュの対策に対し、ケテラーは次のような結論を下す。「自由主義政党にも、労働者支援の善意があること、なかなか優れた現状認識があることは否定できない。これらの提案のなかには、正しいものもある。しかし、そこには、誇張、矛盾、不整合があるように思われる。自由主義者の提案の土台〔第一の自由化〕は完全に誤っている。そこに見られる正しい提案〔第二の自助と団体結社〕は少しも新しくない。

新しい提案〔第三の労働者教育〕は正しくない。要するに、その提案すべてを合わせても、労働者階級の窮乏を真に改善することはできない」。

第五節　社会主義者ラサールの提案

一　生産共同組合の構想

この自由主義者シュルツェ＝デーリチュと全面対決した社会主義者ラサールの対策、それをケテラーはどう評価するのか。

なぜ、労働者はこのような窮乏状態に陥ったのか、この「状態を実に鋭く、しかも鮮やかに究明した点で、ラサール自らが代表者となっている政党には測り知れない価値がある」とケテラーは称賛する。ラサールの政党とは「全ドイツ労働者協会」のことであり、ケテラーは「急進政党」とも呼ぶ[12]。

ラサールによれば、自由競争のもと「賃金鉄則」が作用する。従って、労働者の賃金が上昇し続けることはありえない（第三節二を参照せよ）。ケテラーはこの経済理論を受け入れた。しかし、それにもかかわらず、労働者の賃金を増やす方法がある、とラサールは言う。それが「生産共同組合」である。資本家が受け取る会社利潤には、賃金鉄則は作用しない。とすれば、労働者も生産共同組合を設立し、利潤分配に与ればよい。この論理をケテラーは次のように説明する。

「労働者にも、それ相応の会社利潤を与える、そのような正義にかなった方法を発見しなければならない。そうすれば労働者の物的基盤は、第一に、生活必需品を購入するための十分な賃金、第二に、生存ぎりぎりの水準を超える、より快適な生活を保障するための別種の収入源、つまり会社利潤の分配、この二種類となる。その結果、利潤の分配もずっと公正になり、労働者の窮乏化も本質的に解消する。

このために次のような方法が工夫される。労働者は、今は単なる日雇い労働者でしかない。……この雇い人でしかない人々、例えば、工場労働者を、同時に自分が働いている工場の共同所有者とする、これが決定的な解決法となる。そうすれば労働者は日々の労賃だけでなく、会社利潤の一部も受け取る」。しかし、この生産共同組合には難問がある。労働者が「会社の共同経営者となるためには資金が必要である。では、無一文の貧しい労働者は、その資金をどう調達すればよいのか。これが真の難問である」。この資金調達をめぐる議論が、本節の主題となる。

「生産協同組合」のドイツ語は、シュルツェ＝デーリチュでは Produktionsgenossenschaft であり、ラサールでは Produktivassoziation である。両者を区別するため、恣意的ではあるが、後者には「生産共同組合」の訳語を当てる。とはいえ、その違いは、前者では資本家の参加を認めるが、後者では認めないという点にしかない。

二　資金調達法

自由主義者シュルツェ＝デーリチュが提案した協同組合のなかには、生産協同組合もあった。そこでは、会社設立に必要な資金は、自由主義の「自助」原則に基づき「自己資金」で賄われるべきであった。自己資金の調達など貧しい労働者にできるわけがない、とラサールはその案を一笑に付す。実際、シュルツェ＝デーリチュは多少とも資金を持つ営業者しか念頭に置いていない。だから、信用・原材料協同組合の普及には熱心であったが、労働者に有益な生産協同組合はほんのわずかしか設立していない。

それに対し、ラサールは「国家資金」を提唱した。国家が、貧しい労働者に資金を供与ないし貸与すべきである。

国家資金を融通するには、議会での手続きが必要である。まず法案と予算案が議会に提出され、承認されなければならない。しかし、どの領邦でも、自由主義的な市民階級が議会の多数派を占めている。とりわけ北ドイツの大国プロイセンの下院は、納税額に応じた制限選挙法、裕福な市民階級に有利な「三級選挙法」で選出されている。このような議会は、生産共同組合への国家融資など決して認めない。

では、どうすべきなのか。現行の制限選挙制を廃止し、普通選挙法に変更すればよい、とラサールは言う。そうすれば、労働者は議会で多数を占め、法案を可決し、自分たちの夢を叶えることができる。

ラサールはプロイセン宰相ビスマルクと何度か秘密に会談し、生産共同組合や普通選挙法など、様々な提言をしたと推測されている。実際、ラサール死後になるが、ビスマルクは北ドイツ連邦とドイツ帝国の下院選挙に普通選挙法を取り入れた(13)。とはいえ、そこには、ビスマルク独自の判断、普通選挙はむしろ保守派に有利だという判断があった。

普通選挙法の実施と結びついた、生産共同組合への国家資金の供与、これがラサールの提案である。この提案をケテラーは批判する。批判は、正当性と実現可能性の二点にわたる。

三　正当性の問題

誤解されてはならないが、この『労働者問題とキリスト教』でも、後の一八七一年の帝国議会での演説でも明言しているように、様々な弊害を認識した上で、ケテラーは普通選挙を擁護している(14)。ケテラーが問題視するのは、ラサールの議論の「正当性」である。では、正当性とは何か。

ケテラーは問題を提起する。そもそも「このようなやり方で国家資金を用いることは許されるか、議会、しかも無産者が多数を占める議会が多数決によって、このようなやり方で財産に課税することは正当であるか。この提案は、所有権への不法な介入となっていないか」。

その問には次のように答える。「議会の多数決によって法律を制定し、強制的に租税を徴収する、そうして国家が労働者に資金を供与する、このような急進政党の提案は……根本的に誤っている。……このような方法で、そのような目的のため、私的所有権に干渉することは国家には許されない。そのような国家の決定は取り返しのつかない悔いを残す。……議会の多数を制し、一切の事柄に干渉していく、このようなやり方に含まれている近代国家の行き着く先に何があるか、誤認することは許されない。この原則そのものに破壊的なものがあり、神が定め、キリスト教が根本原則としている秩序とも両立しない、と私どもは考える」。

この引用文を筆者なりに敷衍してみよう。確かに、ラサールのやり方に法手続き上の問題はない。議会で可決された、だから「合法的」である。しかし、議会で多数さえ占めれば何をやってもよい、という発想の背後には「力の論理」がある。それでは、金に物を言わせる資本の横暴と少しも変わらないではないか。多数を制した場合でも、人間にはやってはいけないことがある。ラサールの提案は、その限度を超え、所有権への不当な侵害となっている、とケテラーは考えた。これが「正当性」の問題である（第二章第四節も参照せよ）。

ケテラーにとって、人間の自由と自律は貴重な精神財である。それゆえ、人間の自己決定も、議会の決定も高く評価する。しかし、それは絶対ではなく、つねに高次の神の意志、自然法、道徳律に合うように行使されなければならない。これは、ケテラーの譲れない信念であった。

しかし、ここで疑問が生じる。議会の多数派で決めてよい正当な事柄、決めてはいけない不当な事柄、その境界線はどこにあるのか。

この問には、誰も答えられないであろう。区別すべき境界線は、時代と共に変化するし、人によって異なるからである。ここ二百年でも、議会と国家が介入を許される分野は確実に拡大してきた。

しかし、それにもかかわらず「区別する必要」がある。なぜか。一方での法律と強制、他方での倫理と自由、この両者が区別されない限り、人間の尊厳は成立しないからである。その点について、ケテラーは次のように言う。

「外面的な国家権力が、この地上における全分野を監視する、そのような形で救い主キリストは国家に全権を与えなかった。正義の一部だけ、この地上における人間社会の秩序と平和を維持するために必要な部分だけ、その部分だけが国家の権限だとされた。その効果は二つの面で現れた。第一に、人間は、自己の自由を善用することも悪用することもできる、そのような国家権限に属さない自由な活動空間が人間に与えられた。第二に、自由の乱用によって、全面的な混乱や闘争が生じないように、秩序と平和を維持するという範囲内で、自由を制限する権限が国家に与えられた。これこそ、この地上の人間に対する驚くべき神の摂理である。国家権力の強制の正当性は、すべての人に安全を保障し、社会に秩序を与えるために必要とされる範囲にしか及ばない。それ以外は自由の領域であり、所有権の自由もそこに成立する」

この文章の背後には、国家には国家に固有な活動分野が存在する、宗教と教会にはそれに固有な活動分野が存在するという思想が控えている。宗教と教会に固有な分野における「宗教の自由」と「教会の自由」の確立、そこに「自由の歴史」は始まるという観点こそ、近代世界を捉えるために必要不可欠な基本命題である。それは換言すれば「世俗化」の論理である。(15)

従って「貧者の生存を保障するため、ゲマインデの有産者に課税し、必要な資金を調達する、このような救貧はゲマインデの義務である、と国家は主張してよい」。しかし「困窮した隣人を支援するため、これ以上の法的義務はない。それ以上のことは道徳的義務であり、キリスト教隣人愛の義務である。……ここに『正義』の義務と『キリスト教隣人愛』の義務の違いがある」。

以上から、なぜ、ラサールの提案に正当性の問題があるのか、それを主張するケテラーの背後に、どのような人間像、自由論、国家論が控えているか、明らかとなったであろう。

四　実現可能性の問題

ケテラーが挙げる第二の問題点は、実現可能性である。「そのような国家資金の供与は、期待どおり労働者全員を本当に支援できるのか、労働者を会社の経営者とすることで労働者の福祉を本質的に改善できるのか、という問題である」。

ケテラーの結論は次のとおりである。ラサールの「急進政党の提案も、労働者の救済には役立たない、と私どもは考える。自由主義者の提案に説得力がないように、急進政党の提案にも実行可能性の面で弱点と欠陥があるように思われる。次にその理由を説明しよう」。

国家資金を配分するための「手続きは次のように進められる。まず直接選挙によって、全ドイツから労働者階級の利益を代表する議員が選出される。次に、召集された立法議会は、急進政党の提出した議案をどのように実現していくべきか、審議し決定する。続いて、最初の数年間、どれほどの額の国家資金を準備すべきか、どの営業部門の、どの生産共同組合に融資すべきか、決めなければならない。一方で、ドイツ各地から労働者の利益代表として選出された議員は、選挙人の労働者の期待に応え、掲げた公約を守ろうとする。他方で、議会の多数派が決定したことはすべて法である。……とすれば、次の結論は自明である。第一に、労働者全員に一括して資金を融通する、そのようなことは実行不可能である。第二に、そのようなやり方は国家の秩序と安定、労働者の真の繁栄を破壊する。その結果、国家資金の争奪をめぐる全面闘争と恐怖政治が起こり、最終的にはすべては台無しになる。

この全面闘争の真っ只中、欲望の炎が人間の心に点火し、労働者の心はあくなき私欲の追求を始める。どの労働者も、どの営業者も、どの生産共同組合も、まず自分たちに資金が与えられて当然だと考える。議員は自分の選挙区の利益を代弁する。今日の多くの議員は選挙民を恐れ、臆病となっている。そのため、毅然たる態度で、議会は客観的な理性法〔自然法〕に従うべきだ、と主張する勇気など持ち合わせていない」。

この「客観的な理性法」を失えば、人間、議会、社会はどうなるか、ケテラーは次のように語る。「そもそも議会制の土台には、普遍的な理性法がある。その法のもとでの勢力均衡という理念は、今日の議会では忘れられてしまった。この状況を冷静に観察できる人は、なぜ、議会が理想を失ってしまったのか、なぜ、低級な私利私欲の追求や卑劣極まる情念の闘争の舞台となってしまったのか、判断できるであろう。〔どの地域の、どの生産共同組合に、どれほどの額を融資すべきかという〕議題は、混乱もなく、静かに審議できる、長期にわたり補助金の恩恵に与ることができない労働者も、自分の順番が来るまで我慢強く悲惨な状況を甘受してくれる、状況をこのようにしか判断できない人は、人間の欲望、嫉妬、怨みがどういうものか、少しも分かっていない。そのような人々こそ、近視眼的な合理主義者と浅薄なヒューマニズムによって人間を救済できると考える夢想家になる危険性がある。この種の幻想こそ、人間を深く傷つけ、不幸のどん底に落とす」。

このような文章は、政策立案への真摯で実践的な関心、正当性をめぐる法的で哲学的な考察、人間性の現実を直視できる鋭い目、これらすべてを備えた人でないと書けないであろう。この引用文には、これらのケテラーの才能は存分に発揮されている。

ラサール死後、徐々にマルクス主義に支配されていった社会民主党は、革命を志向し、生産共同組合などの社会改革への関心を失っていく。北ドイツ連邦とドイツ帝国が建設された後、普通選挙で選出された議会も、生産共同組合を議題に取り上げることはなかった。

五　ケテラーとラサールの交流

生産共同組合への資金調達の方法として、ケテラーは、シュルツェ＝デーリチュの自己資金もラサールの国家資金も否定した。では、自らはどう考えるのか。実は、ケテラーにも名案はなかった。ケテラーには、前述箇所から想像できるように、資金源としてキリスト教慈善つまり寄付に期待し、実際に自ら設立を試みた。

その頃、マインツ周辺にも、かなりの工場が立地するようになった。特にタバコ製造業が多かった。ケテラーはタバコ製造業を中心に、五種類の生産共同組合を企画した。そのどれにも一万フローリンが融資される。ケテラー個人も五万グルデンの寄付金を準備した。ケテラーは『労働者問題とキリスト教』を出版する三ヶ月前に、ラサールに質問状を送り、この構想にどれほどの実現可能性があるか、どのような組織形態が適切か、専門的に助言してくれる善意の人はいないかと尋ねている。(16)

ラサールはケテラーから手紙を受け取ったことを喜び、すぐに返書を送ったが、質問には何も答えていない。恐らく答えられなかったのであろう。正確な回答はそれに先立つ数々の実践を必要とする。しかし、ラサールは具体的な知識をまだ十分に得ていなかったし、その七ヶ月後の一八六四年八月末には決闘で負った傷が悪化し、死亡している。

一般のカトリック信徒もケテラー案に関心を示さなかった。寄付は集まらず、企画も立ち消えた。ケテラーは失望したが、資本と労働の分離、資本による労働の支配、労働の商品化、このような弊害に何とか対処したいという思いがあったためであろう、死ぬまで生産共同組合への期待を棄てていない。

最後に、ここに見られるケテラーの姿勢にも言及しておこう。

ラサールはヘーゲル哲学を出発点にしたユダヤ人思想家であり、社会主義政党の創設者であり、労働者運動の指導者であった。このような人物とカトリック司教が付き合うことは、当時の風潮では醜聞だと見られていた。だから、前記のケテラーの手紙は匿名で書かれている。手紙の差出人が誰か、もちろんラサールには分かっていた。書簡の往復があった直後のマインツでの演説で、ラサールは出版されたばかりの『労働者問題とキリスト教』の一節を読み上げ、ケテラーへの好意を示した。この二人の交流は、ラサールとビスマルクの秘密対談と共に、十九世紀ドイツ史の興味深い挿話となっている。

この例が示すように、ケテラーには開かれた姿勢がある。正しい理論であり有益な対策だと判断すれば、ユダヤ人か社会主義者か関係なしに、誰にも質問し、確かめ、学ぼうとした。これは貴重な資質である。

第六節　キリスト教的で実践的な対策

自由主義者シュルツェ＝デーリチュと社会主義者ラサールの論争についてケテラーは次のように言う。「論敵を批判するという点では二人とも正しい。しかし、労働者を救済するため、二人が提案している対策はどちらも誤っている。批判は正しい、しかし、提案は誤っている。これこそ、ずばり言って現代の風潮そのものである。欠点をあげつらい、批判し、破壊することはできる、しかし、基礎を築き、固め、建設することはできない。というのは、真理とも、生命の根源とも繋がっていないからである」。

では、自らは何を提案するのか。ケテラーは「労働者を支援する真の実践的な方法」と題する章で、自己の積極的な対策を提示する。このような題の付け方にもケテラーの特徴があらわれている。

一　キリスト教に実行可能なこと

社会問題といった種類の問題に対し、宗教としてのキリスト教に何ができるのか、できないのか、本論に入る前にケテラーははっきりさせる。

社会問題の認識や対策が、予め聖書に書かれているわけではない。また、キリスト教の教えに含まれているわけでもない。従って、キリスト教に現実の政策を期待することは誤っている。では、何もできないのか。そうではない。では、何ができるのか。

ここで、ケテラーは第二節二で挙げた事例、奴隷制の廃止に対しキリスト教が果たした役割を強調する。古代では奴隷制は自明の制度だと見なされ、その廃止など不可能だと思われていた。しかし、キリスト教は「神の前の平等」を掲げ、長い時代をかけ、徐々に奴隷制を解体していった。暴力にも訴えなかった。暴力を正当化したこともなかった。暴力なしに奴隷制が廃止されたことは驚異だ、とケテラーは言う。ところが、十九世紀に経済が自由化されると、労働者は再び奴隷の地位に落ち込もうとしている。労働者をそのような状態から救い出し、労働者に人間として相応しい地位を与えることは可能だ、とケテラーは考え、次のように言う。

「ここで再び、私の基本的考えを正式に提示しておこう。社会問題に関し、多少とも機械的で外面的な方法や制度〔政治や経済社会の改革〕を提案する、それはキリスト教と教会の直接の任務ではない。キリスト教は何よりも人間内面の回心と悔い改めを求める。まず、神の理念と愛の精神が人間の心に浸透していく。その結果、奴隷の主人自らも自分の奴隷を解放し、古代の奴隷制の廃止がやっと実現した。それに続いて、国民の精神も法の理念も改められていく。このような形で、現代の社会問題も解決されるだろう」

では、今、直面している労働者問題を解決するため「キリスト教の愛と精神はどのような新しい方法を取ろうとするのか、それも今のところはっきりしない」とケテラーは正直に打ち明ける。さらに「ここで私は、労働者問題を解決するため、すでに決まったキリスト教的な方法や手段を提示し、それを完結した体系のなかで議論する、そのような傲慢不遜なことを試みようとしているのでもない」とも言う。

では、何ができるのか。「労働者問題の解決という、神がキリスト教徒の任務とした重要な事柄に、キリスト教徒の愛と心を向けさせる、それに幾分でも成功したとすれば、それで私の目的は達成されたことになる。とはいえ、それにもかかわらず、キリスト教の精神で労働者を救済できる若干の方法、たとえ、どれほど細やかなものであろうとも、それを私はここで提案してみたい」。ケテラーが何を目指すのか、これではっきりしたであろう。

要約しておこう。キリスト教の教えに社会問題を解決するための具体的な政策が備わっているわけではない。しかし、社会問題に人々の心を開かせ、その解決に向け行動せよ、という強い使命を与えることはできる。それに成功すれば、最低限の目的は達成されたことになる。しかし、ケテラーは『労働者問題とキリスト教』で、それ以上のこと、実践的で具体的な対策も提示する。それが、以下の五点の支援法である。

二　労働不能の労働者への支援

第一の支援法は、キリスト教慈善、つまりカリタスである。その内容も、ケテラーの実践も、すでに第一章と第三章で述べた。ここでは次の事柄のみを補足しておきたい。

ケテラーは「労働者のなかでも、働く能力に欠ける多数の人たちが必ず存在する」と言う。このような人々に向かって「自助によって苦境を切り抜けよ、と誰が要求できるであろうか。どうしても隣人の支援が必要となる」。それゆえ「今後も引き続き教会が労働者のために成しうる第一の支援法は、労働不能の労働者のための施設の建設と運営である」。

しかし、施設を造ることだけで満足してはならない、とケテラーは言う。同時に「貧苦に悩む人々に対し、長期的に、本当に必要な愛情溢れる看護を続ける」ことが必要である。

ところが、自由主義者はキリスト教の「慈善活動を貶《おとし》め、いわれなき中傷をでっち上げている。この数年でもウィーンで……ここマインツで修道会の慈善活動に対する露骨な中傷があった。……この種の中傷ほど、破廉恥で、不実で、非人間的なものはない」。

なぜ、自由主義者はキリスト教慈善をこれほど蔑視したいのか。ケテラーはキリスト教への憎悪だろうと述べている。では、なぜ、それほどキリスト教が憎いのか。そこには、人間と社会に関する考え方の本質的な違いがあるように思われる。この点は第六・七章で解明を試みたい。

このキリスト教に伝統的な慈善は古代のギリシア・ローマ世界では見出せない。そこには救貧の理念はない。では、なぜ、キリスト教世界では、寄る辺ない病人や心身障碍者、身寄りのない老人や孤児や寡婦、社会から見捨てられた浮浪者などへの支援が義務となるのか、その神学的な根拠はすでに第三章第一節四・五で述べた。

三　キリスト教的な結婚と家庭

第二の支援法は、キリスト教的な結婚（婚姻）と家庭（家族）である。なぜ、それは労働者を救う対策であるのか。次の三点の理由が挙げられる。

第一に、キリスト教は、婚姻を秘蹟（サクラメント）とし、結婚に宗教性を与える。それによって結婚と家族は神に嘉《よみ》される制度となり、婚姻の不解消性の掟が定められる。その結果、人間、特に労働者の夫婦の絆も家庭も強化される。これは労働者への大きな恵みである。

しかし、十九世紀ドイツの自由主義者は、婚姻からキリスト教性を消し去ろうとする。彼らにとって婚姻は世俗の民法上の制度でしかない。それゆえ、民事婚に切り替えるべきである。民事婚をめぐる論争にケテラーもかかわり、多くの著作を公表し、草稿も残している。

なぜ、ケテラーは民事婚に反対するのか。確かに、政治、経済、社会などの世俗分野では、それ自体の論理が存在する。宗教にも独自の論理があり、この点で宗教と世俗は区別される。これが前述した「世俗化」の論理である[17]。

しかし、宗教と世俗のあいだで明快に区別できない領域がある。そのような領域として、特に婚姻、学校、慈善を挙げることができる。ここには複数の利害関係者が存在する。だから、完全な分離は不可能である。その場合には、相互に重なり合う権限を認め合い、協働すべきだとケテラーは考える[18]。

しかし、晩年の一八七五年、文化闘争の嵐のなか、ドイツでは強制民事婚が実施され、それは現代も続く。

第二に、日常生活に健全な精神と規律を与えるという点で、キリスト教家庭は労働者にとって恵みとなる。堅実な家庭を築くため、衣食住の確保だけでなく、純潔、犠牲、自制などのキリスト教道徳も必要である。そこから次の言葉が発せられる。「栄養不足、風通しの悪い不潔な家屋、それに加え破廉恥で不道徳な生活、これではどのような国民も堕落のどん底に沈む。このような弊害が積み重なると、どのような気高い国民もいつしか堕落する。……か弱い若者を毒気から守り、純真無垢な男女を育て上げる、それを実現するには、慈愛に満ちた父母のキリスト教信仰とキリスト教結婚を必要とする」。

第三に、特に節約という点でキリスト教家庭は有益な作用を及ぼす。ケテラーの言葉によれば「妻の心遣いあるキリスト教家庭では、夫から妻に渡される賃金には、無分別な妻が夫から受け取る賃金よりもずっと高い価値と効用がある。……キリスト教家庭の信仰厚い善き妻の愛と几帳面な節約は、乏しい賃金の価値を何倍にもしてくれる」。

以上の三点の理由から、ケテラーは「キリスト教家庭、キリスト教結婚、その土台であるカトリック教会の教えと恵みは、労働者問題の解決にとって、自由主義政党や急進政党の提案や運動よりも、はるかに大きな価値を持つ」と結論づける。

結婚と家庭の重視は、初代教会以来、今日にいたるまでのカトリック教会の伝統である。それは、十九世紀の労働者問題の解決にも貢献する、とケテラーは確信していた。

四　キリスト教教育

第三の支援法は、キリスト教教育である。

ここで言う教育とは、人間がこの世に生き、働き、死んでいくことにどのような意味があるのか、なぜ人間に尊厳があるのか、人間の幸福とは何か、辛い労働の人生をなぐさめてくれる内的な喜びや平安とは何か、このような問に答えることである。それゆえ、職業教育、学校教育、一般教養のことではない。ここで、ケテラーは宗教家・司牧者としての立場から発言する。

この点に関し、ケテラーはすでに一八四八年の『現代の大社会問題』の第二説教「現代はどういう時代であるか」で「この世の英知だけで教育され、真の隣人愛を身につけた人がいるだろうか[19]」と述べている。この立場がここでさらに詳しく展開される。では、キリスト教教育は、どのように労働者問題の解決に役立つのか、次の四点が指摘される。

（一）人間の尊厳

教育面でのキリスト教の第一の効用は、キリスト教人間論に基づく「人間の尊厳」である。ここでは本質的な議論が展開されるため、長くなるが、ケテラー自らに多く語らせたい。

「個々の人間が持つ力、その力をどう意識させ、どう全面発揮させるか、それをキリスト教は人間に教える。人間に完全な人格（ペルソナ）を与えたのもキリスト教である。このような個人としての人間の尊厳は異教世界では知られていなかった。ギリシア人もローマ人も他民族の価値を認めなかった。……古代では、人間には市民としての存在価値しか認めず、人間としての価値はポリス（都市国家）への貢献度で決まり、人間そのもの、個人としての人間の価値は知られていなかった。労働者の平等な人権も異教世界には存在しなかった」

「キリスト教の教えでは、どの人にも人格としての価値がある。……どのような人の魂にも、生まれながらの神の似姿《にすがた》が宿っている（創世記一・二七）。だから、すべての人に尊厳がある。……これこそ世界を変えてきた驚嘆すべき崇高な教えであり、ユダヤ人と異教徒、ギリシア人と野蛮人、自由民と奴隷、このような人間差別の思想は全面的に否定された。人間の尊厳の思想はキリスト教によって世界に普及した。……人間の尊厳、人間の崇高な使命への魂の予感は、こうして再び完全に意識されるようになった」

なぜ、人間に尊厳があると言えるのか。確かに、自由主義や無神論ヒューマニズムも自由や人権は主張する。しかし、この「なぜ」には答えられない。それに対し、キリスト教には「確実な真理に根ざした」根拠がある。それをケテラーは次のように言い表す。

「どれほどお粗末な衣服を身につけていようとも、その衣服の下に隠れた心の奥深く、魂のうちに、人間は驚嘆すべき美と永遠の価値の似姿を宿す。それは、不死の永遠の存在、つまり神の名残であり、不朽の美と栄光を映す神の似姿である。この人間のうちにある神の似姿こそ、人間が心の奥底から渇望しているもの、悲惨のどん底にあっても、名状しがたい望郷の念として魂のうちに感じるものである。

たとえ人間に翼があり天界を飛び回り、天体を自己の所有物にしたとしても、魂のうちには、憩うことなく、常に求め続ける、不可解な満たされぬ何ものかがある。宝石が山中深く、厚い地層の下に隠されているように、どれほど悲惨と貧苦のなかにあろうとも、人間の尊厳は内面にある。

この永遠の価値の宝石は、地中深く埋もれたままになっていた。それを掘り出すために神の子キリストは天から地上に遣わされた。こうして人々の魂のうちに宿っている神の似姿は、この地上の奴隷状態から解放され、神の教えと恵みによって再び神の子の栄光と資格（ヨハネ一・一二）を現すものとなった」

この「神の似姿として創造された人間」という思想こそキリスト教人間像の核心を成す。それを土台に政治、経済、社会、その他すべての現世の生活が築かれる。それゆえ「現世」は「超越」的な観点から位置づけられる。これは単なる観念ではない。というのは、ここには現実を変革する力が秘められているし、実際に社会を変革してきたからである。

（二）怠惰の戒めと自己形成の使命

教育面での第二の効用は「怠惰の戒め」と「自己形成の使命」である。

なぜ、人間は怠けてはいけないのか、なぜ、働かなければならないのか、さらに積極的に言えば「なぜ、全力を尽くし自己の力を全面的に開花させなければならないのか」とケテラーは問う。

この問に対し、ケテラーは、どの人にも「自己の力を全面的に開花させる人格（ペルソナ）としての義務がある」「この自覚を植えつけたのもキリスト教である」と答える。

何を根拠に、そのような義務があると言えるのか。ケテラーは「その深い理由は、魂の不死の教え、特にキリスト教によって確立された良心論、人間人格の永遠の存在とも密接に関連する良心論にある」と答える。続いて「人間は各自にふさわしい方法で活動し、自己の力を発揮する、そうして偉大な善き事業の一部を担う、これは人間本性の根本原則である。だからこそ、キリスト教は怠惰を七つの大罪の一つとしてきた」と述べる。ちなみに、七つの大罪とは、傲慢、嫉妬、憤怒、貪欲、不純、無分別、怠惰である。

なぜ、働かなければならないのか、という問に対し、自由主義政党は「飢えの恐怖」を、急進政党は「考えられうる限りの快楽の刺激」を挙げる。これらの党派の人々は「何という低級な人間に成り下がってしまったことか」とケテラーは嘆く。

(三)　幸福論

教育面でのキリスト教の第三の効用は「幸福論」である。

キリスト教は「たとえ社会的地位は低く、物財に欠乏していても、理性も心も幸福と感じることができると教える」。

自由主義のように、無神論を前提とすれば、労働者は自己の人生と労働を不条理と感じることしかできない、とケテラーは次のように書く。

「すべての出来事は自然に生まれ自然に過ぎていく。……この単純な自然な方法で人間の一生も過ぎていく。しかし、労働者にとって、そのような当然のことのように思われる自分の一生も、不条理で不可解なものでしかない。……朝早く起きると共に、仕事に出かけ、疲れ切って夜寝床に横たわるまで、額に汗した辛苦の日々。たとえ状況が改善したとしても、本来の意味で自分の肉体を維持するに十分な生活、必要最小限の衣食住で満足しなければならない。……現世の快楽は、ほんのわずか、ほんの時折しか享受できない。人間の生はこの世のものでしかない、幸福と満足への渇望は現世の財貨によってしか満たされない、とすれば、幸福を切望する労働者にとって、この世は我慢ならない不条理な世界でしかない」

このような不条理は、自由主義の労働者教育協会の対策、つまり集会、講演会、演奏会、家族祭などで解消されるか。されないとすれば、なぜか、ケテラーは次の二点を挙げる。第一に、それは労働者の収入を増やす方法ではない。第二に、自由主義は「自分がどこから来たのか、なぜ人は生きるのか、なぜ人は死ぬのか」という問に答えていない。それゆえ「自己の起源、自己の存在、自己の使命」への問は、労働者にとって「闇に覆われた深い謎」に終わる。言い換えれば、生と死にかかわる人間の根源的な問に対し自由主義教育は無力である。

このような哲学で育てられた労働者は、自分の人生に対し次のような結論を下さざるをえないとケテラーは言う。「ここに臨終の床にある労働者がいるとしよう。この労働者は、一方で、辛い労働の日々、労働の悩み、何百時間も続く辛苦の労働、飢えの恐怖、他方で、不平たらたら酒を飲みながらの、ほんの一片の快楽、この両者を天秤にかける。そうして、労働者は自ら言い聞かせる。『私の人生はまもなく終わる。一生のあいだ、私は幸福、平和、安寧を切望してきた。この筆舌に尽くしがたい渇望は、私の本性に根差しているように思われる。この魂の渇望をいやすには、この世の物財しかないと私は確信している。しかし……それを私は獲得できなかった。だから、私の人生は失敗であった。私の存在そのものが、私にとって不可解な謎だ』。これが無神論を前提とした自由主義教育の結論である」。

では、キリスト教は労働者に何を与えることができるか。第四節三で述べたキリスト教労働観と重複するが、ケテラーは次のように言う。

「キリスト教の光に照らされた労働者は、そのように考えない。……すべての人がキリストに祝福され、完璧となること（一テモテ二・四）を神は望む。神の子キリストは労働者となった（マルコ六・三）。そのため、この世の快楽から締め出された労働者を神は特別ひいきにする。……信仰厚い労働者は、死にいたるまでの自分の一生も、労働の意味も、すべてが単純で明快となる。……こうして、労働者は、幸福と平穏を求めて止まぬ心の葛藤にも、労働の辛苦と物財の欠乏に悩むことにも、価値があると知り、心の平静を獲得する。労働者は、自らの人生体験から、この思想を正しいと確信し、貧苦のなかにあっても安らかな平和を発見する」。こうして「日々の辛い労働にも高貴な価値があることを信じ……自分の人生経験のなかで……人間内面の宝物、永遠の財貨の兆しを発見する」。これがキリスト教幸福論である。

しかし、疑問は残る。これは辛い現状の肯定ではないか、ここには現状を変革せよという強い意志がないではないか、労働者に反感と憎悪を植えつけ、快楽を貪っている金持ちを打ち倒し、平等な社会へ向けた革命を呼びかけるべきではないか。この問題は第七章「社会主義との対決」で取り上げる。

（四）道徳

キリスト教教育の第四の効用は「道徳」である。この点は、すでにキリスト教家庭の箇所で述べたため、ここでの説明は省略する。

労働者問題の解決はなぜ宗教なしにありえないか、この問への第三の答は、人間の尊厳と生きる幸福を根拠づけるキリスト教教育論である。

五　団体結社

キリスト教に可能な第四の支援法は、労働者の団体結成の奨励である。

かつて中世都市には、同業者の職業団体としてツンフトがあった。そこでは相互支援も実践されていた。しかし、そのような保護の体制は、自由化によって解体された。そこに労働者の窮乏化の原因がある、とケテラーは見る。だから、いま緊急に必要とされることは、新しい時代状況に応じた団体を結成し、新しい保護体制を構築することである。

しかし、具体案を提唱する前に、なぜ団体結社が必要か、根本的に考えようとする。これもケテラーに特徴的な発想である。人間には個人性と社会性の両面がある。そのどちらにも固有な価値がある、という命題が議論の出発点である。

（一）人間の個人性

まず、なぜ「労働者は一個の人格（ペルソナ）として、それぞれ自己の才能を発揮しなければならない」のかとケテラーは問う。その答は聖書の「タラントンの喩《たと》え」（マタイ二五・一四―三〇）にある。

「ある人が旅行に出掛ける時、僕《しもべ》たちを呼んで、自分の財産を預けた。それぞれの力に応じて、一人には五タラントン、一人には二タラントン、もう一人には一タラントンを預けて旅に出た」。一タラントンは当時の日当の六千倍に当たるため、一人は八十年分、一人は四十年分、もう一人は十六年分の年収に相当する額を受け取ったことになる。どれも莫大な金額である。一タラントンを受け取った僕は「恐ろしくなり……地中に隠した」。逆に、もっとも多い五タラントンを受け取った僕は、その資金を活用し、自分で働き、資金を倍にした。主人が帰ってきて、僕たちと決算を始める。資金を増やした僕は、主人から褒められた。しかし、資金を失うことを恐れ、地中に埋め隠した僕は「怠け者の悪い僕」だと咎められ、責任を追及された。

この喩えについて、ケテラーは「だからこそ、キリスト教は、ここ千八百年間、すべての人と労働者に向かって神から託された心身の力を活用せよ、と勧告し、要請してきた」と言う。どの僕も、莫大な資金に恐怖を感じていたにちがいない。実際、資金の活用は、つねに不確実性と危険を伴う。しかし、どのような人も、神から与えられた才能、資質、体力、そのすべてをこの地上で全面的に活用する義務を負う。

どの人にも、神から何タラントンかの賜物が与えられている。その賜物は、第三章第一節五では神からの「借財」と表現された。その借りを幾らかでも返そうとする感謝の行為が、慈善（カリタス）であり、返そうとしない人は怠惰な人である。なぜ怠惰は咎められるのか。効率や生産性を低下させるからではなく、感謝という宗教的な義務を果たしていないからである。それゆえ、個人性の発揮とは、自分の好き勝手を行うことではなく、神から与えられた賜物を用いて自己の使命を果たすことを言う。

（二）人間の社会性

人間の社会性を考える際には、まず「労働者は、隣人との繋がりのなかで生きている」という「社会的側面、つまり団体の結成は、人格としての個人の側面と同様、人間が生きていく上で必要不可欠である」ことを認識する必要がある。そこから、次に「隣人と相互に支援し合うべきだ」という規範が引き出される。この現実と規範から構成される「人間の社会性」は、序章第三節二では「連帯」と定式化された。

人間の個人性と社会性は矛盾するものではない。ケテラーは「個人性と社会性の二面の力が働くことによって初めて、人間形成のため神から与えられた掟に従って、人間は自己の個性を大きく開花させる」と言う。

確かに、ドイツ協同組合運動の創始者は自由主義者シュルツェ＝デーリチュである。しかし、彼らは「社会的自助」を合言葉に「団体を結成した労働者は他人の支援を断わり、自ら助けるべきだ、ある団体は自律した団体として、他の団体からの物的な支援を断るべきだ」と主張する。しかし、それでは「何のために団体を結成するのか、その意図は不明だ」とケテラーは批判する。

以上のように、団体結成の意味は、人間の個人性と社会性という、人間に本性的な二つの要求を満たすことにある。

（三）なぜ、団体結社はキリスト教的なのか

さらに、ケテラーは、団体結社はキリスト教的である、と言う。しかし、利益集団のエゴイズムという言葉があるように、団体結社は、人間に自己犠牲を求めるキリスト教と矛盾するのではないか。

個人には、自己の利益を追求する利己心（エゴイズム）があるように、団体にも利益集団の利己心があり、国家にも国益という国家エゴイズムがある。それらは悪ではないのか。そのような団体結社は、本質的にキリスト教的でないのではないか。自由と権威の関係（第三節四を参照せよ）と同様に「利己心」と「相互支援」（ないし

隣人愛）の関係も本質的に考察されなければならない。

ケテラーは、自己愛・隣人愛・神の愛の概念を軸に、次のような議論を展開する。「心を尽くし、真に神を愛する人は、聖アウグスティヌスが言うように、逸脱した自己愛に陥ることを心配しなくてよい。というのは、第一に、逸脱した自己愛は弊害を生む、しかし、神の愛が枠組みを与え、掟を定め、歩むべき道を示す限り、自己愛は、あらゆる事物を完璧に調和させる神の秩序内で活動するからである。第二に、神の愛によって定められた枠内で活動する自己愛は、同時に完璧な隣人愛の尺度ともなるからである。真に力の限り、永遠の善である神を愛する人は、神の愛を自己愛の完璧な尺度とし、そこからの逸脱を認めない。……とすれば、神の愛のなかで浄化され、純化され、美化された自己愛は、隣人愛の最高の尺度ともなる」。

確かに、人間は利己心のため堕落する。人間が人間である限り、それが変わることは永遠に期待できない。しかし「心を尽くして神を愛し、隣人を自分のように愛しなさい」（ルカ一〇・二七）と「人にしてもらいたいと思うことは何でも、あなたがたも人にしなさい」（マタイ七・一二）の二つの掟がある限り、「利己心のため堕落した人間本性」は「純粋な神の愛の高みへと再び引き上げられる」とケテラーは言う。

それゆえ、ケテラーは自己愛を否定しない。その理由は、第一に、人間の個人性の発揮は、神から課せられた義務であること、第二に、自分を愛するように、隣人を愛しなさいと書かれているように、自己愛は、隣人愛の尺度となることにある。自己愛という尺度のもと、隣人愛が明確な形を持つという点は、はっきり認識される必要がある。

このような精神で結成された団体が、キリスト教団体である。従って、そこから「団体結社そのものは正当である、従って、支援に値する、それだけでなく、団体を開花させ、労働者に真の幸福を与えるために必要な高次の力が、キリスト教には存在する」と結論される。

（四）利己心（エゴイズム）について

自己愛、利己心、利益の追求は悪か、否定すべきかに関する前述のケテラーの議論には、非常に重要な認識が含まれているように思われる。それゆえ、蛇足となることを怖れながら、ここで簡潔に筆者の評釈を付け加えておきたい。

個人と団体の自己愛は利己心である。だから悪である。これははっきりしている。しかし、そもそも利己心なしに、個人も団体も生きていけない。これは厳然たる事実である。これは国家エゴイズム（国益）にも当てはまる。国益を追求しない国家は滅びるしかない。エゴイズムの否定は、存在の否定となる。

とすれば、人間は個人の利己心だけで、団体は利益集団のエゴイズムだけで、国家は国益だけで生きていくべきか、生きていけるか。ここで、次の二点を指摘すべきである。

第一に、利己心だけが唯一の原則となれば、人間も団体も国家も、自己以外の一切の他者を倒すまで戦い続けるという道しか残されていない。その行き着く先は、孤独な勝者となるか、滅亡するか、そのどちらかである。

第二に、なぜ利己心は悪であるのか。それを悪と言えるのは、神の愛と隣人愛という基準があるからではないか。自己の内なる利己心に気づくのも、神の愛と隣人愛という基準があるからではないか。神の愛があるから、人間は自己の内に利己心を発見できる。神の愛を強く受ける人ほど、自己の利己心の醜さをはっきり見ることができる。利己心そのものは、利己心を発見できない（第七章第五節も参照せよ）。

とすれば、神の愛に照らされるから利己心に気づく、それを悪だと知ることもできる、神の愛と人間の利己心は表裏の関係にある、ということになる。人間はこのような両義的な世界に生きる存在だという命題こそ、人間と社会を考える出発点に置かれるべきである。

六　生産共同組合

労働者の窮乏化を救うためキリスト教に可能な第六の支援法は、ラサールが提案した生産共同組合である。

生産共同組合とは何か、それはどのように労働者の窮乏化を救うか、すでに第五節で詳しく述べた。問題は、設立資金をいかに調達するかであった。この点でケテラーがシュルツェ＝デーリチュの自己資金論とラサールの国家資金論の両者を批判したこともすでに前述した。では、ケテラーには、どのような独自の資金調達法があるのか。

ここで、ケテラーは第三の方法、カトリックからカルヴァン派に改宗した保守派の社会改革者ヴィクトル・エメ・フーバーの提案、労働者の自助努力と自発的な寄付を組み合わせる案を紹介する。善意の寄付を資金源とするため、ここでは「キリスト教的」という形容詞が付けられている。

しかし、寄付に頼る限り、小額の資本金で企業を起こすしかない。フーバーは小資本で始めることを勧める。それに対し、ケテラーは、大企業との競争のなか小企業は「巨大会社に文字どおり踏み躙《にじ》られていくであろう」と述べ、この案にも懐疑的である。

とはいえ、結局、ケテラーにはこれ以外の妙案はなかった。この案に即し、カトリック信者に寄付を呼びかけた。しかし、何の反応もなかった。ケテラーは失望した。当然であろう。他人の起業を助けるため、寄付をする人などいるはずがない。あまりにも空想的で、無理な注文であった。

従って、ケテラーは自嘲気味に言う。「大部分の労働者に潤沢な資金を供与し、しかも労働者の悲惨な困窮も解消する、そのような規模で生産共同組合の素晴らしい理念を実現することは、この世に存在する手段と資金では不可能なのか、……結局、机上の空論でしかないのか」。

では、絶望するしかないのか。いかに事態を打開すべきか、ケテラーはここで奴隷制の例を繰り返す。古代では奴隷制は人間本性に適合している、と誰もが見ていた。その廃止など想像もできなかった。しかし、何世紀もかかったにせよ、キリスト教は奴隷制の廃止をやってのけたではないか。どのように可能となったのか。キリストは「地上に火を投ずるために」この世に来た（ルカ一二・四九）。この「超自然の火」がある限り、事態が困難であれば「それだけ私の心の内には、ますます確信と希望が溢れてくる」。

第一章第二節一で述べたように、困難であるからこそ、そこに生き甲斐を求める、という思いを動機にしてケテラーは聖職者となった。この思いは、第三章第一節二で引用した一八四八年の演説にも表現されている。これは生まれながらのケテラーの気質である。

たとえ実現の可能性は低いとしても、労働者問題は生産共同組合の普及によって解決できる、という信念をケテラーは死ぬまで捨てなかった。しかし、その期待が満たされることはなかった。

七　中間論評

以上から明らかなようにケテラーの社会思想は三層から構成されている。第一は、団体結社や協同組合など、経済と福祉にかかわる層である。第二は、第二章で対象としたような国家と社会の改革にかかわる層である。第三は、キリスト教的な結婚・家族観や教育論など、宗教的な信仰にかかわる層である。

第三の層は、歴史研究ではしばしば無視されることがある。しかし、ケテラーは宗教家であり司牧者であったという点を忘れてしまえば、ケテラーの全体像は捉えられないであろう。この点をここで敷衍しておきたい。

十八世紀はカトリック世界でも啓蒙時代であった。カトリック啓蒙思想は、民衆の素朴な信心、典礼、巡礼、聖体行列、神秘的な体験などを軽視ないし無視する傾向にあった。それに対し、人類の進歩、つまり地上国家の繁栄、人間の教育水準の向上、合理的な思考、壮麗な都市空間の創出、生活の快適、福祉の増進などを高く評価した。これらこそ人類が追求すべき高邁な目標だと考えられた。その便利な道具となる限り、宗教と信仰も奨励された。

しかし、ケテラーでは論理は逆である。人生の中心は信仰と霊性である。人間にとって至上の価値は何か、それを土台にした価値秩序が築かれるべきである。確かに、物的福祉の向上も生活の快適も好ましい。それらは追求されて然るべきである。労働者問題とは衣食住の確保のことだ、とケテラーも定義しているように、物質は必要不可欠である。しかし、物質それ自体は、人生に意味を与えるものではない。

一八〇三年の世俗化を経験した十九世紀のカトリック思想は、十八世紀のカトリック啓蒙とは区別される。世俗化によって、教会施設、修道院、救貧事業は解体された。しかし、その動揺のなか、宗教的な覚醒運動が十九世紀前半のミュンスター、マインツ、ウィーン、ミュンヘンなどで興り、ドイツ各地に普及し、教会刷新と宗教復興の大きな流れとなっていく（第六章第二節一も参照せよ）。この流れのなか、テュービンゲン学派のメーラーの神学が形成された。この神学がケテラーの人間論と国家論の土台である（第一章第二節四も参照せよ）。それゆえ、ケテラーは啓蒙思想家ではない[20]。

物的福祉に役立つ、近代化を促進する、だから、宗教にも価値がある、このような宗教の評価の仕方は啓蒙思想を引き摺っている。これは本末転倒の議論である。豊かになり快適になったからといって、人間存在の謎、死や生の意味が明らかになるわけではない。何よりも重要なことは、宗教的な目覚めと回心である。その価値序列のなかに物的福祉は位置づけられる。歴史家シュナーベルが言うように、ケテラーとコルピングは単なる社会改革家ではなく、何よりも司牧者であった[21]。この点は決して忘れられてはならない。

第七節　ケテラー批判

産業化と労働者問題は、歴史的に未知の出来事であった。だから、それらにどう対処すればよいのか、ケテラーや同時代人に予め成案があったわけではない。どの試みも、すべて手探りの模索であった。従って、今日から回顧すれば、多くの誤認や錯誤もあったように思われる。ここでは、そのような事例のなか本質的なものを取り上げ、ケテラー批判を試みたい。これもケテラー理解に不可欠な作業だと筆者は考える。

一　賃金鉄則

第一の批判点は、賃金鉄則である。ケテラー全集の編集者によれば、賃金鉄則は次のようにまとめられる。「イギリスの経済学者リカードが理論化し、ラサールが普及させた賃金論である。それに従えば、短期的には別にして、労賃が最低生活費から大きくかけ離れることはありえない。賃金が最低生活費よりも上昇すれば、労働人口は増加する。この労働供給の増加は、再び賃金を最低生活水準まで低下させる。賃金が最低生活費よりも低下すれば、子供数の減少や国外移住などを通して労働供給は減少し、その結果、賃金は再び上昇する」(22)。

以上の説明から分かるように、賃金鉄則の前提には、リカードの「定常状態論」だけでなく、マルサスの「人口論」も置かれている。リカードとマルサスだけでなく、アダム・スミスからミルまでの古典派も、マルクスとエンゲルスの社会主義者も「賃金水準は生計費によって決まる」と考えた。マルクス主義では、労働者は窮乏化を進め、無産者（プロレタリアート）に陥る。その結果、資本家と労働者は激しい階級闘争を展開し、暴力革命は必至となる。

労働者の賃金の持続的な上昇などありえない、かろうじて生活を維持できる水準の賃金しか手に入らない、どころか、むしろ労働者はますます貧しくなっていく、このような理論は、ケテラーやマルクスが生きた時代には正しいように思われた。

十九世紀以降、どのヨーロッパ諸国でも急速な人口増加が見られた。ドイツでは、一八一六―一九一〇年のたった百年間で人口は三倍近く増えている。人口増加のなか労働供給は増える。とすれば、賃金鉄則が作用し、人々は食料不足と飢えに苦しむ。このような痛ましい情景が予想されたはずである。

しかし、現実はそうならなかった。すでに第三章第六節で述べたように、一八五〇年以降、国内総生産高は増え始め、一八八〇年代以降には労働者の実質賃金も上昇していった。とすれば、なぜ賃金鉄則は作用しなかったのか、なぜ予測は外れたのか、その理論のどこが間違っていたのか、今日の研究者はこの問に答えなければならない。この問は重要である。というのは、現代の産業社会の特徴とは何か、それを解明できる手がかりがここに発見できるからである。

ケテラー全集の編集者は、注で次のように賃金鉄則を批判する。「第一に、労働供給は、賃金鉄則が言う方向に反応するとは限らないし、反応には遅れもある。第二に、賃金の上昇は子供数を増加させるよりも、むしろ減少させる。第三に、賃金鉄則では、労働生産性の上昇が完全に無視されている」。

第一・二点について、次のように言える。確かに、ドイツでは、一八八〇年頃から労働者の実質賃金が上昇していった。しかし、それにもかかわらず、人々は出生数つまり労働供給を増やすという行動を取っていない。むしろ逆に、一九〇〇年以降、出生数を減少させている。これは賃金鉄則の想定とは逆の動きである。人口では、今までの人類史には見られなかった新しい現象、人口学で「人口転換」と呼ばれている出来事が始まった[23]。

それ以外にも賃金鉄則に反する力が作用していた。例えば、一八六〇年代以降、労働者は労働組合を結成し、自分たちの労働条件を改善していく。国家も労働者保護に着手し、一八八〇年代に世界最初の社会保障制度を成立させ、一八九〇年代以降には労働者保護立法を次々と制定していく。

しかし、これらの要因だけで労働者の賃金が持続的に上昇していったとは考えられない。もっと本質的な理由があった。それは「労働生産性」の上昇であり、それを可能としたものが「産業化」である。この点は第三章第六節で述べたが、ここでも簡潔に繰り返しておこう。

ヨーロッパ近代の経済を規定する本質的な動きは、十八世紀中葉以降のイギリスで始まった産業化であり、その結果として「産業社会」が成立した。この産業化こそ、人類史上もっとも画期的な現象の一つであり、この現象によって、人間の基本的な生活条件は根本的に変化した。この産業化によって、ラサールの賃金鉄則やマルサスの人口論の前提となっていた「収穫逓減の法則」は打破され、労働生産性の持続的な上昇が実現した。その結果、人口増加と所得の同時成長が可能となった。産業化の概念なしに、近代世界の謎を解くことはできない。

それゆえ、賃金鉄則の主張という点でケテラーは間違っていた、とはっきり指摘されなければならない。ではケテラーは非難されるべきか。そのような批判は正しくないように思われる。その理由は次の二点である。

第一に、ケテラーは一八七七年に死亡したが、労働者の実質賃金が上昇していったのは一八八〇年代以降のことである。産業化の初期段階では、劣悪な労働条件と悲惨な生活環境など産業化の弊害面だけが目立っていた。諸悪の根源は自由化とそこに作用する賃金鉄則にある、と主張する方がはるかに自然であった。

一八九一年に最初の社会回勅『労働者の境遇について』を発表したローマ教皇レオ十三世について、カトリック社会論の学者ネルブロイニングは次のように言う。「絶対に変更不可能だ、と教皇レオ十三世が見なしていたことは、大多数の人々が過酷で、辛い、不足だらけの生活を甘受しなければならないという現実であった。現世では、いかにあがいてみても、生きていくに必要最小限のものしか手に入らない。人類の歴史が始まって以来、そうなのだ。この事態が変わりうるとは誰一人、思い及ばなかった。『豊かな社会』が出現するとは想像できなかった。……不必要な苦しみ、回避すべき圧迫、人間としての労働者の尊厳と権利の侵害、これらを防止すること、それだけが改善可能だと思われた(24)」。

第二に、ケテラー自らは経済学者ではない。当時の経済の専門家でさえ、産業化も賃金の持続的上昇も予測できなかった。産業化は人類にとって希望なのか悲劇なのか、産業化にどのような価値があるのか、正確に認識することなど当時の人々には不可能であった。未知の新しい出来事、それを正当に評価できるには時間を必要とする。

工場制の成立、生産高の飛躍的上昇、それに続く労働生産性の向上、その結果としての所得の増加、生活水準の改善、それら一連の出来事がはっきり認識されたのは、二十世紀初め、特にイギリスの経済学者アルフレッド・マーシャル以降のことである。ここで十九世紀の「陰鬱な経済学」は新しい楽観的な経済理論に取って代わられる。第二次世界大戦後のアメリカでは、産業化と経済成長の概念も造られる。それ以前の人々にとって、むしろリカードの「定常状態」が正常であり、経済が成長するとは考えられなかった。

ケテラーも時代の人である。現代の常識から、ケテラーを非難することは時代錯誤だと言うべきであろう。

二　資本と労働の分離

「資本」と「労働」が分離した生産形態そのものは鉱山業で見られたように古い時代から存在した。しかし、ドイツでは、十九世紀初めの自由主義的なシュタイン・ハルデンベルク改革のもと、農村では「農民解放」が、都市では「営業の自由」が実施され、多くの生産部門で資本と労働は分離していく。ここに、一方では雇い主・資本家・使用者、他方では雇用者・労働者・被用者という二つの階級への分離が生じる。

さらに十九世紀後半になると、巨大な資本を持つ大企業が成立し、そこに大量の労働者が雇用されるという光景があらわれる。

このような経済の特徴を言い表すため、ドイツの経済学者ゾンバルトは二十世紀初頭に「資本主義」の概念を造った。一八八三年に死亡したマルクスには「資本主義的生産様式」の概念しかないが、資本と労働の分離は人間疎外の原因だ、従って「悪」だという認識がある。

ギルドやツンフトなど、手工業の世界では資本と労働は結合している。このような生産形態に慣れていた人々にとって、資本と労働の分離は、支配と隷従を意味する、だから、倫理的に非難されるべき悪だと主張される。ケテラーもカトリック思想家も同じ認識に立ち、自由化だけでなく、資本と労働の分離も激しく非難し、手工業を称賛する。

この認識はどう評価されるべきか。今日のカトリック社会論の学者ラウシャーは次のように言う。「資本主義的な生産方法のもと……生産手段から分離された労働者は企業内で主体的地位をどのように確保するか、これが核心問題となった。キリスト教社会論では資本主義の生産方法〔資本と労働の分離〕は倫理的に中立である。しかし、資本主義の階級社会は非難される。というのは、そこでは労働者は搾取の対象として疎外されているからである。……だから、キリスト教社会倫理は、労働者の法的地位を保障する現代の労働法や社会法の実現に向け努力してきたし、早い時期から労働者の連帯責任、協力、共同決定を要求してきた」(25)。

このような結論にいたるまで、歴代のカトリック社会科学者は、資本主義に代わるべき、もっと善き経済体制はないか、百年以上も模索を続けた。最終的には挫折に終わるが、この試みも簡潔にここに記しておきたい。

その試みの中核概念が ständisch と organisch であった。

前者は一般に「身分制的」と翻訳される。確かに、その訳語は中世には当てはまる。しかし、十九世紀以降の用法に対しては不適切である。この訳語のために、カトリック社会思想は反動的だと誤解されてきた。では、この概念で何が表現されようとしたのであろうか。

一方で、自由競争の無秩序、他方で、国家の一元的で強権的な支配、言い換えれば、自由放任主義と集産主義（命令経済）、この両者を避けながら、人々を職業別の自発的な団体に結集させることで、何とか国家と経済の全体秩序を形成したい、その思いを言い表した言葉がこの ständisch であった。

二十世紀になっても、カトリック社会科学者たちはこの概念に拘泥した。一九二九年の大恐慌、その結果としての大量失業と社会の混乱、これらの諸悪の根源は市場経済と資本主義にある、その弊害は ständisch な体制によって解消できる、という思いはむしろ強まっていった。だから、一九三一年に公表された教皇ピウス十一世の社会回勅『社会秩序の再建』には、資本主義に代わるべき体制として「職能秩序論」が提出されている。

しかし、結果としてこの試みは成功しなかった。第二次世界大戦後に「社会的市場経済」（Soziale Marktwirtschaft）の概念が提出されると、前述した概念に託された思いは「社会的」という言葉で十分に表現される、市場経済と社会性の両立こそ重要だ、と考えられるにいたった。そうすれば、もう市場経済を拒否する理由はない。こうして、

第二次世界大戦後、ドイツのカトリック社会思想は最終的に市場経済を受け入れる。(26)

それに対し「有機体的」と翻訳される organisch は、ケテラーの愛用語でもある。(27) この概念は、第二章でも述べたように、可能な限り個人や下位共同体の自由を保障するという意味で今日も用いられている。

十九世紀以降のカトリック社会思想は、資本と労働の分離という問題と真剣に取り組んできた。この試行錯誤の努力は挫折したが、決して無駄なものではなかった。というのは、そのなかで貴重な認識を獲得したからである。

三　労働の商品化

「現代では、労働は完全に商品となってしまった。それゆえ、労働も商品に働く法則に支配される」とケテラーは嘆く。だが、労働の商品化とは何か。何がどうなることなのか。本当に労働の商品化は労働者を「破滅」させるか、それは倫理的な悪か。

またケテラーは「労働者が必要としているものも、労働者自身も、すべてが市場価格に左右される……これが私ども自由主義ヨーロッパの奴隷市場」だとまで言う。市場経済のもと、近代の工場労働者は、再び古代の奴隷と同じ状態に陥ったと言ってよいのか。この問題でも、ケテラー批判を試みたい。

一八七〇年代に、ドイツ歴史学派を代表する経済学者シュモラーは、ケテラーと同様に、労働契約を売買契約と見なし、労働の商品化は労働者を奴隷に貶めると主張した。シュモラーはアダム・スミスの自由主義経済学を弾劾し、労働の商品化を防止すべきだと考えた。

しかし、同世代の同じ歴史学派の経済学者ルーヨ・ブレンターノはシュモラーを批判し、一九三一年に出版した自伝で次のように反論する。(28)

古代では奴隷には何の権利も認められていない。だから、奴隷は自己の労働力を自由に売買できなかった。言い換えれば、自己の労働力を活用できなかった。しかし、近代の自由な市場経済のもと、労働者は自己の利益と損失を計算し、自己の労働力を自由に売買する。使用価値に見合った価格で労働力を販売し、その分の賃金を受け取る。ここでは、労働の価値も、自由も、法の前での平等も実現している。それを可能としたものは自由な市場経済である。それゆえ、労働の商品化は古代の奴隷制の復活を意味しない。

そこから、労働組合の評価の違いも出てくる。シュモラーは、労働組合を強く擁護する。労働組合こそ、労働の商品化を阻止し、労働の人間性を取り戻す方法だからである。自由主義の論理を緩和し、市場経済での自由競争を制限する役割、それが労働組合に期待された。

労働組合の擁護という点でブレンターノも引けを取らない。とはいえ、その理由は逆である。労働市場の自由こそ、労働者の自由を実現する方法である。しかし、労働市場で自由が実現していない場合もある。形式的な法的自由はあっても、実質的な自由がない場合がある。そのような場合には「自由のための前提」を作り出す必要がある。そこに労働組合の役割がある。従って、労働組合は、労働の商品化の阻止ではなく、逆に実質的に自由な労働契約の場の創出に努めなければならない。そこに労働力の自由な活用が実現する。従って、労働組合は自由主義の産物である。

ブレンターノは、次の点にも注意を促す。労働契約で販売されるものは「労働力」ではない。労働力は人間それ自体である。販売できるものは、労働力の「利用」である。だから、正確には労働者は自己の労働力を「貸す」とか「賃貸契約で提供する」とか表現すべきである。利用という意味で、アダム・スミスも労働契約を売買契約と見なし、労働を商品とした、とブレンターノは言う。

しかし、アダム・スミスにも間違いはあったとブレンターノは付け加える。第一に、労働をその販売者の人格から分離できると考え、労働者の主体性を尊重しなかったことである。労働する人間は、部分に分割できない一個の全体である、と見なされなければならない。第二に、労働者が陥っていた窮乏状態を無視したことである。

そのため、企業家は、労働者の弱みにつけ込み、市場価値に見合う賃金を支払わない、という悪辣で冷酷なことを実行した。その結果、労働市場に酷い弊害が生じた。

この二点の弊害を是正することも、労働組合の役割である。労働組合は労働の商品化と矛盾しない。労働の商品化の真の意味は、労働の価値に見合った正当な賃金を実現することにある。その前提は資本と労働の「力の均衡」である。その均衡を生み出すもの、それが労働組合である。このような形でアダム・スミスの思想を前進させていくことこそ後の世代の義務だ、とブレンターノは言う。

労働の商品化は労働者の自由を促進する、という発想はケテラーにはない。この点ではケテラーはやはり時代の子であり、その限界は指摘されるべきである。しかし、本章の第三節で引用した文章が示すように、ブレンターノが指摘するアダム・スミスの二つの弊害は正確に捉えている。第五章第四節で示すように、数年後、ケテラーもブレンターノの労働組合論を受け入れる。

四　資本蓄積と投資

賃金鉄則の主張にもかかわらず、長期的には労働者の所得は上昇していったこと、資本と労働の分離、労働の商品化が倫理的な悪だと断罪されたにもかかわらず、そこに人間の自由の進展を見ることができること、この点で、筆者はケテラーを批判した。同じことは、経済の中心概念、資本蓄積と投資にも当てはまる。

すでに一八四八年の時点でも、ケテラーは「資本の集中化」とか「勘定高い打算に基づく商取引の法則」とかいった言葉を用いて、自由主義経済を批判している。しかし、一八六四年の『労働者問題とキリスト教』でも、第五章で取り上げる一八六九年の文献でも、ケテラーの関心は、労働者の窮乏化の状況、その原因の探究、その対策の提唱、キリスト教の役割に集中しているため、経済界の不祥事などには言及していない。

ところが、一八七〇年にフランスとの戦争が起こり、この戦争で勝利を収めたドイツには大量の賠償金が流入し、ドイツ経済は投機熱に浮かれた。この景気過熱が一八七一―一八七三年の「会社創立熱狂の時代」である。[29]この泡沫（バブル）経済に対するケテラーの批判は、以下では触れる機会がないため、ここで紹介しておこう。

一八七三年に出版された『ドイツ帝国のカトリック教徒』の第十一命題「国債と租税」には、この時期の国家と経済界の行動、つまり軍事費の拡大、国債発行の増加、証券取引の投機化、そこに見られる不正、悪徳、詐欺などに対する激しい批判が見られる。例えば、次のような文章がある。

「証券賭博、〔泡沫〕会社の設立、こういった事業に携わる人々は、まず会社の株をできるだけ高く売り捌き、即座にこのあくどい取引からは手を引くこと、次に、一般株主には損失を、設立発起人には巨万の富を得させることしか眼中にない。比較的少数の大相場師たちは……利益を引き出す秘密の手口に通暁している。この取引の裏では、あらゆる種類の不正、欺瞞、悪徳、詐欺が隠されている。さる公明な経済学者〔プルードン〕はそれを単刀直入に『公然たる窃盗』と言ってのける。とはいえ、この世界の人々が犯罪人とされることはなく、逆に名士とされる[30]」。

同じことは、その後も、現代でも繰り返されている。経済は生き物である。人間には、どうしても制御できないものがある。とはいえ、人間の欲望を煽り立てる、この種の事態は、そもそも日々の労働と生活を破壊する危険がある。それゆえ、ケテラーのように、景気過熱、金儲け至上主義、我利我利亡者《がりがりもうじゃ》の風潮に警告を発することは、道理にかなった行為である。

しかし、だからといって、資本、投資、証券市場、利潤などの経済概念を放棄すべきだということにはならない。過去を美化するロマン主義者、例えば同時代のオーストリアのフォーゲルザングはこの種の誤りを犯した。ケテラーにも、これらの経済概念の正当性とその弊害を区別する言葉はない。

しかし、これらの概念がなければ、経済分析も企業経営も不可能となる。この点について、二十世紀のカトリック社会論の経営学者ネルブロイニングは次のように言う。「産業化が開始する以前には一般的であった『定常状態』のもと『身分相応の生活』をするのがよいとされた。それ以上の収益、いわゆる『余剰』は施し物として貧しい人々に差し出すべきであった。しかし、動態的に成長していく経済にこの規則は当てはまらない。もう『身分相応』の概念は適用できない。莫大な収益を使用する新しい道がある。贅沢のため、豪奢な生活のため、道楽のためではない。投資のため、つまり働く人々に必要な商品を造り、……より良い新規の雇用を創出するため、莫大な収益は使われる」[31]。

資本と収益は投資をとおして新規の雇用を生む。それによって貧困問題は解消し、人々の収入も増えていく。さらに経済が高度化し、様々な社会資本や都市資本が整備されていけば、そのような社会で個人が自己の能力を開花させる機会も増えていく。このような資本と投資の役割は、正当に評価されなければならない。しかし、ケテラーにはこの種の言葉は存在しない。

以上では、賃金鉄則、資本と労働の分離、労働の商品化、資本蓄積と投資など、経済自由主義にかかわる側面で筆者はケテラー批判を試みた。このような検討は必要であり、研究者にとって義務でもあるように思われる。

結びの言葉

一八六四年に出版された『労働者問題とキリスト教』はカトリック社会思想を大きく前進させた。最後に、この書物が果たした役割をまとめておこう。

第一に、社会問題を取り上げ、解決するには、経済の論理を理解すること、経済学を学ぶ必要があることがはっきり認識された。近代世界では、政治、経済、芸術、どの分野でも、それぞれに固有な論理が作用する。それを理解することなしに、近代世界の問題は解決できない[32]。

神学しか学んでいない聖職者であれば、このような書物は執筆できなかったにちがいない。当時の大学にまだ経済学部はなかったが、ケテラーは国家学と法学を学び、数年だけであったが、司法と行政で実務を経験し、職業人としての才能を発揮していた。この経歴なしに「労働者の司教」ケテラーは誕生しなかったであろう。

第二に、逆に言えば、社会問題は、カリタスとキリスト教への復帰だけで対処できないことがはっきり確認された。社会問題に宗教だけで対処しようとする人は、しばしば宗教的な統合主義、空想的なユートピア論、過激な革命論に陥る危険性がある。

とはいえ、宗教が無意味になったのではない。社会問題は宗教なしに解決できない、それを示すことも『労働者問題とキリスト教』を執筆した動機の一つであった。それは本章の第六節で詳細に議論された。

第三に、この時点では、労働者問題は、資本主義に代わる別の経済体制に移行することで解決できる、資本と労働の分離は生産共同組合を導入することで解消できる、とケテラーは期待していた。この捉え方は「社会改革」と言い表すことができる。

従って、ここでは国家が果たすべき積極的な役割はまだ想定されていない。それが次章の主題となる。

第五章　社会問題の第三段階（一八六九年）――国家の社会政策

はじめに

生産共同組合の普及で労働者問題は解決できる、というケテラーの期待は裏切られた。別の新しい方法が必要とされた。

新しい方法は国家干渉である。第三章第一節二で見たように、社会問題への国家干渉は第一段階の一八四八年ではきっぱり否定されていた。第二段階の一八六四年の『労働者問題とキリスト教』では、自由競争は国家法の制定で実現した、だから国家はそれを制限することもできる、といった文脈で一度だけ短く言及されている(1)。ここでも積極的な国家支援はまだ提唱されていない。しかし、国家支援も止むを得ないという事態がついにやってくる。

従って、社会問題に対する第三段階の対処は「国家の社会政策」である。本章ではこの段階のケテラーの思想と対策を明らかにしたい。

第一節　国家干渉の容認

一　コルピング職人組合での挨拶（一八六五年）

コルピングに指導されたカトリック職人組合が、十九世紀後半にドイツ各地に普及していったことはすでに序章第一節でも述べた。[2] マインツのコルピング職人組合も、一八六五年十一月十九日に創立十五周年を祝うまでに成長していた。この地の司教として記念式典に招かれ挨拶したケテラーは、労働者問題を解決するには、一方では、今までどおり、職人の団体への結集、職業人としての自律と相互支援、人生の基本としての宗教と倫理が重要であると指摘し、他方では、新しく国家支援が必要であることにも言及し、次のように語る。

「労働者問題は、宗教と倫理だけでは満足に解決できません。確実に、国家の援助、教会の協力、ゲマインデ〔市町村〕の支援、これらすべてが必要とされます。労働者の破滅を防ぐため、個人も、団体も、国家機関も救いの手を差し伸べなければなりません。人口数では、労働者は他の身分〔階級〕すべての合計数を上回っています。社会的な役割という面でも、労働者は他のどの身分にも劣りません。国家にとっても社会全体にとっても、現代のもっとも重要な課題は、労働者の破滅を防ぐことにあります。国家資金を投入し、大規模で重要な〔民間〕企業を支援し、促進することが国家の義務だと言うのであれば、労働者保護にかかわる事柄も、確実に国家の義務となります[3]」

二　一八六九年の「偉大な突破口」

国家干渉は容認された。とすれば、労働者問題を解決するため、国家は何をすべきか、何ができるのか、国家干渉には限界と危険はあるのか、従って、何をしてはならないのか、ケテラーはこれらの問題とただちに取り組む。その成果は四年後に、一つは一八六九年七月二十五日の講演「宗教と倫理との関連から見た労働者運動とその目標」として、もう一つは一八六九年九月五日のドイツ司教会議への報告書「工場労働者、職人と徒弟、失業中の女性家事使用人のための教会の支援活動」として公表された。

ここでケテラーが踏み出した一歩は「偉大な突破口」だ、とカトリック社会論の学者ロースは評価する。(4) 以上の二文献は本章の第二―四節の主題である。

その四年後の一八七三年に、ケテラーは中央党の政治綱領草案として『ドイツ帝国のカトリック教徒』を出版し、第十二命題で「労働者問題」を再論する。ここでも、ドイツ産業化の高度局面（第三章第六節を参照せよ）に対応した新しい観点が見られる。この文献は第五節で取り上げる。

最後の第六節は、以上に対する筆者の論評である。

ケテラーには社会問題に関する二つの司牧教書、一八七六年の「キリスト教労働について」と一八七七年の「宗教と国民福祉の関連について」もある。(5) 司牧教書とは、司教区内の信徒に宛てた司教の公的な手紙である。そこではキリスト教が労働と福祉とどれほど大きくかかわっているか、平明な言葉で語られている。その内容は第四・五章で言い尽くされているため、本書では取り上げない。

第二節　キリスト教労働者運動のマグナカルタ（一八六九年七月）

司教は自己の管轄内を定期的に視察する。ケテラーは、一八六九年七月にオッフェンバッハ近郊のゼーリゲンシュタット地区を視察し、最終日の七月二十五日に、つまり自らの司教叙階日に、巡礼地リープフラウエンハイデで祈りの集いを催した。この祈りには、この地方に多いタバコ製造業の労働者が招待された。約一万人の労働者が集う会場で、ケテラーは数年のあいだ考え抜き、心魂を傾けて丹念に仕上げた原稿を読み上げ、労働者問題に関し新しい立場を表明した(6)。

この講演では、労働者運動は何を目指すのか、労働者はどのような要求を提出しなければならないのか、その要求事項は宗教とどうかかわるのか、成立したばかりの社会主義の運動に加わってよいのか、どのような危険に注意しなければならないのか、といった問題が取り上げられていく。

ドイツの労働者運動は一八六〇年代に始まったばかりであった。どのように行動することが正しいのか、確信をもって言える人はまだいなかった。とはいえ、ケテラーの基本姿勢ははっきりしている。講演の初めの方で「できる限り直截簡明に、しかも腹蔵なく率直に私の考えを述べたい。凛然とした率直さこそ、真理を求める姿勢であり、真理を守る者として皆さまと私の関係にふさわしい、正しい姿勢であります」とケテラーは言う。この精神的な姿勢はどこでも貫かれている。

ケテラーの語り口は具体的で、しかも実践的である。だからこそ、この演説はカトリック労働者運動の基本綱領にも取り入れられ、後には「キリスト教労働者運動のマグナカルタ」と愛称される。以下ではこの愛称を用いる。

一　労働者運動の基本綱領

労働者運動の基本綱領は「労働者を組織し、一致団結して労働者の利益を実現させること」を目的とする。なぜ、それが必要か。それは時代の要請である。では、どのような時代の要請か。

「フランス革命以降、国民経済の論理」つまり「国民経済の全領域における無条件の自由」が広まり「労働者は絶望的な状況……まったく孤立無援の状態に陥った。もう自分しか頼るものはない。……ばらばらな個人に解体された労働者はまったく無力となった。他方で、資本は適正な規模に再配分されることもなく、逆に途轍もない巨大な額へと膨らみ、一部の人々に集中している。……人と人との絆は断ち切られ、金と金の関係がそれに代わりつつある。この状態がとめどなく広まっていけば、労働者はどこでも恐るべき悲惨な境遇に陥る。こうして四十年ほど前、イギリスの労働者の大部分は倫理的な堕落と物的な貧困のどん底に落ち込んだ」。

とはいえ、人々はこのような状況に腕を拱《こまね》いていたわけではない。「このような堕落と貧困を最初に経験したイギリスでは、労働者の孤立に歯止めをかけ、金銭による人間労働の破壊を食い止める、そのための労働者の団結と組織化に向けた力強い運動が台頭してきた。イギリスに始まったこの運動は……ドイツにも波及している。従って、一致協力して労働者の利益と権利を実現し、労働者を組織しようとする基本綱領は正しいだけでなく、有益でもある」。

しかし、この運動が、資本家と同じような我欲に囚われた人々に指導されると、同じ過ちに陥る。だからこそ「現代の労働者運動における正しいもの、善いものは、宗教と倫理と密接に繋がらない限り、達成できない」とケテラーは言う。宗教とのかかわりは、どこでも強調される。

二　労働者運動の六点の要求事項

では、労働者運動の目標を達成するため、どのような要求が提出されるのか。要求事項は以下の六点である。何を求めるのか、具体的に定式化し、続いて、このような要求がなぜ必要か、その理由を丁寧に説明していく。これはケテラー流の議論の仕方である。

(一) 賃上げ

第一の要求事項は「真の労働価値に見合った労賃の向上」である。「人間労働が商品とされないように、需給状況だけで査定されないように」宗教もこの要求を支持する。

この要求はただちに労働組合の議論に結びつく。「労働は商品とされるだけでなく、肉体を持つ人間さえ機械と見なされる。機械をできるだけ安く購入し、昼夜をおかず壊れるまで使い果たす、それと同じ扱いが労働力としての人間にも適用される。イギリスの労働者はすでに悲惨な状況にある。そのため、イギリスでは労働組合が設立され、またたく間に非常な勢いで拡大した」。

しかし、賃上げの実現に向け、労働組合はストライキ権を行使してよいか、ストライキは労働者に有利な結果をもたらすか。この問題に関して、当時では否定的な見解が多かった。例えば、社会民主党の指導者でマルクス主義者のヴィルヘルム・リープクネヒトは、労働組合は革命的な政治活動を妨害する、労働組合は政党に従属すべきだという観点から、労働組合の主体的な行動も、ストライキ権も拒否している。逆に、自由主義経済学者のジョン・スチュアート・ミルは、賃金基金説に基づき、ストライキを行っても、労働者の実質賃金を上昇させ続けることはできないと考え、ストライキの有効性を認めていない。

だから、当時では一般に「ストライキのため工場は操業を停止せざるをえなくなる、そこで働いている労働者は賃金を失う、この二つの理由から、ストライキは労働者に利益よりも、むしろ損失を与える」と主張されていた。

それに対し、イギリスの経済学者ソーントンはストライキの実態を調査し、どこでも労働者の賃金が上昇していることを証明した。ケテラーは、この研究成果を即座に取り上げ、数字を挙げて「ストライキでの敗北は見かけのものにすぎない」「ストライキによって労賃は大幅に上昇している」と主張し、ストライキを全面的に擁護した。

しかし、この正しい要求事項は、次の三点に注意しない限り、労働者を破滅させることになるとケテラーは言う。

第一に、賃上げには限界があり「正当な限度を超えた要求」は逆に労働者に不利に作用する。賃上げの「限界は……会社の収益力にある。……従って、無限の上昇が可能だなどという途轍もない約束を信じたりすれば、恐るべき身の破滅」を招く。経済の論理はしっかり認識されている。

第二に、節度と倹約の倫理がなければ、賃上げの効果は台無しになる。「工場労働ほど極度な緊張を要する、中断も休憩もない労働は、恐らく、この世に今まで存在しなかったであろう」。だから、居酒屋で「欲求不満の捌け口を不摂生や放埓に求める」誘惑に陥りやすい。しかし、増えた賃金を飲酒や享楽などに注ぎ込んでしまえば、事態はさらに悪化する。従って「賃上げを本当に自分たちの利益とするには……真のキリスト教徒でなければならない」。

第三に、労働組合とストライキを「政治運動など、他の目的の手段に悪用しないこと」である。労働者運動の基本方針は、雇い主と労働者の「階級闘争」ではなく「労使協調」でなければならない。

（二）労働時間の短縮

第二の要求事項は、労働時間の短縮である。

「労働時間について……どれほど不満があるのか、私には分からない。……人間生活の倫理的で宗教的な側面、人間の真の尊厳、これらを完全に無視する現代経済学の論理、この論理に資本が奉仕すると、賃金は最低生活水準ぎりぎりまで低下していくというだけでなく、労働時間は最大限まで増えていく。機械と同じように、日夜働き続けるなどということは、人間には実行できない。……従って、労働時間が人間本性と健康の限度を超えているところ……一致団結して戦う正当な権利が労働者にある」

しかし、労働時間の短縮が、悪徳に繋がることもありうる。「悪い仲間と一緒に夜の街をうろつき、居酒屋にずっと居座り続ける、そのためにしか自由時間を用いないとすれば、このような自由時間は自分の健康にも、生活の安定にも役立たない。瞬く間に心身を損ない、賃金を浪費するにいたる」。自由になった時間は、家族のため、自分の健康のため、家庭菜園のために使われるべきである。それには、やはり宗教と倫理が不可欠である。

前記二点の要求事項に関し、今日の経済史研究は次のことを示す。

労働者の実質賃金が上昇し始めるのは、一八八〇年代以降である（第三章第六節を参照せよ）。ドイツ経済は一八五〇年代に産業化の軌道に乗っていた。ということは、一八七三年までの産業化の初期局面では、経済成長がまだ労働者の利益となっていなかったことを意味する。

一日の平均労働時間は一八〇〇―一八三五年の時期では、昼間中心の労働では十三時間、夜間労働では十一時間、夜間を含まない場合には十六―十八時間であった。一八五〇―一八七三年の時期では、一週の平均労働時間は九十時間強で、一日の平均労働時間は、日曜が労働休日とされていなかったため、十三時間弱となる。(7) 当時の労働者がどれほどの長時間労働に耐えなければならなかったか、これらの数字が示す。

(三) 安息日の休日化

第三の要求事項は、安息日の休日化である。

「キリスト教はこの要求を支持するだけでなく、ずっと昔から宗教の掟としてきた」。安息日はモーセの十戒に遡る。

しかし「この点でも、現代の国民経済学の諸原則とそれを主張する政党は、人類に対しまことに許すべからざる大罪を犯してきたし、今日という日までずっと犯し続けている。大工場主が、労働者に日曜労働を強制しているだけでなく、全業種の手工業者、大農場経営者、その他の業種の雇い主もこの犯罪に加担し、雇い人から日曜日の安息を奪い取ろうとしている。金持ちに卑屈に追従する役人も、同じことをやっている。……労働者のための保護立法を制定するといった勇気さえ持ち合わせていない」。

その上、日曜労働を正当化する論調さえあらわれている。自由主義者は「こつこつと念入りに日曜日と祭日を数え上げ、それらを労働日にすれば、どれほどの賃金となるか、勘定高く計算し、甘ったるい顔で休日労働の利益を国民に訴え、自分たちは測り知れない価値ある偉大な慈善をやろうとしている、それに対し、この利益を国民から奪い取ろうとする頑固な教会は残酷極まる、などと嘯《うそぶ》いている」。

このような議論に対し、ケテラーは皮肉たっぷりに反論する。この「拝金主義者の言い分が正しいとすれば、労働者に睡眠時間を与えることとさえ非人間的になる。夜間労働をやれば、どれほど賃金を稼げるか、と甘ったるい顔で皆さまに近づく人がいないとも限らない」。

なぜ、日曜日の安息が必要か。「一日二十四時間のうち、人間には何時間かの休息が必要なように、七日間のうちでも一日の安息は必要である。この日に人間は神の子だと自覚する、そのために人間の魂は安息日を求めるというだけではない。人間の肉体も健康と体力を維持するため安息日を求める。……とすれば、休息時間も労働時間に含まれなければならない」。安息日は単なる休息日ではない。この日に人間は神に目を向ける。ケテラーの議論の中核には常に宗教がある。

しかし、この要求事項を自ら破ろうとする労働者もいる。「強制されるからではなく、稼ぎの機会があれば日曜日にも働こうとする、そのような利己的な労働者は残念ながらいつも少なからず存在する。このような労働者は神とその掟に対してだけでなく、全労働者に対しても重大な罪を犯している。卑劣な利己心から他の労働者の安息日を奪い取る、そのような犯罪に手を貸している」。このような現実はどの時代のどの地域でも見られる。それをケテラーは犯罪と呼ぶ。

労働者は辛く厳しい労働の憂さ晴らしを酒に求め、酒場に入り浸る。酒に溺れ、月曜日の朝になっても、酔いはさめない。そのため、仕事に出かけられない。このような労働者の生活実態は、当時「青の月曜日」という言葉で言い表された。この問題の根源も安息日の過ごし方にある、とケテラーは考える。

（四）児童労働の禁止

第四の要求事項は、義務教育期にある児童の工場労働の禁止である。

「この要求事項に関しては、残念ではあるが、全労働者は一致団結しているとは言えない」。というのは「追加的な収入を得るため、遺憾ながら自分の子供を工場へ働きに行かせる労働者がいる」ためである。このケテラー講演の直前に、タバコ労働者同盟の指導者、社会民主党議員フリッツェは、北ドイツ連邦議会の演壇に立ち、子供の頃から工場で働いていた自分の苦い経験を感動的に語った。そうして、工場労働のため児童の素行は極度に悪化している、だから、法律を制定して学童の工場労働を全面的に禁止すべきだ、と訴えた。

確かに、農業社会では、児童労働も次に述べる女性労働も一般的であった。しかし、児童に課された労働は、農業や家内工業などでの補助労働であり、そこにはつねに家父長の保護と監視があった。しかし、産業化と共に状況は大きく変わる。雇い主は、もう児童に対し家父長制的な保護の義務を負わない。ここで児童はいわば孤立無援の状態に陥る。

従って、同じ児童労働とはいえ、農業社会と産業化時代の児童労働は決して混同されてはならない。実際、児童が工場労働のため、身体を損ない、道徳的に堕落するといった事態は、初期産業化時代の悲劇の一つである。

ケテラーはフリッツェに全面的に同意し「確かに、児童の工場労働は制限された。しかし、まだ禁止されていない」ことを「実に残念に思い、高潔な倫理に対する物質主義の勝利だと考える。……なぜ、労働者に好意的な人々さえ児童の工場労働をある程度は認めてよいと考えるのか、私には理解できない」と嘆く。

この嘆きには歴史的な背景がある。一八六〇年代の工場労働は、まだそれほど熟練を必要とせず、経費節約の観点から、賃金の高い成人労働よりも、賃金の低い児童労働を求めた。この児童労働への需要は、貧しい労働者家族が追加的な収入を得るための絶好の機会を提供した。だから、児童労働は歓迎された。ところが、児童労働が禁止されれば、労働者家族は追加的な収入源を失う。それは労働者にとって有り難迷惑な話である。

これは、善意の保護が貧しい人々には災いとなるという逆説である。それを断ち切るには、二つの条件が必要である。第一に、父親が、家族全員を扶養するに十分な賃金を受け取ることである。その前提は、経済成長による収入の増加と雇用の安定である。第二に、子供の教育に関する両親の価値観の変化である。児童の工場労働ほど子供の成長に有害なものはない、子供の潜在能力を開花させるには、子供を初等学校に通わせ、義務教育を受けさせなければならない、といった方向へ両親の価値観が変わっていく必要がある。

この二条件が整わない限り、たとえ法律が作られたとしても、それは守られない。しかし、当時、そのような条件はまだ存在しなかった。児童労働の存在は、経済が低開発の状態にあることを意味する。

（五）女性の工場労働の禁止

第五の要求事項は、女性と母親の工場労働の禁止である。

なぜ、これは禁止されるのか。現代では女性の社会進出が奨励されている。それと比べ時代遅れの要求事項だ、と反論したい人がいるかもしれない。しかし、ケテラーは、女性が農業、手工業、自営業、看護・医療、教職、事務職などで働くことを奨励する。問題は「工場労働」である。では、なぜ、ケテラーはそれを禁止するのか。禁止する理由の本質は、家庭崩壊の危機、特に乳幼児の養育問題にあった。フランスの首相ジュール・シモンの文章「私どもの経済組織には恐るべき欠陥がある。そのため、労働者は困窮している。破滅したくない、というのであれば、是が非でも除去されなければならない危険がある。その危険は家庭の崩壊である」をケテラーは引用し、ドイツも似たような状況にあると見なす。

シモンによれば、女性は工場労働のために、夫や子供との接触を失う。母は生まれたばかりの子供に乳を与えることもない。その結果は高い乳児死亡率である。父母は仕事で疲れ、子供のための食事も準備されない。父は粗末な家に帰りたがらず、収入を飲み屋につぎこみ、健康を害する。

従って、ケテラーはこう言う。「労働者問題は何よりも倫理問題であり、家庭と密接に関連している。……教会と密接に繋がり……親密な家庭の絆がある限り、労働者は、危険な飲酒癖や不品行で身を持ち崩すといった危険を避けることができる」。

家庭は人間にとって、もっとも重要な最小の共同体である。ケテラーが家庭をどれほど重視しているか、すでに第二章第一節二と第四章第六節三で確認した。従って、家庭の崩壊は、いかなる事態にあっても避けなければならない。

しかし、母親が働きに出ない限り、家計は維持できない。働きに出れば、家庭崩壊の危機が待ち構えている。家計の破滅か、家庭の崩壊か、この板挟みから逃れるためには、児童労働の場合と同様に、父親は家族全員を扶養できるだけの賃金を稼がなければならない。後に、カトリック社会論は「家族賃金」の理念を提示する。しかし、当時では、父親の賃金にさえ安定や上昇の兆しはなかった。

この問題をケテラーは再び一八七三年にも取り上げるが、第五節二で後述するように、そこでもはっきりした解決策は提示されていない。

近代の産業社会では、女性労働が、家族（家・家庭）との関連でどのような困難な状況に置かれるか、という問題にも触れておこう。

十八世紀までの農業社会では、家は一般的に生産の場でもあり、職場と住居は一致していた。この状況は「職住一致」と表現できる。農村の農家でも、都市の手工業者の家族でも、妻も児童も不可欠な労働力であった。この家族労働の場は同時に児童の養育の場でもあった。労働と養育は分離されず一体化されていた。従って、そこでは労働と養育をいかに両立すべきか、という問題は生じない。

しかし、産業社会では雇用労働が中心となり、職場（企業）と住居（家計）は分離する。その結果、貧しいためか、収入を増やすためか、社会的に活動するためか、動機にかかわりなく、仕事と子供の養育の両立は困難となる。その原因は「職住分離」という産業社会に固有な社会構造にある。後の時代に託児所や幼稚園などが普及し、この問題への対処が始まるとしても、職住分離のもとでは完全な解決は存在しない。(8)

（六）少女の工場労働の禁止

第六の要求事項は、少女の工場労働の禁止である。

なぜ、少女の工場労働が禁止されるのか、その理由は二つある。第一に「少女の生計費はあまりかからないため、少女は一般に男性よりも低い賃金で雇われる」という事情から、成人男性の雇用を奪うという点にある。第二に「少女本人と将来の家庭に倫理的な悪影響を及ぼす」という点にある。この経済と道徳にかかわる問題は、すでに児童・女性労働に関し説明した。

それゆえ、労働者の集会で「私ども労働者は、幸福な善き家庭を求める。……幸福な善き家庭を築くため、道徳的に立派な女性や母を必要とする、という声が上がっていること」をケテラーは喜ぶ。

もう一点、当時の少女の工場労働には恐るべき弊害があった。それは工場で働く少女への性的暴力である。このような破廉恥な不祥事は、ケテラーにとって放っておけない由々しい事態であった。父親が工場主に抗議すれば、娘は職を失う。泣き寝入りすれば道徳を失う。雇い主と労働者の間にはそのような力の差があり、当時では法的な保護は存在しなかった。

とはいえ、この問題ではケテラーは断乎たる態度を取る。抗議しようとしない父親や兄弟に対し「これは全労働者の問題である。労働者にとって神聖な誇りの問題である。究極的には、宗教上の義務である。皆さまの娘の誇りは、皆さま自身、父、兄弟の誇りでもある。……自分の娘が辱められているというのに、見て見ぬふりをする父親には天罰が下るにちがいない」という厳しい言葉を投げかける。

それゆえ、ケテラーは具体的な防止策も提唱する。例えば「特に少女用に分離された仕事場の設置」「少女を手厚く警護すること」「家族のない若い娘のための施設の建設」「特別の食堂」「少女の指導を男性の職工長から分別ある女性に替えること」などである。

当時の労働環境は、現代とは大きく異なる。現代の職場では労働者は様々な法律で保護されている。しかし、当時では、そのような保護は善意の雇い主にしか期待できなかった。それゆえ、ケテラーは、児童・女性・少女の労働に関し、禁止する以外に抜本的な対策はないと考えた。

労働条件は、後の時代に改善されていく。とはいえ、これは、経済が成長すれば自動的に解決される、といった類の問題ではない。それには、解決に向けた人間の強い意志、それを支える倫理と宗教が必要である。

以上の六点の要求事項に続いて、貯蓄銀行、消費協同組合、その他の協同組合が列挙され奨励されるが、詳しい説明はない。生産共同組合はここでは「共同企業」と言い換えられ「労働者を所有参加させる場合もあり、営業利潤の一定部分を労働者に分配させる場合もある」と解説されている。

三　宗教との関連

以上の説明から、六点の要求事項がいかに宗教とも深くかかわっているか、明らかとなったであろう。最後に四点の注意事項が挙げられる。

第一に、宗教を蔑視するような労働者運動に注意しなければならない。資本家だけが利己心に陥りやすいのではない。労働者も利己的となり、正しい要求の限度を超えることがある。そうならないためにも、また倫理において資本家を超えるためにも、労働者は何よりも宗教を必要とする。

第二に、自ら「不道徳で邪悪な思い」に耽ること、つまり道徳的な堕落に注意しなければならない。都市に工場が立地し、周囲の農村から多くの若者が移住してくる。そのような人口集合地帯には「破廉恥な思いに誘う無数の誘惑」がある。誘惑に負けた労働者は「健康を損ない、身を持ち崩し、堕落のどん底に落ち込む」。従って労働者はキリスト教倫理を忘れてはならない。

第三の注意事項は早婚である。なぜ、早婚に注意すべきか。これは当時の特殊な歴史的状況を示す。十九世紀初めのシュタイン・ハルデンベルクの改革によって、営業の自由、移住の自由、職業選択の自由など多くの自由が実現した。そのなかには、結婚の自由もある。中世の農業社会では「ヨーロッパ流結婚制度」のもと「経済基盤」を持ち「自律」できる者だけに結婚は許されていた。結婚とは「世帯の独立」を意味していたからである。そのため、他の文明と比較すれば、十八世紀までのヨーロッパでは、一般に結婚率は低く、結婚年齢は高かった。しかし、自由化のもと、この結婚制限は撤廃された(9)。

十九世紀のあいだ、労働者は低賃金、長い労働時間、過酷な労働規律、劣悪な労働環境に苦しんだ。辛く苦しい労働から逃れたい、そのような思いにあった労働者にとって、もっとも手っ取り早い憂さ晴らしは結婚であった。こうして結婚年齢は急速に低下していく。しかし、早婚には危険がある。なぜなら、「二十や二十一といった年齢で最初に出会った最良の人だと思い込んだ」人と結婚し、子供が生まれると、あらたに職業教育に挑戦する機会も、貯蓄の習慣を身につける機会も失ってしまうからである。そうすれば、向上心も徐々に萎えていく。結果として、労働者の窮乏化に歯止めがかからない。これも初期産業化時代の悲劇の一つである。

最後の第四に注意すべき事項は「不摂生と飲酒癖、労働者の賃金を飲み込む居酒屋」である。「居酒屋へ頻繁に出入りし、そこで、友人や喜びを求め、辛い仕事の憂さ晴らしを得ようとする、これこそ……最大の危険の一つである」。どんな高給を得ている人も、飲酒癖に陥れば、生活を破滅させていく。従って、ここでもキリスト教倫理が必要である。この「青い月曜日」の危険は、第一の要求事項のところで詳細に述べられている。

この講演の結びの言葉として、ケテラーは「労働者の要求が正しい限り、宗教と倫理は、いかなる場合でも労働者の要求を真に支援する」と述べ、さらに「皆さまの宗教の根本原則を損なわない限り、皆さまは、カトリック教徒として労働者の地位向上のための運動に全面参加してよい、この点には何の疑いもない」と断言する。これは力強い励ましの言葉である。

産業化と都市化も、それに随伴した労働者問題も、人々にとってまったく未知の出来事であった。カトリック労働者は、既存の自由主義や社会主義の運動に加わってよいか、大きな迷いのなかにあった。加わらないとすれば、どう運動を始めればよいのか、まだ何も分からなかった。このような状態にあった労働者のため、ケテラーは進むべき道を示し、勇気、確信、希望を与えた。だからこそ、この講演は後に「キリスト教労働者運動のマグナカルタ」と愛称される。

第三節　ドイツ司教会議への報告（一八六九年九月）

一八四八年の革命のなか始まったドイツ司教会議については、すでに第一章第六節八で述べた。一八六九年の司教会議に、ケテラーは社会問題に関する重要な報告を提出する。

この年の司教会議は九月一日に始まった。会議の審議事項はすでに一八六七年に決められ、ケテラーには第八議題として「工場労働者」「職人と徒弟」「失業中の女性家事使用人」に関する三つの報告が委託されていた。印刷された形で事前に提出された三つの報告は九月五日に審議され活発に議論された後、全会一致で承認された。聖職者の会議が、社会問題に関する公的な報告を纏め上げ、発表するといったことは歴史的に初めてのことであり、画期的なことでもあった。

この報告は内容的には「キリスト教労働者運動のマグナカルタ」の講演と多くの点で重なる。一万人の労働者を前にした講演は、噛んで含めるように平易に語られている。それに対し、ドイツ司教会議に提出された報告は問題を端的に提起し、明快な命題を積み重ね、論理的で冷静な説明を加え、具体的で実践的な対策を提唱している。両者とも労働者への愛情に溢れている。

ここでは第八議題のうち「工場労働者」に関する報告のみを取り上げる。[10]最初に四つの問題が提起される。

第一　社会問題はドイツにも存在するか。
第二　社会問題を解決するため、教会は支援できるか、支援すべきか。
第三　社会問題を解決するため、どのような対策があるか。
第四　その対策を実施するため、教会には何ができるか。

一　社会問題はドイツにも存在するか

この問に答えて、ケテラーは次のように言う。ケテラー的な発想、論理、感受性、正義感、実践的な行動力が鮮明に出ている文章であるため、長くなるが引用しよう。

「社会問題の本質は次の点にある。かつて自立の手工業者の営業は、様々な規制によって保護されていた。しかし、規制は撤廃された。その後に、営業の自由、移住と定住の自由、自由貿易が実施された。高利禁止法も廃止された。その結果、機械の発明、分業の進展、交通と通信の迅速化、これらと結びついた資本は、途方もない巨大な力を持つにいたった。こうして以下のような事態が生まれる。

A　手工業者だけでなく、小企業家、小商店主、小農など、いわゆる庶民には労働力としての肉体しかない。集中度を高めている資本との長期的な競争など可能なはずがない。彼らは自立の地位を失い、単なる出来高払いの工場賃金労働者、小作人や日雇い労働者となり、雇い主に雇われる被用者の地位に陥る。その結果、国家と教会の支柱である中間層は次第に消滅していく。それに代わって登場してきたもの、それは、近代に特有な大衆、喜びも満足もない、生きることに疲れた無産プロレタリアである。

B　労使関係を規定するものは、もはや人間の尊厳を求める倫理の掟ではない。またキリスト教隣人愛に基づく思いやりの心でもない。そこには、勘定高い打算に基づく商取引の法則しかない。できる限り生産費を切り詰め、他の生産者との競争に勝つ、このことしか眼中にない。

C　この倒錯した労使関係から、労働者の生計、健康、道徳に以下のような一連の弊害が生まれる。

C－a　労働者の賃金水準は、労働者の仕事への貢献度でもなく、労働者に必要な生活物資の量でもなく、「経済鉄則」〔賃金鉄則〕によって決められる。労働需給の支配下、その鉄則に従って、労働者の平均賃金はたえず最低生活費まで低下していく。

Ｃ－ｂ　労働者には辛い最低限の生活さえ保障されない。不況、病気、老齢の際には、無収入の労働者は見捨てられる。

Ｃ－ｃ　自立の手工業者とは異なり、労働者には悲惨な状況から脱却できる望みはない。

Ｃ－ｄ　労働者という地位にある限り、労働者は、精神的にも道徳的にも自己向上の気概など持てるはずがない。労働には苦しみが伴う。しかも、労働者は自分のためでなく、資本家の利益のために働く。現代の工業界は物質主義に支配されている。そこでは、労働者は商品としか、生きた機械としか見なされない。そうすると労働者も自分を機械でしかないように感じ始める。長い労働時間、精神に変調をきたすほど単調で、きつい仕事、こうして労働者は無気力となる。この事態が改善される見込みはない。将来は不安で一杯、しかも孤立無援、こうして労働者は人間としての勇気も誇りも失う。労働者の心は不平不満でふくれあがり、自暴自棄となる。労働者の汗の結晶というべきこの世の財貨、それを溢れるほど所有し、享受している上流階層、この人々に対する憎悪と憤怒が労働者の心のなかで燃え上がる。

Ｃ－ｅ　その結果、衣食住の基本的な生活状況も悪化の一途をたどる。労働者は度外れの飲酒におぼれ、健康を損なう。男女の規律は乱れ、家庭は崩壊する。女性は身を持ち崩し、子育てに目もくれない。

Ｃ－ｆ　教会が従来の形の司牧を続けている限り、そのような労働者の大部分は、キリスト教の恵みに鈍感となり、受けつけなくなる。多くのカトリック地域では、労働者はまだそれほどひどい状態に陥っていない。しかし、一部ではその兆しはある。その他の地域、特に多くの大都市では、それはもう既定の事実である。まず何よりも、自暴自棄となった大衆を人間的にする施設を設立しなければならない。その後で初めてこの人々のキリスト教化を考えるべきである。

ある国で近代工業が発展する。そうすると前述した弊害はますますひどくなっていく。労働者は途方にくれ、孤立無援となる。そのような状況は人間の尊厳に反する。自分だけでなく、妻や子供も永遠に破滅する。事態はどれほど深刻か。工業進歩という面では楽園のイギリス、そこでは年々、国富が凄まじい勢いで増えている。それにつれて、教会の死亡簿には、貧者の餓死などといった、いまだキリスト教世界には見られなかった記載が増え続けている」

非常に論理的で明快、しかも情理を尽くした文章である。解説などまったく必要ないであろう。ドイツには社会問題が現に存在すること、それから目を逸らすことは許されないこと、それがまず確認される。ここには、ケテラーが実際に目で見て、確認した現実が描かれている。

しかし、ケテラーの引用文の根底には賃金鉄則などの理論が控えている。確かに、その理論で当時の現実は見事に説明されるように思われた。しかし、ケテラー死後になるが、労働者の生活水準は向上していった。なぜそうなったのか、という問題はすでに第四章第七節で検討した。

二 社会問題を解決するため、教会は支援できるか、支援すべきか

社会問題の解決のため、教会は支援すべきか、という問には、もちろん肯定の答が出される。「この問には、即座に、しかも単純明快に答えることができる。教会が支援できないとすれば、社会問題の平和な解決は疑わしくなる」とケテラーは断言する。続いて「倫理感の麻痺と欠如、これこそ社会問題の原因である。だからこそ、キリスト教は支援の手を差し伸べなければならない。というのは、人間の魂の奥底まで入りこみ、人間の魂を救い、国民大衆を心の底から悔い改めさせる、このことを実現できる、この世の唯一の力、それがキリスト教だからである」と言う。

しかし、社会問題に取り組むことは教会の真の任務ではない、と反論する人がいる。それに対し、ケテラーは次のように答える。「もちろん、教会が真っ先に取り上げるべき事柄は資本や産業ではない。キリスト教会の真の任務は、キリスト教信仰の真理を宣べ伝え、キリスト教道徳と真の隣人愛を育てる、そうして人間の魂を永遠

に救うことにある。とはいえ、教会が社会問題を無視し、従来の司牧で事足りるというのであれば、何百万人の労働者に対し、キリストから教会に委任された職務を果たしている、と言うことはできない」。

社会問題を無視すれば、なぜ、教会に固有な任務も果たしていないことになるのか。第二節は信徒に向けた答であった。ここでは、ケテラーは司教たちに向けて七点の理由を挙げる。

第一の理由は、カトリック教会の伝統である。教会は「過去の公会議で何度も資本の悪用を指摘し、暴利と高利を非難してきたではないか。とすれば、現代の教会はなぜ類似の問題を取り上げてはならないのか」。この伝統が生きているところ、教会は現代が提起する問題と取り組む義務を負う。

第二の理由は「キリスト教隣人愛の教え」が経済学の原則「万人に対する万人の闘争」とは両立しないという点にある。「近代工業がある水準以上に発展する、そうすると、若干の国々では、工場労働者は必然的にキリスト教の恵みから離れていく、健康も損なう、精神も病む、そうして道徳に反する行動に走っていく。このような事態は、人間の尊厳とも、もちろんキリスト教徒の尊厳とも両立しない。……キリスト教隣人愛を個人の行動規範だけでなく、社会の構成原理ともせよ、と命じた神の掟とはまったく両立しない。このような事態を教会は糾弾しなければならない」。

それゆえ、同時代の経済学者ロッシャーの言葉「どのような自由でも、経済の自由でも、外的な規制の撤廃は厳密な自己規制があるところでしか実施できないし、全体の利益ともならない」を引用し、ケテラーは「自由競争はある程度、制限されなければならない」と主張する。

もちろん、ケテラーは自由を否定するのではない。逆である。自由こそ人間を人間的にすると考える。では、自由と規制はどう関連するのか、という問題はすでに第四章第三節四で解明した。

第三の理由は「物質主義との対決」である。「物質主義は労働者を人間ではなく、労働力〔商品〕や機械や物質としか見ない。……この点、ラサールによれば〔古代の〕主人と奴隷の関係の方がましであった。そこには、ともかく人間的なものがあったし、奴隷は道徳的な存在だと見なされ、そのような存在として扱われた」。

商品化とは何か、労働の商品化は人間を奴隷化するか、という問題はすでに第四章第七節三で検討した。そこではブレンターノ説に従って、条件さえ整えば、労働の商品化は人間の自由を高めるという結論を下した。

第四の理由は、人間の生活環境にかかわる。「人間の魂の救いというキリストから委託された使命を大多数の労働者に対しても果たしたい、そうして『罪を最も犯しやすい環境』、言い換えれば労働者がすでに陥っているか、陥る危険にあり、そこに陥ってしまえば、キリスト教徒としての道徳的な義務も実行できない、そのような環境から労働者をぜひとも救い出したい、と言うのであれば、教会の支援は徹底した形で実行されなければならない」。

どのような環境で暮らすか、という人間を取り巻く環境の問題は人間倫理にとっても重要である。労働者は罪を犯さざるをえない状況にある、というにもかかわらず、そこから労働者を救い出す方策を探ろうともせず、逆に、労働者に向かってキリスト教徒としての道徳を果たせと要求する、そのような教会は人々の信頼を失うにちがいない。

第五の理由は、支援のための実践である。「極度の困窮状態にあり、そこから自力で抜け出すことができない労働者にとって、教会の慈善活動〔カリタス〕は必要不可欠である。そのような場合には、支援は厳格な義務でもある。教会の敵でさえ、慈善活動は教会しかできないと認めている。それほど教会の義務は重い。しかも、愛と慈しみの心をもって実行しなければならない」。

教会に言葉しかなく、実践がない場合、どうなるか。ケテラーは労働者を代弁して次のように教会を攻撃する。「お前たちの立派な教え、あの世の慰め、それが何の役に立つというのだ。この世において、私、私の妻、私の子供を飢えさせ、苦しめている張本人、それがお前たちなのだ。お前たちが目指しているのは、私の幸福ではない。何か別のものだ」。この文章には実践思想家ケテラーの真骨頂があらわれている。

第六の理由は、世界に対する証《あかし》である。確かに、社会問題の解決は難しい。しかし、どのような困難があるとしても、キリスト教徒は「最大限可能な愛の実践によって、教会は神の子自らが設立した救いの家だということを世界に向かって証明する」義務を負う。キリストの「弟子たちが互いに隣人愛を実行し、キリストの弟子であることを証明した」ように、現代のキリスト教徒もそれを見倣わなければならない。

第七の理由は、自由主義や社会主義の労働者運動との対決である。「教会が労働者を支援しないとすれば、労働者は、キリスト教に敵対的な政党の手に落ちてしまうであろう」。それを避けるため、教会こそ労働者の友だということを証明しなければならない。

当時、カトリックの司教、司祭、信徒のなかには、教会は社会問題にかかわるべきでない、なぜかかわるのか納得できない、という人々がいた。このような人をどう説得すべきか。それには、以上のような形で、教会がかかわるべき理由を命題化し、明快に提示することが必要である。

三　社会問題を解決するため、どのような対策があるか

ここでケテラーが提出する対策は、ドイツだけでなく、フランス、イタリア、スウェーデンなどヨーロッパ各地ですでに現実に実施され、何らかの成果を上げているものばかりである。頭のなかで理想的な独自の対策を練り上げる、といった発想はケテラーにはない。次にケテラーの基本姿勢を示す文章を引用しよう。

「この経済体制そのものを転覆させることは不可能である。とすれば、この体制の働きを弱め、この体制の個々の弊害に対する然るべき対策を打ち出し、この体制のなかで善きもの、恵みを与えてくれるもの、それを可能な限り労働者にも享受させること、これこそ緊急の課題となる。

それをどう実現するか。この点、ある種の政党や労働者団体のあいだで戦わされている原理原則をめぐる、大部分は不毛としか言えない論争、その種の論争にかかわっている限り、確実なものは何も得られない。ものごと

を現実的に観察し、実際に達成された成果、善意ある工場所有者やキリスト教徒が労働者福祉のために団体を結成し、施設を建設する、こうして達成されてきた成果、このような成果に注目すべきである。そうすれば、労働者問題も何とか解決できる……のではなかろうか」

この文章はケテラーの実践的、現実的な姿勢を端的に示す。問題の解決、そこに精神が集中しているからである。続いて、具体的な対策を列挙し説明を加えていく。しかし、ここには特にケテラーに固有な思想はない。このような作業そのものは、社会政策、福祉事業、社会衛生の実務家の仕事である。ここでは対策の項目だけを挙げ、ケテラーの説明は省略する。

a 欠乏と貧困への対策。疾病と労働災害のための互助組合、病院、産婦、新生児、生命保険、老齢年金、寡婦・孤児年金、葬儀互助組合、風呂屋と洗濯屋、消費協同組合と信用組合、職場の健康管理。
b 悪習廃止の施設。節酒、居酒屋、内縁関係、青の月曜日、工場主の模範的行動、職場の規律、道徳的教化。
c 労働者の知性と道徳の向上。宗教教育とミサ聖祭、学校、見習工養成の工場、図書館、講義室、その他。
d 労働組織と賃金制度。出来高払い、特別報酬、労働者の昇進制度、勤続年数に応じた昇給、労働者の利潤参加。
e 労働者の定住化。住宅取得、土地購入、家畜飼育、食料品の割引購入、ストライキ回避のための醵金。
f 貯蓄の習慣。貯蓄信用金庫、貯蓄額、その他。
g 労働者の不満の解消。ストライキの回避、政治的な動乱の渦中での工場操業。
h 労使協調。労働者の会社への忠誠心、雇い主と労働者の人間的な交流。
i 農業労働と工業労働の結合。工場労働者の家庭菜園、大農場と工場の結合。
j 少女の純潔への配慮。仕事場の分離、厳格な警護、専用の食堂、私生児の予防、その他。
k 主婦の義務。家事、工場主の理解、その他。

1　国家の労働者保護立法。児童労働の禁止、児童の労働時間の制限、職場での男女の分離、職場の健康管理、労働時間の規制、日曜と祭日の休日化、労働災害への補償、労働者の共同企業の法的保障と奨励。最後の国家の労働者保護立法は、一八七三年の文献で議論されるため、第五節で詳しく取り上げる。

四　社会問題を解決するため、教会には何ができるか

組織としての教会には何ができるか、教会は何をなすべきか、何をしてはならないかという問に対し、ケテラーは次の七つの側面から答えていく。

第一　世俗法上の組織。労働者支援のための「団体や施設を教会固有の組織として設立し、運営していく、それは教会の職務ではない」。言い換えれば、それらの事業は、教会法上ではなく、世俗法上つまり民法上の組織とされなければならない。なぜか。次の二つの理由が挙げられる。

それらの事業を教会法上の組織にすれば、聖職者は「自己の本来の職務を遂行できなくなる」というのが第一の理由である。教会には、キリストから命じられた、教会に固有な聖なる任務がある。ここに教会の存在理由がある。この任務の遂行を困難にするような事態は避けるべきである。

それらの事業は世俗法上の組織とされて初めて真の力を発揮する、というのが第二の理由である。労働者、職人、農民など働く人々は、自分たちの組織を自己責任で設立し、自ら運営し、助け合い、自分たちの利益を実現していく。このような形の自律と自発性は、窮乏化を防ぐだけでなく、職業上の誇りの感情も育て上げていく。

これらの世俗法上の組織は教会とは「指導司祭」によって繋がる。指導司祭は宗教の側面から組織を支援し、「労働者をしっかり啓蒙し、労働者に真の勇気と神への信頼を与え、善意あるキリスト教精神の持ち主に労働者問題への関心を持たせ、行動に向け一致団結させていく」。この任務は軽視できない。というのは、当時まだ労働者への偏見は強く、労働者は自分たちの精神と行動を支えてくれる後ろ盾を必要としていたからである。

世俗法上の組織として社会運動を推進するという工夫はカトリック職人組合の指導司祭コルピングに始まる。カトリック職人組合が大きな成果を上げ、全ドイツに普及していった理由の一つは、職人の自助組織として運営されたが、指導司祭を通して教会と繋がっていたことにあった。これは組織の天才コルピングの英知である。この組織では、教会の力も世俗の力も十分に発揮できる。

ケテラー死後の十九世紀末から、カトリック世界でも様々な大規模組織が結成されていく。一八八〇年代に始まるカトリック労働者同盟は、コルピング職人組合と同じ組織形態を取る。しかし、他のカトリック系団体、一八七〇年末に結成された中央党や一八九〇年代に組織化されたキリスト教労働組合などに指導司祭はいない。これらでは、信徒たちが、自らのキリスト教精神を土台に自己責任で設立し運営していく。従って、組織上で教会とはまったく繋がらない。慈善団体のカリタスも世俗法上の組織であるが、ここではその任務が信仰にかかわるため、聖職者が会長職に就き、教会との繋がりを目に見える形であらわす。逆に、信心会や兄弟会など、純粋に宗教的な団体は教会法上の組織である。このように、団体の性格に応じて、様々な組織形態が工夫されていることが分かる。

カトリック系団体は、教会が世俗を支配するための道具である、それらの団体は「聖職者主義」「教権支配」(ドイツ語ではKlerikalismus)を目指していると非難されてきたし、今も繰り返されている。しかし、それが誤解と偏見でしかないことは、以上の説明から明らかであろう。

第二　聖職者の教育。「特に聖職者に労働者問題への関心を喚起させる、これは教会の任務である。聖職者のなかには、労働者問題にあまり関心を持とうとしない人がいる。……聖職者は、社会問題の本質にも、その悪化にも気づこうとしない。ましてや、その対策については完全に無知である。とすれば、司祭の教育課程のなか、哲学教育と司牧教育では労働者問題は無視されてはならない」。

そのためには「個々の聖職者に経済学の勉学を促す」だけでなく、「窮乏化した労働者を支援するための様々な施設を実地に見聞させる」必要がある。学習と実地調査、この二側面をケテラーは重視する。

第三　担当聖職者の人選。「工場地帯に司祭を配置する際、その聖職者に、労働者福祉のため尽力する意志と能力があるか、はっきり見定めなければならない」。教会に善意があっても、労働者問題に無関心な司祭が配置されると、すべての努力は水泡に帰す。

第四　指導者の育成。「今は亡きコルピングが職人のため尽力したこと、それを労働者のためにやることこそ自己の一生の使命だと決意した人物、このような人物が現れてほしい。そうすれば、素晴らしい成果が期待できるであろう」。指導力のある人物が現れるか否か、それで社会運動の盛衰は決まる。

「このような人物には、労働者問題を徹底して勉学させ、関連文献を正確に読ませ、……労働者の状況も、すでに成果を上げ評判となっている対策も、自らの目で実地観察させる、そのような時間的な余裕を与えなければならない。そうして、知識、労働者への真の愛情、粘り強い忍耐力を身につけさせる」。

この問題の担当に任命された司祭は「現状を冷静に事実にそって報告する。労働者と工場所有者に向かって、愛の心から、自己の権利と義務に目覚めよと教えさとすべきである。特定の人物や体制に対し先入観を抱いてはならない。論争されている主義主張、そのようなものは特に用心する。確実で明白なもの、実際的で有益だと証明されたもの、しかも各地の事情に合っているもの、そのようなものしか対策として提示してはならない」。ここでも、冷静で現実的、実践的で具体的な姿勢を求める。

続いて次のように言う。「このような職務には最大限の祝福が与えられる。……だからこそ信頼できる人物が任命されなければならない。……とはいえ、いつか誰かが自ら進んで、このような活動を始めてくれるだろうと偶然に任せ、そのような人物の出現を待つべきであろうか。もちろん否である。……やるべきことを熟知している真に有能な人物、……一人か二人の適任の人がきっといるにちがいない。……ドイツ司教団が強く呼びかけるならば、そのような人物は必ず現れると期待したい」。

「職人の父」コルピングは職人の組織化に尽力し、大成功を収めた。この人は組織力だけでなく、人間的な魅力、弁舌と文筆の才も兼ね備えていたが、すでに一八六五年に五十二歳で亡くなっていた。

コルピングのような人物が労働者のために現れて欲しい、というケテラーの期待は満たされなかった。労働者の組織化では、カトリック労働者運動は社会主義に大きく差を開けられた。その大きな理由はやはり指導者の欠如である。

ケテラー死後の十九世紀末には、カトリック労働者同盟の組織化に尽くしたヒッツェ、ヴァイマル時代に労働大臣を八年も務めたブラウンスなど、歴史に名を残す、献身的で有能な聖職者もあらわれた。この人たちも、労働者への愛、問題解決への熱意、弛みない努力、組織的な才能を備えていたが、コルピングほどの人間的な魅力には恵まれていなかった。

第五　正確な情報の収集。労働者が置かれている状況は正確に捉えられ、その情報は確実に伝えられなければならない。そのために、どの司教区も「労働者問題を専属とする、一人か二人の聖職者ないし信徒の適任者」を任命すべきである。「その人たちは、それぞれの司教区の工場と工場労働者の統計を作成し、労働者の身体、知性、道徳、宗教に関する情報、さらに労働者の福祉と労働条件を改善するために設立された施設に関する情報を収集する。……代表者会議を召集し……それぞれの状況を報告し、労働者問題を解決するための方法や対策について協議する」。

情報がない限り、どういう状況にあるのか、正確に捉えることはできない。情報収集者には真偽を見抜く眼識と適確な表現力も求められる。そのように得られた情報は、代表者会議を通じて全国的に共有されなければならない。熱心に行動するというだけでは不十分である。正確な情報に基づいた真の効果ある支援が必要とされる。

第六　報道機関の活用。「人々の関心を呼び覚ますため、報道機関は全面的に活用されなければならない」。模範的な雑誌として、一八六八年にアーヘンで創刊された『キリスト教社会誌』が挙げられる。この雑誌の副題は

「キリスト教世界観に基づいた社会問題の解決のために」である。

第七　カトリック教徒大会の活用。この信徒の大会は「様々な階層や集団の人々が、労働者問題に関心を持つために活用されるべき」である。実際、一八六三年の大会は、第四章第一節で述べたようにケテラーが『労働者問題とキリスト教』を執筆する契機となった。この大会は現代でも、キリスト教精神に基づき政治・社会問題を議論する公的な舞台となっている（序章第一節も参照せよ）。

以上は、一八六九年にケテラーが行った講演と報告の概要である。その際に言及された、もう一つの重要な組織、労働組合は次節で取り上げる。

第四節　生産共同組合から労働組合へ

一　ルーヨ・ブレンターノ

ケテラーによれば、職業に従事している人すべては、それぞれの団体に結集し、自分たちの職業に固有な事柄を自らの力で処理していくべきである。第四章第六節五で述べたように、団体結社は「自律」と「相互支援」を両立させる方法である。

団体結社の精神は、ケテラーの有機体的な社会観にぴったり合致する。というのは、様々な団体の結成によって、上からの無機的・機械的な支配を避け、下からの自発性を最大限に引き出すことができるからである。

この精神に沿って奨励された生産共同組合は挫折した。しかし、それに代わる注目すべき組織があらわれた。それが労働組合である。ケテラーは「イギリスの労働者はすでに悲惨な状況にある。そのため、労働組合が設立され、またたく間に非常な勢いで拡大した」と言う。

しかし、当時のドイツでは、そもそも「労働組合」とは何か、まだはっきりしていなかった。それは、労働組合に相当する固有なドイツ語がなかったことからも分かる。

最初、労働組合はドイツ語でGewerkverein と言われていた。Gewerk は「同業者」を、Verein は「協会」を意味する。ドイツでは一八四八年の革命で「結社の自由」が実現し、社交、趣味、慈善など非政治的な団体だけでなく、政党や労働組合もすべて「協会」として組織されていった。従って、名称から、趣味の会か、政党か、労働組合か、識別できない。労働組合は一八五〇年代の反動期に制限されたが、一八六〇年代に結社の自由が再確立することで、その設立数は増えていく。ヴァイマル時代に労働組合の呼び名はGewerkschaft に統一され、名称と活動内容は一致する。

一八六〇年代に、イギリスのTrade Unions がドイツでも知られるようになり、労働組合とは何ものか、その組織と目的がはっきりしてきた。労働組合は、政党でもなく、労働者の互助団体でもなく、労働者の労働条件の改善を目指す経済団体である。それをケテラーはルーヨ・ブレンターノから教えられた。(11)

十九世紀のドイツで天才を輩出した市民階層のブレンターノ家は、ケテラー家とも遠い親戚関係にあった。放浪時代に、ケテラーはミュンヘンのゲレス・サークルでロマン派詩人クレメンス・ブレンターノと知り合った(第一章第二節を参照せよ)。この詩人の甥が経済学者ルーヨ・ブレンターノである。日本における経済学の創始者、福田徳三はミュンヘン大学でブレンターノに師事している。(12)労働の商品化の是非にかかわる問題では、筆者はブレンターノを応用してケテラーを批判した(第四章第七節三を参照せよ)。

ケテラーよりも三十三歳年下のブレンターノは、一八六八年八月から一八六九年五月まで統計学者エルンスト・エンゲルと共にイギリスに滞在し、経済理論を学ぶだけでなく、労働者問題に対し、どのような対策が実施されているか各地を見聞して回った。一八六八年十一月七日付のケテラー宛手紙には「この国では、生産共同組合や共同出資型の企業が徐々に発展しつつある」と書き、十五枚の草稿「生産共同組合と共同出資型企業を設立し支援するための団体結成に関する新提案」も添えた。

イギリスに渡航する前、ブレンターノは『労働者問題とキリスト教』を読み大いに触発されていた。生産共同組合が、イギリスでどれほど普及し、どれほどの成果を収めているか、自分の目で直に確かめたいと考えた。送られた草稿はその報告である。

それに加え、ブレンターノは、社会問題に対するキリスト教の役割にも期待していた。キリスト教は過去数世紀のあいだ救貧事業に携わり、偉大なことを成し遂げてきた、今後も期待しなければならない、という思いを強めていた。手紙には「この問題で、カトリック教徒が、他の陣営の後塵を拝することは許されない。一方的な受け売りになってはならない」と述べ、ケテラーのようなキリスト教的な責任感に基づいた独自の思想の展開を高く評価していた。

しかし、ブレンターノは三年後の一八七一年三月三日のケテラー宛手紙で次のように書く。「かつて私は、生産共同組合、部分的には共同出資型の企業に期待していたが、そのような期待はもう失われた。その効果は限定的でしかないように思われる[13]」。

ブレンターノの関心は、生産共同組合から、イギリス滞在中に見聞し調査した労働組合へと移っていく。その研究成果が、博士論文として一八七一年に出版された『現代の労働者ギルド』第一巻『イギリス労働組合史』である[14]。労働組合とは何かをドイツに知らせたという点でも、その後の労働組合の健全な発展に貢献したという点でも、この書物には非常に大きな歴史的な役割がある。

二　労働組合の役割

ケテラーは、手工業を理想的な生産形態だと考えた。なぜ理想的なのか、その理由は、手工業では、働く人々が同時に生産手段の所有者でもあること、つまり資本と労働が分離していないことにあった。従って、労働者は資本の所有者として「主体性」を失うことがない。

資本と労働が分離する生産形態は、鉱山業で見られたように、確かに十八世紀以前にも存在した。しかし、十九世紀初め、シュタイン・ハルデンベルク改革のなか、都市では営業の自由が、農村では農民解放が実施されると、資本と労働の分離は加速していく。雇われる人（労働者や職員など雇用者ないし被用者）は雇い主（使用者、資本家、企業家）に対し「従属」的な地位に落ち込む。この地位の悪化は、ケテラーや同時代人にとって倫理的な「悪」であった。だから、資本主義は弾劾される（第三章第六節二も参照せよ）。

そこから抜け出す方法が生産共同組合であった。そこでは労働者は同時に資本家となり主体性を取り戻す。しかし、それも挫折した。では、別の方法はないのか。労働者は資本を所有しない限り、本当に主体性を回復できないのか。

ここで着目されたのが労働組合である。労働者は労働組合に結集し、それによって資本に対抗できる力を身につける。そうして、賃金、労働時間、その他の労働条件について雇い主と交渉する。これは、自らの利益を守るため、団結し、自らの力で問題に対処しようとする主体性な行動である。これをさらに一歩進めれば、自らの会社運営に連帯責任を担う、という第二次世界大戦後の「共同決定」に辿り着く（序章第三節も参照せよ）。

一口で言えば、労働組合の役割は、力の均衡による主体性の回復にある。従って、現代のカトリック社会科学者の見解によれば、資本と労働の分離そのものは倫理的には「中立」である。それは「悪用」することも「善用」することもできる。しかし、資本の横暴ははっきり非難される。この資本の横暴に対抗する組織として労働組合は正当化される。

このような労働組合の役割を、ケテラーはブレンターノとの文通を通して即座に理解した。だから、一八六九年の講演では「一致団結し、労働者の利益と権利を実現する、そのために労働者を組織化しようとする基本綱領は正しいだけでなく、有益でもある」と断言できた。ここでは、資本と労働の分離は前提とされ承認される。その上で、自分たちの利益を守り、自分たちの主体性を回復するため、労働者は労働組合を結成し、資本との力の均衡を図る。この方向性が、一八六九年の講演ではっきり示された。

続いて、労働組合はどの点で労働者問題への他の対処法と異なるのか、どの意味で独特なのか、はっきりさせておこう。

三　労働組合の性格

第一に、労働組合は「家父長制」的な「保護」を目指すものではない。中世の身分制は、領主や親方に対し、父親のごとき存在として農民や職人を保護する義務を課していた。近代でも家父長的な企業があらわれ、企業の社会政策を実施した。しかし、労働組合には家父長制の精神はない。

第二に、労働組合は、資本と労働の分離という資本主義の「現実」を承認する。この点で、両者の分離を悪と見なし、生産共同組合などの設立によって別の経済体制に変えようとする「社会改革」とも、暴力革命によって資本主義を打倒しようとする社会主義や共産主義などの「体制転換」とも区別される。

第三に、次節で対象とする「国家の保護」とも区別される。労働組合が国家に要求することは、直接的な保護や干渉ではなく、法律などによる枠組みの設定である。労働組合は保護の「客体」ではなく、行動の「主体」である。

以上から、労働組合の行動原則は、資本と労働の分離を認めた上で、自分たちの問題を自分たちの力で解決していくという「自律」と「相互支援」の精神にあると言うことができる。あらゆる団体がこの精神で行動すること、それをケテラーは「有機体的」と言う。

政党との違いもはっきりさせておこう。政党も前述した意味で「協会」である。しかし、労働組合は政党ではない。その目的は「政治闘争」ではなく、正義に適った賃金の実現など「経済状態の改善」にある。だからこそケテラーは「正当な限度を超えた要求をしないこと、政治運動など他の目的の手段として悪用しないこと、この二点は極めて重要である。……労働者運動の目的は『階級闘争』ではなく、正しい『労使協調』でなければならない」と言う。

このような労働組合観はマルクス主義とは根本的に異なる。確かに、マルクス主義も労働組合を組織化した。しかし、その本来の目的は、例えば、当時の指導者リープクネヒトが言うように、政治革命にあった。労働者の生活状態の改善は二の次で、労働組合はあくまで政党に従属し奉仕すべきであった。だから、労働組合の活動で労働者の状態は改善されていくのではないか、そのため、政治革命に向けた闘争心が弱まるのではないか、成果を上げ力をつけた労働組合は、政党の支配から抜け出していくのではないか、このような恐れを抱いたリープクネヒトは労働組合の自律を認めなかった。(15) これは倒錯した思想である。

第五節　労働者問題への国家干渉（一八七三年）

一八七三年に公表された政治綱領草案『ドイツ帝国のカトリック教徒』の第十二命題で、ケテラーは再び労働者問題を取り上げる。(16)

最初に次のように言う。「労働者問題は現代のもっとも重要な問題である。とすれば、この問題を取り上げない綱領などあってはならない。とはいえ、ここでは、労働者問題の解決のため、国家は立法を通して何をなすべきか、という側面だけに対象を限定する。次の二点が国家の任務となる。第一に、労働者階級の結社を促進するため、法律面から支援すること、第二に、法律を制定することで、不当な搾取から労働者とその家族を保護すること」である。

その議論は以下のように展開される。

一　労働者結社の促進

(一) 団体の破壊から再建へ

労働者問題の最善の解決法は、労働者の結社にある。この命題は何度も強調された。労働者の結社とは、前述した生産共同組合や労働組合だけでなく、あらゆる種類の職業団体を指す。団体の結成によって、社会の再建を図る、というのがケテラーの根本思想である。

しかし、近代国家は、このような社会の団体的な構造を破壊してきた。では「どのように壊してきたのか」、ケテラーは次のように説明する。ここには、ケテラー流の明快な歴史解釈があらわれている。

中世には手工業者の職業団体（ツンフト）があった。確かに、ツンフトにも弊害はあり、時代の流れのなか利己主義へと堕落し、新しい状況にも適応できず、改革に失敗していた。

この状況を観察した十八世紀フランスのフィジオクラート（重農主義者）は、職業団体そのものこそ諸悪の根源だと見た。この考えに基づき、絶対王政は職業団体の解体を目指した。解体すれば「自然秩序」と「自然統治（フィジオクラシー）」は自ずと実現する。これが「レッセフェール」（自由放任主義）である。しかし、ここには解放と解体しかない。

絶対王政を旧体制として打倒したフランス革命も、この点では絶対王政と変わらない。団体を解体し、社会の多様性を否定する、そうして中央集権化を推し進め、一切のものを画一化していくという点で、絶対王政とフランス革命は連続している。このフランスの政治家・歴史家トクヴィルの命題は、一八六二年出版のケテラーの基本書『自由、権威、教会』で応用されている。(17)

ケテラーにとって、労働者の結社を解体すれば、自ずと素晴らしい秩序が造り上げられると考えることは「ひどい錯覚」である。現実に起こったことは秩序の形成ではなく、手工業者や労働者の窮乏化である。

とすれば「労働者と手工業者が、国家に要求しなければならない第一点、それは、かつて国家が彼らから奪い取ってしまったもの、つまり労働者と手工業者の団体を返却するように要求することである。それは、彼らの労働秩序にとって不可欠なものである」。

しかし、再建には人間の尊厳に相応しい原則がある。その原則は「自治」であり、下位の団体の自由、自律、自発性が尊重されなければならない。確かに労働者の団体は「国家に統合される」。しかし、その統合は「有機体的」でなければならない。逆に言えば、上からの「国家強制」であってはならない。有機体のように、自治と統合、多様性と統一、遠心力と求心力が働かなければならない。この点は第二章第四節で詳しく述べた。

㈡ 一八六八年の法律

以上のことが「目的どおりに実現すれば、労働者問題の大半は解決されたも同然だ」とケテラーは言う。この面で、プロイセンを核に一八六七年に結成された北ドイツ連邦が一八六八年七月四日に制定した「営業・経済団体の私法上の地位に関する」法律は高く評価される。

ケテラーによれば、この法律は「手工業者と労働者……の再組織化に向けて……第一歩を印す」。この「法律によって、一部の恵まれた労働者には、他の労働者と共同で会社を設立し、経営する、そうして、純粋な賃金労働者から抜け出る可能性が開かれた」。ようやく、ここに生産共同組合の法的基盤が整う。

とはいえ、この恩恵に与ることができる労働者はやはり「ほんのわずかでしかない。上記の法律では、労働者と手工業者の全面的な組織化はまだ目標とされていない。それゆえ、それは……小さな始まりでしかない。しかし、貴重な始まりである。強固な組織を持った会社や組合が、労働者の将来の生活基盤を確立し、安定させるため役立つべきだというのであれば、この法律に加え、新しい本格的な法律が制定されなければならない」。

この文章から分かるように、ケテラーは生産共同組合にまだ強い期待を抱いている。手工業者、職人、商人、農民も、他のあらゆる種類の職業人も、労働者と同じように組織化されることをケテラーは願う。

ケテラー死後になるが、このような職業団体の組織化は、十九世紀末以降に急速に進展していく。特に、一八九七年に営業法が根本的に改正され、手工業者団体（イヌング）は「公法上の社団」の地位を得る。第二次世界大戦後の一九六〇年代に、イヌングは自由な市場経済の原則に違反する、という訴訟が憲法裁判所に起こされたが、裁判所は訴えを斥け、合憲の判断を下した(18)。

現代では、イヌングだけでなく、ゲマインデ（市町村）、大学、カトリック教会と福音（プロテスタント）教会、商工会議所、弁護士会、医師会などの同業組合も公法上の社団である。だからこそ、現代のドイツ経済は「中間団体に組織化された市場経済」と特徴づけられる。様々な中間団体の存在は、市場経済と矛盾するどころか、逆に自由な競争と市場経済を支える役割を果たしている。

かつて、団体結社を奨励する思想は「中世的」だとか「身分制的」だとか言われたことがあった。しかし、以上の説明から、むしろ「現代的」だということが分かるであろう。

二　労働者保護立法

国家の第二の役割は、労働者保護立法の制定である。これらの法律は後に「社会法」（日本では労働法）と名づけられる。

(一) なぜ、国家の保護立法が必要か

なぜ国家の立法が必要か、という問に対し、ケテラーは、人々を納得させる答を提供しなければならないと考え、次のように議論を展開する。

確かに、労働者も、他の職業や階層の人々と同様に、自分の力でできることは自らの力で実行しなければならない。また労働者は団結し、助け合わなければならない。そのような団体に前述した労働組合も含まれる。これは何度も述べた自律と相互支援の原則である。

しかし、個人の力でも団体結社の力でも十分に対処できない場合がある。というのは、労働者は「無防備な弱者として孤立しており、労働者自身、その健康、その労働力、その家族は、資本の攻勢に晒されている」からである。そのような場合には、国家は支援する義務を負う。

しかし、自由主義者は反論する。第一に「保護を必要とするのは、労働者の妻や子供だけであり、成人労働者ではない。というのは、どのような条件のもとで自己の労働力を提供するのか、その条件を取り決める完全な自由を持っているからである」。自由主義者も労働者の妻や子供の保護は認める。しかし「成人労働者の労働時間を法的に固定することは、個人の自由の侵害である」と反論する。第二に「成人労働者には、自己の労働力の提供に際して、自由を確保するため、少なくとも団結という十分な手段がある」と主張する。

このような自由主義者の見解は一面的だとケテラーは再反論する。というのは「労働条件が決定されている現状を見ると、成人労働者に完全な自由があるとは言えない」からである。雇用が労働需給、つまり市場の法則に左右されることもケテラーははっきり認識している。「非常に多くの労働需要がある時期には、労働者にも十分な自由があるかもしれない。しかし、少ない労働需要しかない時期には労働者に自由はない。労働時間、賃金、雇用期間に関し、雇い主が提示する条件を労働者は受け入れるしかない」。それに加え「多くの不幸なストライキも労働者に不利な結果に終わっている」。このような状況下では、国家の保護は必要である。

ここには特記すべき新しい重要な認識がある。法律上の「形式的な自由」は「実質的な自由」を意味するとは限らない、形式的な自由から、隷属的な雇用が生まれることもあるという認識である。すでに「キリスト教労働者運動のマグナカルタ」でも「拝金主義者の金権体制が、この社会的な人権〔安息日の休日化〕を無視できる限り、法律上の人権は、労働者の利益を保護するという点で何の役にも立っていないではないか」とケテラーは述べている。

後のカトリック社会運動は、形式的な自由と平等を定める「法治国家」だけでなく、実質的な自由と保護を目指す「社会国家」への道も探っていくが、この引用文はその始まりを記す。ドイツでは、社会国家の概念は第二次世界大戦後に生まれる。しかし、すでにこの時点で、社会的な弱者が強者と対等の条件で契約するためには、国家権力が干渉し、弱者を保護する必要がある、という見解をケテラーは鮮明に打ち出している。

（二）一八六九年の営業法

北ドイツ連邦は、再び新しい法律を制定し、さらに一歩前進する。ケテラーは「労働者保護の政策は、今では一八六九年六月二十一日の営業法、特に一二七条以下の工場労働者に関する規定のなかに若干は取り入れられた」と述べ、この法律を歓迎する。なお当時のドイツでは、労働者保護は営業法の対象であった。

その内容は次のとおりである。「十二歳未満の児童は、工場で規則的に常雇いとされてはならない。十二歳以上、十四歳未満の児童の工場労働は、学校での三時間の授業を受けた上で、六時間を越えない範囲でのみ許される。十四歳以上、十六歳未満の青年労働者には、十時間以上の工場労働は許されない。青少年の日曜・祭日の工場労働は禁止される。工場で働く青少年労働者の名簿が、職場に設置されなければならない。青少年労働には、両親と後見人の承認が必要である。これらの規則が守られているかどうか、監視する権限が国家官庁に与えられる」。ここで対象とされているのは、児童と青少年の工場労働である。

これらの規則は、倫理的要請に応えた最大限の努力の結晶か、もっと改善できるにもかかわらず、それを覆い隠したものでしかないのか、それとも実現できないことを約束するような美しい文章にすぎないのか、とケテラー自ら問を発し、その正否を判定する基準として、経済先進国イギリスに目を向ける。そこでは、例えば、工場以外の児童労働も保護の対象とされるが、児童労働はドイツよりも緩く八歳から許可されている。十八歳未満の男性労働者と全年齢の女性労働者の労働時間は、十時間半以下に定められているが、それを九時間以下にすべきだ、とイギリスでは要求されている。

このような労働者保護立法の開始は画期的なことである。とはいえ、これはあくまで法律上の規則であり、現場の実態ではない。重要なのは、労働者の労働条件がどう改善されたか、その現実である。ケテラーも「ドイツの労働者はどのような状況にあるのか……情報はあまりにも乏しい。……このような貧弱な法規定さえ……ほとんどの地域では無視されている」と述べる。

とすれば、今後の課題は「第一に、新しい立法の制定によって、さらに改善を進めること、第二に、これらの法律が遵守されているかどうか、監視する機関を設置すること」にある。

(三) ケテラーの七点の要求事項

では、今後、何がどのように改善されるべきか。ケテラーは他人や国家に任せず、自ら改善案を作成し、具体的な七点の要求を提示する。

第一　児童労働は全面的に禁止されるべきである。この禁止は、工場だけでなく、家内工業や商業など、あらゆる形態の雇用労働に拡大される。しかし、自営業や農家など、両親と共に行われる家庭内の仕事は除外されてよい。

第二　一八六九年の営業法一二八条では児童労働の禁止は「規則的な常雇い」に限定されている。しかし「この留保条件は、法網をくぐる手段として悪用される」恐れがあるため、削除されるべきである。

第三　児童労働の禁止は「十四歳未満の児童すべてに拡大されなければならない」。一八六九年の営業法は、十二歳未満を禁止した。十二歳か、十四歳かに特別な意味があるわけではない。重要なことは「不道徳で粗暴な労働者と毎日一緒に過ごせば、悪い影響を免れることはできない」ような状態から子供を救い出すことである。その上で、いつまで子供に「真に人間的でキリスト教的な家庭教育の祝福と感化を与える」べきか、いつから自律への道を歩ませるべきか、決められる。その判断は時と所と状況に任せられてよい。

第四　既婚女性の工場労働は禁止される。これは「厳しすぎる」要求かもしれない。しかし、ケテラーはこの面では不徹底な、煮え切らない態度を取ることはできなかった。なぜか。

その理由は、家庭が、神に嘉される、この世で最も価値ある最小の共同体だという点にある。その家庭、特に子供たちは母を支えとする。しかし、母は工場労働のため、子供の世話はできない。そのため、子供の心身の健全な発展も期待できない。夫も、重苦しい家庭よりも、居酒屋を好む。こうして家庭の崩壊が始まる。しかし、これこそ「労働者への慈悲ではなく、冷酷な仕打ち」ではないか。

だから「キリスト教家庭を取り戻すこと」は最優先されるべき「厳しい」要求となる。しかも、取り戻せるかどうかは、既婚女性の工場労働だけでなく、児童や未婚女性の工場労働、日曜・祭日の労働、成人の労働時間ともかかわる。それゆえ、この箇所の説明は、かなり長く、丹念であり、しかも語調はかなり強い。

この問題の最大の困難は、たとえ家庭に対する弊害が分かっているにしても、働きに出ない限り家計が維持できない、という点にあった。では、どうすればよいのか、この問題はすでに本章第二節二で取り上げた。その四年後のこの時点でケテラーに言えたことは、未婚女性に関して「仕事場が、男性の仕事場から完全に分離されている場合」や「危険がほとんどなくなったと確信できる状態」では許されてよい、でしかなかった。

第五　日曜・祭日の労働は禁止されるべきである。一八六九年の営業法でも、工場で働く青少年の日曜・祭日労働は禁止された。しかし、工場以外で働く青少年や、手工業で働く職人や徒弟については「緊急事態における別種の規定が存在しない限り」という留保条件が付けられている。それも廃止されるべきである。その根拠は、安息日の休息が神の掟であること、働く人すべてが健康のため静養を必要とすることにある。

第六　成人労働者の一日の労働時間は十時間、最大でも十一時間に制限されるべきである。一八六九年の二つの文献とは異なり、ここでは時間数が明記されている。確かに、今日と比較すれば、まだ長時間労働である。しかし、当時ではこれでも画期的な提案であった。

しかし、なぜ労働時間の短縮が好ましいのか、その宗教的な理由は第二節二で述べられた。ここでは次のような経済的な議論も展開される。「労働時間の短縮を実現した多くの会社では、生産は減少していない、それどころか、むしろ増加している。この注目すべき経験的な事実から、労働時間の短縮は企業の真の利益を損なわないということが明らかとなる。労働力への過重な負担〔長時間労働〕には……むしろ逆の効果しかない。自然の法則に反することは必ず罰を受ける、ということを見極めるべきである」。

人間は生き物である。生き物の生理を無視するような労働条件、過酷な長時間労働は、経済にも悪影響を及ぼし、企業の収益を低下させる。これも、人間本性の適合性に係わる自然法上の論拠である（第三章第二節も参照せよ）。

ケテラー死後になるが、一八八〇年代に社会保険法、一八九〇年代に労働者保護立法がドイツ帝国議会で審議された際、社会保障費の企業負担や労働時間の短縮は、ドイツ企業の国際競争力を低下させる、とビスマルクや自由主義者は主張した。それに対抗して、中央党議員でカトリック司祭のヒッツェは、むしろ逆に企業の生産性を上昇させると反論した。歴史は、ヒッツェの議論の方が正しかったことを証明している(19)。

第七「以上の保護立法は、実際に労働者を保護しない限り、意味がない。そのためには、法律が遵守されているかどうか、それを監視する法的機関が必要である」。この点についてはすでに第二・三節で述べた。

三　その後のカトリック社会運動

前述したケテラーの議論と提案が、その後のカトリック世論でも中断なく継続されていった、と言うことはできない。一八六九年の司教会議への報告は全会一致で承認されたが、一八六九年に始まった第一ヴァチカン公会議や一八七〇年代に激化していった文化闘争への対処のため、社会問題は緊急課題から外されてしまった。ケテラーも一八七七年七月に死亡する。

その数ヶ月前の三月十九日、ケテラーの甥に当たる中央党議員ガーレンは帝国議会にドイツ最初の社会政策案を提出した。しかし、中央党以外の賛成を得ることはできず否決された。この「ガーレン動議」はケテラーの文献を土台にしている。その作成にケテラーがかかわっていたかどうかは不明である。

とはいえ、一八八〇年代に入ると、第六節三で後述するように、社会保障法の制定過程で中央党の社会政策の専門家ヘルトリングが活躍する。一八九〇年代には、カトリック司祭のヒッツェは政府と協力し、労働者保護立法の制定において中心的な役割を果たす。ヴァイマル時代には、カトリック司祭ブラウンスが労働大臣として、失業保険を初め数多くの労働立法を実現していく。

以上のように、ドイツにおける「社会国家」成立史のなかカトリック社会運動は確固たる地位を占めている。(20)この意味で、ケテラーは社会政策の重要な先覚者の一人であったと評価することができる。

第六節　論評

第三・四・五章では、ケテラーが社会問題をどう認識し、それにどう対処しようとしたのか、その時代別の変遷を見てきた。一口で言えば、慈善（カリタス）から社会改革へ、さらに国家の社会政策への三段階の進展であった。最後に、このケテラーの歩みに含まれている若干の問題を取り上げたい。

一　遅すぎた社会政策の提唱ではないのか

一八六九年に、ケテラーはようやく国家の社会政策に辿り着いた。第一節二で述べたように、ロースはそれを「偉大な突破口」だと高く評価した。しかし、それは時宜にかなっていたか、むしろ遅れていたのではないか。

遅れていたと判断するのは、批判的なケテラー研究家ヴィーゲナーである。一九二四年に出版した博士論文『ケテラー――十九世紀ドイツの一司教の生涯』で次のように言う。「確かに、カリタスは社会政策を準備した。しかし、同時に社会政策上の認識を阻み、遅らせてもいる。教会の伝統に囚われ、教会の要望に応えようとしていたため、新しい方法や新しい方式が必要なところでも、教会の従来の手段で対処しようとした。カトリック外からの圧力があって初めて、カトリック社会政策は徐々にカトリック・カリタスから離れていったにすぎない」[21]。

国家の社会保障や社会政策が始まれば、カリタスの出番がなくなるのではないか、という不安がカトリック界にあったことは否定できない。しかし、決定的な理由はまったく別なところ、十九世紀ドイツのカトリック教会が置かれた状況にあった。この理由を探ることで、ドイツ近代はどのような時代であったか、貴重な歴史認識を得ることもできる。

一八〇三年の世俗化（教会国家の解体）以降、カトリック教会は、教義や信仰など宗教に固有な事柄から、聖職者の養成や教会人事にいたるまで、厳しい国家干渉、つまり「国家教会主義」に苦しめられた。一八三七年にはケテラーの人生を変えた「ケルン紛争」が勃発し、これが国家と教会の対立の始まりとなった。一八五〇年代のバーデンでは「教会闘争」が激化していたし、一八七一年にプロイセンで始まった「文化闘争」は全ドイツへと拡大していく。国家と教会の対立は近代ドイツ史の基調を成す[22]。

教会への国家干渉は、十九世紀ドイツのカトリック教徒を悩まし続けた。それに加え、国家が社会問題や生活保障にまで干渉していく、そのような事態になれば、人間は国家の奴隷に成り下がってしまうのではないか、という国家への不信と不安があった。なぜ、単純に国家権限の拡大に同意できないのか、その真の理由はここにあった。

この問題がどれほど深刻であったか、序章第一節でも言及したバーデンのカトリック政治家フランツ・ヨゼフ・ブスの思想遍歴に示される[23]。

貧困の青年期を送ったブスは、苦学して大学へ進み、フライブルク大学教授になる。一八三七年一月にはバーデン下院議員に選出され、工場制と労働者の現状を視察するため、イギリスに渡る。当時のロマン主義者は工場制を「悪魔の産物」として呪っていたが、工場制の普及はイギリスの福祉を向上させている、と現実家のブスは自らの目で確かめ、自由主義への好意も抱く。

しかし同時に、冷静な観察者のブスは、工場制の弊害と労働者の窮乏化も見逃していない。その頃のドイツでは工場制はまだ普及していなかった。しかし、未然に対策を立てておかない限り、ドイツもイギリスと同じような弊害に見舞われるにちがいない、そう考えたブスは一八三七年、バーデン下院に、労働時間の短縮、児童の夜間労働の禁止、日曜労働の廃止など、国家の労働者保護を訴える動議を提出した。しかし、どの党派からも賛成は得られなかった。この三十四歳の青年政治家の動議は今日では「工場演説」と名づけられ、ドイツ領邦議会に提出された最初の社会政策案としての栄誉を担う。

しかし、第六章で詳しく述べるように、一八四八年の革命で挫折感を味わった自由主義者は変節し、ドイツ統一の担い手として官憲国家プロイセンに近づき、自由よりも統一を重視し、国家主権を侵害するものとして「教会の自由」を否定し、教会への国家介入を正当化するにいたる。

このような自由主義の変節に失望したブスは、国家への警戒感を強め、ついには国家干渉を拒否するロマン主義へと後退していく。

では、ブスとは異なり、なぜケテラーは国家の社会政策に踏み出すことができたのか。第一の理由として、かつて生産共同組合に期待し、その設立を試みて失敗したが、この経験から国家の社会政策以外にもう救いの道はない、とはっきり認識したことが挙げられる。その苦渋の思いは、第一節一に引用したマインツ・カトリック職人組合での挨拶にあらわれている。

二　現実的で実践的な開かれた姿勢

第二の理由として、ケテラーの現実的で実践的な、しかも開かれた精神を挙げることができる。一八六九年九月のドイツ司教会議への報告書には次のような文章がある。この箇所はすでに第三節でも引用したが、ここでもケテラーの基本姿勢をしっかり確認しておきたい(24)。

「とはいえ、現代の工業体制が近い将来、別のましな体制に変わる、とは考えられない。……この経済体制そのものを転覆させることは不可能である。とすれば、この体制の働きを弱め、この体制の個々の弊害に対する然るべき対策を打ち出し、この体制のなかで善きもの、恵みを与えてくれるもの、それを可能な限り労働者にも享受させること、これこそ緊急の課題となる」

「特定の人物や体制に対し先入観を抱いてはならない。論争されている主義主張、そのようなものには特に用心する。確実で明白なもの、実際的で有益だと証明されたもの、しかも各地の事情に合っているもの、そのようなものしか対策として提示してはならない」

以上のような現実的な姿勢からは革命も復古も生まれない。社会問題を真に解決するため、正確な情報の収集と把握が求められる。

実践的な姿勢は、ケテラーが好んで引用する聖書の言葉「その結ぶ実によりて彼らを見分けるべし」（マタイ七・一六）に端的に表現される。だから「労働者の友」とは「労働者のため善きことを為しうる人」であって「議会で空念仏の熱弁を振るい、有力新聞に尤もらしい論説を書く」ような人ではない(25)。

ケテラーには開かれた性格もあった。自分とはまったく異質の思想家マルクスからは労働の商品化を、ラサールからは賃金鉄則と生産共同組合を学んだ。これらの理論は第四章第七節で批判的に検討されたが、社会問題を把握するには、開かれた心で、カトリック学問の外で獲得され、蓄積された思想も取り入れていく必要があること、それを伝統的な思考に囚われていた人々にも認識させる道を拓いた。

この現実的で実践的な開かれた姿勢には、ケテラーの経歴も作用している。当時のほとんどの聖職者や司教は神学しか学んでいない。その多くは、実社会の職業も経験していない。それに対し、ケテラーは大学で国家学と法学を学び、数年間であるが、官職に就き、司法官や行政官としての経験も積んでいた。世俗の社会がどのような論理で動くかも十分に理解していた。この経歴と経験は社会問題に取り組む際にも、議会活動、政治論争、教会内の紛争に対処する際にも役立っている。

現実的で実践的な開かれた姿勢は、続く世代の社会活動家にも受け継がれ、カトリック社会運動の良き伝統を形成していく。

三　自由主義、社会主義、国家の「補完的」干渉

カトリック社会思想の「偉大な突破口」はケテラーによって一八六九年に開かれた。では、同時代の他の勢力、自由主義と社会主義は何をしていたのか。両者の態度は、ケテラー死後になるが、一八八〇年代にビスマルクが議会に社会保険法を提出した際に「反対」したことに示される。なぜ、両者は反対したのか。

なぜ自由主義者が反対したのか、その理由の第一は、法治国家の理念に囚われていたことにある。もちろん形式的な自由は主張された。しかし、第五節二で見たような実質的な自由はまだ自由主義者の念頭になかった。結果として、経済と社会は、国家から自由な領域として放任されてよいと見なされた。

第二の理由として、自由主義者は一般的に言って社会問題への感受性に欠けていたことが挙げられる。この点に関し、歴史家ゴーロ・マンは次のように言う。確かに、シュルツェ＝デーリチュは「自助を唱えた。……しかし、新しい『第四階級』の問題には取り組まなかった。多分、この問題を認識していなかったのであろう」(26)。実際、第四章第四節四で見たように、シュルツェ＝デーリチュは信用供与と原材料調達の協同組合を強く促進したが、生産協同組合をほとんど設立していない。前二者の協同組合は自営業者には有益であったが、労働者には何の役にも立たなかった。

では、なぜ社会主義も社会保障法案に反対したのか。その理由は国家論にあった。マルクス主義によれば、国家は階級支配の道具としてブルジョアジーの利益に奉仕する。プロレタリアートは搾取の対象でしかない。その

ような国家は革命によって打倒されるべきである。この階級国家論は、一八九一年のエアフルト綱領に採用された。

しかし、二十世紀の初め、社会民主党内でベルンシュタインの修正主義論争が起こり、党を揺るがす。修正主義によれば、国家は労働者のために良きことを成しうる、だから国家の社会政策に積極的に協力すべきである。確かに、この修正主義はリープクネヒトやベーベルなどマルクス主義の主流派に敗れた。しかし、ドイツでは一八八〇年代から労働者の実質賃金は上昇し始め、労働条件も改善されていった。そのため、革命意識そのものは特に労働組合を中心に希薄化し、修正主義の流れはますます強まっていく。

ちなみにベルンシュタインは国家の役割を重視したラサールを高く評価し、その全集を編集し出版した。(27) 第二次世界大戦後の一九五九年、社会民主党はゴーデスベルク綱領を採択し、最終的に階級革命論を放棄し、「階級政党」から「国民政党」へと脱皮する。

ビスマルクの社会保険法案は、プロテスタント系の保守党とカトリック系の中央党の賛成によって可決され、一八八〇年代のドイツで世界最初の公的な社会保障が成立した。以上の事実を見れば、ケテラーの提唱が時期的に遅れていた、とは言えないであろう。

しかし、だからといって、ケテラーが全面的な国家干渉を肯定したと見るとすれば、それも正しくない。なぜか。

ケテラーが生きた時代に、国民国家が確立し、国家干渉が人間生活の全分野に及ぼうとしていた。そのような時代に、国家干渉が許される限界はどこにあるか、国家権力はどのような形で行使されるべきか、まだはっきりしていなかった。第二章の「補完性原理」はこの問への答である。この原理に従えば、もっとも重要なことは個人と団体の自発性であり、国家干渉は必要な限りにおいて、つまり「補完的」にしか認められない。

国家権力の本来の任務は何か、その限界はどこにあるのか、という問にはすでに第四章第五節三でも言及されたが、この問の重要性は、一八八〇年代に社会保険法が成立する際に中央党議員でカトリック学者ヘルトリングが果たした役割でも再確認できる。(28)

当初、ビスマルクは租税を財源とする社会保障を考えていた。これは「扶養原理」と呼ばれる。それに対し、労働者は国家の扶養者になってはならない、「誇りをもって産業の年金生活者となるべきだ」とヘルトリングは強く主張した。それゆえ、第一に、企業と労働者が自ら資金を拠出する。第二に、組織は職業別や地域別の自主管理組合によって運営される。これは「保険原理」と名づけられる。

最終的に、ドイツ帝国議会は保険原理を採用した。しかし、なぜ、これが重要な成果なのか。その第一の理由は、社会保障といった国民の生存にかかわる事柄が全面的に国家の任務とされてしまえば、人間は国家の奴隷に成り果てるという認識にある。それとは対照的に、保険原理は「人間の自律と互助」を原則とする。第二に、保険原理は「民間の自発性」を尊重する。この自発性こそ人間を真に人間的にする。

従って、一八六九年にケテラーが国家干渉を認めたということは、すべてを国家に任せる「国家万能主義」の方向に進んでいったということを意味しない。

労働法や経済法などの分野で、その後も国家は私的分野に介入していく。しかし、介入の根拠は、市場が万能でないという認識にある。市場では調整できない事柄を国家の任務とすることで、市場経済はむしろ有効に機能する。現代では、市場経済と国家干渉は補完し合う、とはっきり認識されている。

四　現実と理想

しかし、ここで疑問が湧く。では、ケテラーは実利だけで十分だ、もう「理想」は要らないと考えるのか。そうではない。ケテラーには、一方で、現実的で実践的な姿勢があり、他方では、宗教と歴史に根差す根本原則があった。この二面は両立するのか、説明される必要がある。

十九世紀に古い伝統的な社会は解体していった。しかし、新しい産業社会はまだ明確な形を取っていない。このような時代の大きな転換期には、まったく新しい社会の建設が可能であるかのような錯覚に陥る。例えば、自由主義は一切の拘束を取り除き「自然の統治」を実現すれば、すべてはうまく機能すると主張する。それに対し、ロマン主義は、自由化こそ諸悪の根源だ、中世の身分制秩序を再建しなければならないと言う。逆に、マルクス主義などの革命思想は、過去と現実の一切を悪として否定し、夢を未来の共産主義に託する。

過去を理想化するにせよ、未来に希望を託するにせよ、これらはすべてユートピア思想である。過去の身分制を再建することは不可能である、とケテラーははっきり認識していた(29)。しかし、ケテラーは美しい理想を歌い上げるユートピアも拒否する。なぜか。以下では、その理由を筆者なりの言葉で探り、ケテラーにとって譲れない思想上の根本原則とは何か、明らかにしたい。

第一　美しい理想社会を建設するというユートピア思想の背後にあるもの、現実の一切を悪だと断罪し、過去の人々が為してきた事柄一切を否定する、このような発想の背後にあるもの、それは人間と社会に対する不信であり、歴史と伝統に対する信頼の欠如である。このようなユートピア思想は「善意の希望を明るく歌いあげながら、じつは一切の現在を否定する暗いニヒリズムから血を吸いあげている(30)」にすぎない。

第二　ユートピア思想はヨーロッパ史上、繰り返しあらわれた。それは、キリスト教終末論を現世化する異端の形で、人々を熱狂的な行動に駆り立ててきた。しかし、聖書には「わが国はこの世のものならず」（ヨハネ一八・三六）と言われているように、現世に楽園を造り上げることはできない。キリスト教の教えに従えば、人間は、悪からも罪からも逃れられないからである。近代史家ニッパーダイも「キリスト者は、国家や社会や政治が創り出すことができる地上の楽園などというユートピアは信じない(31)」と言う。

ユートピアは否定される。とすれば、他愛なく現実に妥協していく、そのような道しか残されていないのか。この道を選ぶことで、理想はもう不要とされるのか。もちろん、そうではない。では、どう考えるべきか。

ケテラーは理想を放棄していない。しかし、何の理想か。社会秩序は真の理想とはなりえない。美しく正しい社会秩序を築き上げたところで、それ自体に何の価値があるのか。ユートピアや理想社会が出現したからといって、生と死にかかわる人間の問題は少しも解決されないし、人間が道徳的になるわけでもない。

ユートピアには何が欠如しているのか、歴史家ゴーロ・マンはマルクス批判のなか次のように言う。「不信、恐怖、憎悪、利己心と利他心、野心と競争、他人を支援する喜び、権力欲、安定した生活への願望、残忍、崇高、卑劣」などの道徳問題への洞察力、このような「永遠に解決できない」問題への洞察力が、マルクス主義には欠如している。(32) 人間の道徳問題とは無関係に、共産主義の理想社会を築くことができる、という認識には致命的な誤りがある。

人間は、いつの時代のどのような社会にあっても、このような道徳問題から解放されることはない。では、どうすればよいのか。このような道徳問題と戦いながら、この世における自己の使命を発見し、自己の一生をかけてその使命を追求していく、そのような生き方しか人間には残されていない。ここで真の「理想」の力が必要とされる。この点で理想は「宗教」にかかわる。

とはいえ、人間が生活し活動するには、平和、安定、正義が望ましい。この意味では「社会秩序」には人間活動のための諸条件を整えるという重要な価値がある。だから、政治と社会の改善は永遠に続く。しかし、政治と社会の改善それ自体に価値があるわけではない。社会秩序のために人間があるのでもない。人間が目的であり、社会は手段である。何が究極の目的で、何がそのための手段か、という点で価値の倒錯があってはならない。

十九世紀カトリック思想の特徴は、トマス・アクィナスの再発見である。この流れのなかで「自然法論」が興り、政治と社会の基礎理論とされていく。ケテラーの社会思想も、第三章第二節の所有権論で示したように、このスコラ自然法との出会いによって明確な形を取った。十九世紀末には、ミュンヘン大学教授、中央党の社会政策専門家、バイエルン首相、ドイツ帝国の最後の宰相、カトリック学術団体「ゲレス協会」の創設者といった多彩な経歴を持つヘルトリングは、同時代のオーストリアのロマン主義者フォーゲルザングとの対決のなか、スコラ自然法を土台にした社会論を展開する。(33)

ヘルトリングによれば、自然法は人間に自己の一生の目的を追求していく権利、つまり「人格権」を与える。これは神から与えられた不可侵の権利であり、誰も奪うことはできないし、誰かに譲り渡すこともできない。しかし、人間がこの権利を十分に行使するため、平和、秩序、正義などの条件が整備されなければならない。だからこそ、自然法は、国家と社会の現実の弊害を糾弾する「批判的な機能」だけでなく、同時に正しい秩序を構築していく「建設的な機能」も果たせ、と人間に命じる。

この人間の人格権と社会的な機能は、自然法論の核心を成す。

以上から明らかなように、自然法論は、社会を冷静に現実的に観察し分析することも、人間社会を哲学的・宗教的に基礎づけることも求める。換言すれば「現実」も「理想」も必要とする。過激な復古論や革命論など、人間本性に反するユートピアを拒否し、現実的な路線を開いたという点で、十九世紀末における自然法論の再生は重要な歴史的役割を果たした。

五　カトリック社会思想の多様性

ケテラーは一八六九年に国家の社会政策への道を提唱した。しかし、ドイツのカトリック界すべてが、それに賛同したわけではない。

一八三七年のケルン紛争は、ドイツにおけるカトリック運動の萌芽として何度か言及した。南ドイツのミュンヘンでは、翌年の一八三八年に、この紛争においてカトリック側の論客として活躍した独創的な思想家ヨゼフ・ゲレスが雑誌『カトリック・ドイツのための歴史・政治誌』を創刊した。(34) この雑誌を核にカトリック知識人のサークルが形成される。

ゲレス死後の一八五二年、ヨゼフ・イェルクとプロテスタントからの改宗者フリードリヒ・ピルグラムがこの雑誌の編集を引き受け、社会問題に関する論説を次々と掲載し、この雑誌の性格を変えていった。この人々は南ドイツのロマン主義者と呼ばれる。ケテラーもこの雑誌を定期購読し、愛読し、ミュンヘンの人々に好感を抱いていた。

この二人の編集者もケテラーも「有機体思想」を基本理念とすることで同じ立場にある。様々な種類の団体が自発的に結成され、相互に関係を持つ、そうして全体としての秩序が自律的に形成されていく、社会とはそのような生き物であるべきだと両者とも考える。それゆえ、立法や政策を通した国家の強制的な介入に反対する。中央集権化を否定し、連邦制と地域分権を擁護する。既存のあらゆる規制を撤廃していこうとする自由主義も、すべてを中央で管理しようとする社会主義も否定される。この点で両者に違いはない。

ところが、ケテラーは一八六九年に一歩踏み出し、社会問題に対する国家干渉を認めた。それにロマン主義者は反発し、ここにミュンヘンの人々との違いが生まれる。ケテラーは有機体思想を放棄してしまったのか。もちろん、そうではない。とすれば、国家干渉と有機体思想はどう両立するのか。

ケテラーは二元論の立場に立つ。それを説明するため、国家、社会、人間、自由などに関するケテラーの基本的綱領『自由、権威、教会』（一八六二年）の第六章「国家内の二つの基本的な力」の文章を引用しよう。(35)

「人間が生活している様々な団体結社〔国家、教会、地域共同体、企業、家庭など〕には、識別可能な二つの基本的な力が作用している。一つは、構成員を一つにまとめる力〔求心力〕であり、もう一つは、構成員が自己という個体、他者との違い、自らの個性を生かそうとする力〔遠心力〕である。

この二つの力はそれ自体として正当である。統合力のない団体も、構成員が存在しない団体も考えられない。どちらか一方が他方を圧倒したり、どちらか一方が欠けたりすれば、社会の活力は消え失せる。

この二方向の基本的な力を正しい関係に置き、両者を真に調和させる、これこそ、教会、国家、その他の無数の団体にとって、真の問題であり、繁栄と任務遂行のための根本条件である。一方で、個々の構成員の個性〔遠心力〕が尊重される。他方で、その構成員を結びつける絆〔統合力〕が緊密となる。その両者の実現度が高ければ、それだけ完璧な団体となる」

社会は生き物と同じように、自然に有機体的に成長していくという考えが、ケテラーの有機体的社会観の核心を成す。しかし、ケテラーが『自由、権威、教会』第九章「革命」で言うように、人間社会では革命や変革や強制は避けられない。だから、どうしても「強制的な」力が加わる。当初は、そのような強制的で無理な変革は好ましくないと感じられる。しかし、数十年、数百年の歴史のなか「人間本性に合致した」秩序であると了解されていく場合がある。そのような場合には、最初は強制的に思われた力も、次第に有機体的な秩序のなかに組み込まれていく。

従って、一方で、有機体的なもの、他方で、機械的で強制的なもの、この二面から、ケテラーは社会秩序を捉える。社会には二つの力、つまり統一と多様性、権威と自由、求心力と遠心力、中央集権化と地域分権、これらの互いに張り合う力が作用する。この拮抗する二つの力の全面発揮、これこそ生きた社会に必要とされる。そのような場合しか、人間の個性は成長しないし、全体秩序も形成されない。従って、国家干渉の容認が正しい判断かどうか、それは歴史のなかでしか証明されない。これがケテラーの有機体思想である。

それに対し、南ドイツのロマン主義者は、国家の強制力が私的分野の社会に介入することを認めない。

ケテラーとロマン主義者の違いは、同時にドイツの地域差でもあった。工業地帯の西部ドイツ（ラインラントとヴェストファーレン）、当時はまだ農業的であった南ドイツ（バイエルン）、この二つの異なった経済構造の地域では、社会問題の捉え方にも、その対策にも違いがあった。カトリック内でも、社会思想の多様性があったことに注意すべきであろう。

結果として、南ドイツの人々はその後も国家の社会政策に同調しなかった。しかし、カトリック社会思想の主流は、ケテラーが進んだ方向に転換していく。この転換がなかったとすれば、一八八〇年代の社会保障への協力も、一八九〇年代の労働者保護立法の推進も不可能となっていたであろう。

結びの言葉

以上の第三・四・五章では、時代状況が変わるにつれ、ケテラーがどのように社会問題への認識を改め、新しい対策に挑戦していったかを見てきた。しかし、この三つの段階は、前の段階を否定していく発展段階論ではない。第二段階でも、第三段階でも、ケテラーはカリタスに熱心であった。社会改革や国家の社会政策は、そこに加わった新しい要因である。誤解を避けるために、最後にこの点も敷衍しておこう。

第一段階の慈善（カリタス）は、中世以来の伝統的な社会問題への対処法である。カリタスは一八〇三年の世俗化のため一度は解体された。しかし、十九世紀前半に大衆窮乏化が激化するなか、徐々に再建されていく。一八七〇年代の文化闘争でも再び停滞を余儀なくされた。しかし、一八九七年には、カトリック司祭ローレンツ・ヴェルトマンという天才的な指導者のもと、それまで独自に発展してきたドイツ各地のカリタス事業は、中央組織「ドイツ・カリタス連合会」に結びつけられる。(36)

カリタス連合会は、プロテスタントの慈善組織ディアコニーなどと共に、ヴァイマル時代に国家の福祉体制に組み込まれ、第二次世界大戦後には社会国家を支えるドイツ最大の福祉組織へと成長していく。カリタスは第二・三段階で消えるどころか、逆に拡大している。

第二段階の社会改革の理論的な試みも、決して途絶えていない。生産共同組合は、小人数によって設立され、資本と労働が結合した企業体である。全体を見渡せる規模、自発性の尊重、自己責任での行動という点で、この種の企業体は、手工業と同様に、人間の尊厳に相応しい労働形態でもある。また臨機応変に事態の変化に対応できるという点でも、今後の動態的な産業社会でも力を発揮できる可能性がある。

過去の経済体制と同様に、現代のそれも完全ではないし、最終的なものでもない。企業・労働形態も変化していく。とすれば、社会改革も続けられていくであろう。

逆に、第三段階の国家活動は個人や民間団体の自発性を生かすため、ここ数十年間で実施された鉄道や郵政などの民営化や規制緩和が示すように、縮小されている。時代状況が変わるなか、国家、経済、社会の関係も、全体と個の関係も変化していく。

とすれば、三つの対処法はそれぞれ機能すべきところで現在も生きている、と言えるのではなかろうか。

第六章　自由主義との対決

はじめに

ツンフトの解体、営業の自由、自由競争、つまり経済自由主義をケテラーがどう捉え、どう批判したか、この問題は第四章で主題とし、その第七節では筆者のケテラー批判も試みた。

しかし、十九世紀には、自由主義は経済だけでなく、政治、社会、文化、宗教など、どの分野でも時代を支配する精神となった。では、これらの分野の自由主義、特に政治的自由主義とケテラーはどう関係していたのか、同調したのか、それとも対決したのか。(1)

結論を先取りすれば、十九世紀ドイツの自由主義とケテラーは不倶戴天の敵となる。しかし、そこにいたるまで微妙で複雑な経緯があった。一八四八年の革命の際には、両者には協力できる可能性もあった。しかし、革命が挫折した一八四九年以降、両者の距離は広がっていく。最終的には、一八七〇年代以降の文化闘争において両者の対立は決定的なものとなった。なぜ、そういう結末にいたったのか、この問に答えることが本章の課題である。

ケテラーには独自な政治論と国家論がある。としても、この分野でのケテラーの言葉と行動は、一八四八年の革命と共に成立したカトリック政治運動の一部を成す。(2) それゆえ、ケテラーと自由主義の関係を明らかにすることは、自由主義と政治カトリシズムが、なぜ、どこで、どのように対立したか、という十九世紀ドイツ史を彩る構図を鮮明にすることにも役立つはずである。

第一節　自由主義の多義性

自由主義は多義的で、しかも曖昧な概念である。時には逆のことが同じ自由主義の名で呼ばれることもある。この点をしっかり認識しておかないと、現代流の自由主義の概念で、十九世紀の自由主義を類推してしまう危険がある。それを避ける意味で、二人の著名な学者の文章を引用しておこう。

二十世紀の代表的な自由主義経済学者ハイエクは、次のように言う。「十九世紀のイギリスで自由主義と呼ばれていたものとヨーロッパ大陸で自由主義と呼ばれていたものの根本的な違い……。中央集権化、国家主義、社会主義、これらにはっきり反対したのは、イギリス的意味の自由主義であった。ヨーロッパ大陸を支配した自由主義は、これらすべてに好意を寄せた」(3)。

ドイツの歴史家ゴーロ・マンは次のように言う。十九世紀ドイツの「自由主義者は自由を説いた。しかし、その努力によって国家は万能となった。……善良な国民を称賛した。しかし、実際は民衆を信用せず、少数派でしかない有産者の利益を代弁した。……大衆を持ち上げた。しかし、平等な普通選挙の実施にはたじろいだ。……いちおうはキリスト教徒であった。しかし、信仰に真剣さはなかった。悪には一切、目を閉じ、楽観的で平和的であった。と思うと、またすぐ喧嘩、口論、暴力に走った」(4)。

以上から、十九世紀ドイツの自由主義とは何か、自由主義者の実際の言動に基づいて解明されなければならないことが明らかとなったであろう。

第二節　一八四八年の自由主義とケテラー

一　協力の可能性

一八四八年の革命は、ドイツの国家統一と議会制民主政の確立を目指した。四月にフランクフルトで国民議会が召集されると、そこでは保守派、自由主義、急進主義などの政党が結成される。そのなかにカトリック・クラブという超党派の組織もあり、ケテラーはここに所属した。この党派は次の二点を目標とした。

第一は「同権」の回復である。なぜ、同権なのか。一八〇三年の世俗化（教会国家の解体）によって、ドイツのカトリック教徒は、政治、社会、経済、文化のどの分野でも「劣等」の地位に転落していった。この状態の回復を目指すため、ドイツ最初の国民議会で結成された組織、それがカトリック・クラブである（第一章第四節一も参照せよ）。

第二は「教会の自由」の実現である。これが目標とされた事情は説明される必要がある。

一八一五年以降のウィーン体制のもと、フランスでは王政復古が実現し、ヨーロッパ諸国では「王冠と祭壇の同盟」が結ばれる。国家が未統一のドイツでは、王冠とは領邦（ラント Land ないし国家 Staat）の君主（諸侯）を意味する。その領邦君主が、祭壇つまりキリスト教と同盟するということは、教義の解釈から人事にいたるまで様々な面で領邦（国家）が教会に介入する「国家教会主義」が実施されるということである。領邦君主がオーストリアやバイエルンのようにカトリックか、プロイセンのようにプロテスタントか、宗派とは無関係に教会はどこでも国家に厳しく監視され、統制されるにいたった。

ドイツのカトリック教会が、王冠と祭壇の同盟を認めたり、それにこだわったりする限り、教会には「教会の自由」を要求する資格などない。それゆえ「自由主義」との共同戦線も不可能である。王冠と祭壇の同盟の是非は、教会が真の自由を求めているか否か、それが判断される試金石であった。

第四章第六節七で述べたように、十九世紀初め、ミュンスター、マインツ、ミュンヘンなどの各都市で、自発的な信徒の「信仰覚醒運動」が興る。それが、カトリック刷新運動としてドイツ各地に広まり、徐々にカトリック教会を変え、十八世紀の啓蒙カトリックを克服していく。この運動のなか、多くの司教や聖職者も教会への国家干渉を嫌うようになる。一八三七年にはケルン紛争と呼ばれる教会と国家の対立が起こり、第一章第一節で述べたように、ケテラーの人生も変えた。この運動の目標が「教会の自由」である。

カトリック運動の二つの目標「同権」と「教会の自由」は、絶対主義国家との対決を意味する。多くの自由主義者もこのカトリックの要求に同調していた。それゆえ、絶対主義との対決という点で、カトリックと自由主義の間には協力できる可能性があった。実際、アイルランド、ベルギー、ポーランドでは、外国支配を排除するため、両者は協力している。

ケテラーが一八四八年に何を発言し、どう行動したかは第一章第四節で詳しく述べた。基本的な自由も、憲法の土台としての国民主権も擁護し、特権としてではなく、普遍的な基本権の一つとして教会の自由も要求していた。議事日程の都合で実現しなかったが、貴族制の廃止を支持する演説も準備していた。九月のテュージングとの論争では地域の自治も、十月の第一回カトリック教徒大会では宗教の自由も強く求めていた。

今後、自由主義と共に歩むことができるか、ケテラーは国民議会での彼らの発言に注目し、それを書き留めた備忘録も残している。自由な国家の実現という点で、両者は基本的に一致できるように思われた。

二　潜在的な対立点

しかし、結果的には、カトリック運動と自由主義の協力はドイツでは実現しなかった。なぜか。すでに当時、両者のあいだには潜在的な対立が存在していたためである。ここでは、その対立点を、国家論、教会論、ドイツ自由主義のプロテスタント的起源の三面から明らかにしていきたい。

絶対主義国家に対抗して基本権、特に自由を擁護する、という点でケテラーと自由主義者のあいだに違いはない。しかし、その根拠は異なる。

ケテラーでは、基本権は国家以前から存在し、国家を超えるものである。それゆえ、国家にも、絶対王政の国王にも、人民にも、民主制の多数決原理にも、基本権を否定する権限など与えられていない。むしろ逆に、国家は、基本権を擁護し確立する義務を負う。

この思想の中核には、神学者トマス・アクィナスに由来する「自然法」がある。基本権は自然法に由来する権利である。それゆえ、国家権力は自然法の規範に則って行使されなければならない。ケテラーの場合には「その法律は正しいか」がつねに問題となる。

（二）国家論

それに対し、自由主義者にとって国家を拘束するものは何もない。それゆえ、基本権は国家が制定し、国家が保障して初めて有効となる。このような国家権力論は、カトリックの立場から見れば、国家の絶対化と神格化である。第五節三ではこの立場を「法実証主義」と呼ぶ。ここでは、手続きが法律に適っている限り、議会が制定する法律は、どのような中身のものであれ、すべて合法である。それゆえ、後の文化闘争で見られたようなカトリック教徒の基本権を剝奪する例外法も、社会主義者鎮圧法も、議会の多数派によって承認されたのであるから、すべて正当だと見なされる。

一八四八年のフランクフルト国民議会では、自由主義穏健派の多くは、自然法による国家権力の制限に同意していた。しかし、急進派のなかには、気に食わない敵は国家権力で弾圧してよい、と公言する議員もいた。一八四八年の革命後には、後者の見解が徐々に広がっていく。

国家権力は、自然法に根差す制限されたものか、それとも、そのようなものに拘束されない絶対的なものか、これが潜在的な対立点の第一である。

（二）教会論

カトリックには独自の「教義」があり「制度としての教会」がある。ケテラーは一八六二年刊の『自由、権威、教会』第三十四章「結びの言葉」で教会論を展開している。[5]

それによれば、カトリック教会には「使徒職を中断なく継承していく」任務、「使徒的伝承」と呼ばれる任務がある。それは、一口で言えば、イエス・キリストが語り、ペトロ、パウロ、ヨハネなどの使徒が受け継いでいった教えを「教義」（ドグマ）として定式化し、守り、伝えていくことである。[6]

その教義の核心、つまりキリスト論は、三二五年のニカイア公会議に始まる古代の五つの公会議で、使徒的伝承として確立された。この教えのなか「キリストと外面的に結合する」制度が「教会組織」である。この意味で教会には「権威」がある。信仰の自由とは、その使徒的伝承の権威を自由意志で受け入れることである。

この「教会に固有な任務」を果たすための自由、それが「教会の自由」である。従って、教会の自由とは、国家に反抗する自由のことではない。国家のなかに、教会という国家を建設する自由でもない。

では、自由主義は、宗教と教会をどう考えるのか。確かに、十九世紀ドイツの自由主義も、信仰や教会は否定しない。しかし、そこで言う信仰は個人の心の内面のみにかかわる。教会に公的な任務があることも認めない。ここには、シュライエルマッハー以来の自由主義神学が作用している。

それに加え、自由主義は、カント以来のドイツ観念論を哲学的土台とする。そこでは、人間の自由とは、個人の内面・信仰・道徳が、教会の教義や権威から、その他の一切のものから解放されていくことを意味する。それゆえ、ドイツ観念論が主張する「人間の自由と自律」は、カトリック教会が言うような「教会の教義や権威」とは両立しない。

この両者の違いが、どのように対立を顕在化させていくか、ゴーロ・マンの次の文章が示す。「自由主義そのものは、反宗教的ではない。しかし、反権威主義的である。自由主義には、潜在的な力を解放していき、最終的には宗教を『わたくしごと』（私事）にしていく傾向がある。その前に自由主義は科学を信じる。実証的な学問の流れに身を任せる人は、どこへ流されていくか、予測もできない。この意味で、宗教は教会という組織を持つ限り、自由主義と戦う」(7)。

なお、十九世紀のプロテスタント世界は自由主義と保守派に分裂する。保守派には、宗教改革以来の独自の教義と教会が存在する。

㈢　ドイツ自由主義のプロテスタント的起源

フランスでも、一方では、カトリック運動、他方では、市民階級の自由主義的な国民運動のあいだに激しい対立はあった。としても、両者の運動とも、共通の歴史的伝統の上に展開されていた。

しかし、ドイツでは、キリスト教は、プロテスタントとカトリックの宗派に分裂していた。自由主義は、プロテスタント地域の、それも市民階層に大きく限定された思想運動であった。それに対し、南ドイツや西部ドイツのカトリック地域では、自由主義や国民主義の強い運動は興っていない。

この事実は、その後のドイツ史を規定する。自由主義が唱えた国民主義、つまりドイツの国家統一に向けた運動は、後述するようにプロテスタント国家プロイセンを中心に進められていく。

以上のように、すでに一八四八年の革命の時点において、自由主義とカトリック運動のあいだには協力の可能性だけでなく、潜在的な対立点も存在した。

第三節　ドイツ自由主義の変貌

一　挫折

なぜ、一八四九年以降、カトリック運動と自由主義の対立は顕在化していったのか、その原因はドイツ自由主義の変貌にあった。

ドイツの国家統一を目指す「国民運動」を担い、一八四八年の革命を主導したのは「自由主義」的な「市民階層」であった。しかし、国家統一も全ドイツ的な憲法の制定も実現せず、革命は挫折した。

革命が挫折した後の「反動期」（一八四九―一八五八年）に自由主義は衰える。しかし、プロイセン国王フリードリヒ・ヴィルヘルム四世が精神疾患に陥り、一八五八年末にヴィルヘルム一世が摂政に就任すると、時代の雰囲気は一変する。自由主義者は勢いを盛り返し、一八六一年に進歩党を結成する。一八五八―一八六一年は「新時代」と名づけられる。

同じ一八六一年に、プロイセン政府は軍制改革とそのための予算案を下院に提出する。下院の進歩党はこの予算案を否決し、政府との対決姿勢を鮮明にする。この窮地を脱するため、国王は一八六二年九月にビスマルクをプロイセン首相に任命する。ビスマルクは不退転の決意でこの事態に臨む。翌年以降も、予算は承認されないまま執行される。憲法と議会制の危機である。一八六二―一八六六年の時期は「憲法紛争期」と呼ばれる。

この紛争を解決するには、対外戦争で成果を上げる以外に道はないとビスマルクは認識していた。一八六四年の対デンマーク戦争、一八六六年の対オーストリア戦争でプロイセンは勝利を収め、国家統一の主導権を握る。一八七〇年の対フランス戦争でも勝利したビスマルクは、一八七一年にドイツ帝国を建設する。ドイツの国家統一は、オーストリアを排除した小ドイツ主義の形で完成した。

これらの成果、特に対オーストリア戦争での輝かしい勝利を目にして、自由主義者はビスマルクの賛美者に変身していった。多くの進歩党員は党を脱退し、一八六七年に国民自由党を結成する。新たに召集された議会は、軍事予算も事後的に承認した。国民自由党は、この時に保守党から分裂した自由保守党と共に、今後は議会でビスマルクを支えていく。これが自由主義の変貌である。

これは何を意味するのか。「市民階級が半世紀にわたって夢見てきたことが、市民階級の協力なしに、時には市民階級の意図に逆らって達成された」、言い換えれば「自由主義者はドイツ国家統一のため、ほとんど何も貢献しなかった(8)」ということである。ドイツの国家統一は、ビスマルクの政治・外交手腕とプロイセンの軍事力で実現した。

二　後退

とはいえ、この変貌は一八六六年に突然に起こったわけではない。それ以前から、ドイツ自由主義には弱みがあった。一八四八年の革命の挫折によって、自由主義者は無力感を味わい、理念だけで憲法制定や国家統一は実現できない、力に支えられない理念は幻想だということを思い知らされていた。

先進国イギリスやフランスでは、経済力を蓄え、政治的な手腕も持ち合わせていた市民層が幅広く、しかも分厚く形成されていた。それゆえ、国民国家が形成されていくなか、市民層は自由も同時に実現させていくことができた。しかし、後進国ドイツの市民層にはまだそのような力は備わっていなかった(9)。

このドイツの後進性は、歴史に由来する構造的な要因である。この所与の条件から、自由主義者がどのような自由論、国家論、権力論、教会論、歴史像、文化論を作り上げていくか、その知的な営みには人間の自由意志が作用する。以下の三つの段階は、その所産である。

三　「現実政治」

自由、憲法、国家統一を「現実」的な土台の上に考える、という認識そのものは健全である。自由主義者の問題点は、一八四八年の革命が挫折した後、それを一歩進め、自由と統一の「両立」ではなく、自由よりも統一を「優先」する、さらに統一のために自由を「犠牲」にするに至ったことである。これは、自由主義を掲げた市民階層が、ビスマルクの権力政治と華々しい成果に屈服したことを意味する。こうして、一八五〇年以降の「自由主義は、一八四八年の自由主義とはまったく逆のもの」に変貌し、自分たちの原則の「自由を裏切り、……自由の仮面を被った絶対主義」に落ちぶれた、とケテラーは言う。(10)

この変貌は一八四八年の精神からの大きな逸脱である。この新しい立場は「現実政治」（Realpolitik）とか「実証主義」（Empirismus）とか呼ばれる。自由主義者ロッハウが、一八五三年に『現実政治』と題する書物を出版したことで、この言葉は流行語となった。(11) これが自由主義者の変貌の第一段階である。

四　「プロイセンの使命」――自由主義とプロイセンの結合

統一が最優先されるとすれば、どの国がドイツ統一を担うのか。その力を持つ国はプロイセン以外に存在しない。一八五〇年代になると、プロイセンにはドイツを統一する「世界的な任務が定められている」という「プロイセンの使命」「プロイセン主義」が登場してくる。

ケテラーは一八六七年に『一八六六年の戦争後のドイツ』を出版し、このような「プロイセンの使命」には誤りと危険があると警告し、その典型的な例として偉大な古代史家でもある自由主義者ドロイゼンの文章を引用する。(12)

「生命力に溢れる建設途上の国家にはいつも見られるように、四百年の歴史を持つプロイセン国家は、つねに拡大し続けてきたし、進むべき方向を定めてきたし、特殊な歴史的な役割を果たしてきた。これらの特性は優れた歴代の君主の声明よりも、むしろ彼らの遭遇した幸運と運命にあらわれている。この国家を造り上げてきたもの、今後もこの国家を支え導いていくもの、それは私流の言い方が許されるとすれば、歴史的必然である」

一八六六年の戦争でプロイセンが勝利を収めると、著名な歴史家でもある国民自由党の政治家トライチュケは、この勝利を「歴史の必然」だと言い表し、前述のロッハウは「個人道徳から独立した必然的な自然法則」だとも言う(13)。

このように、自由主義者はドイツの国家統一をプロイセンに期待するだけでなく、そもそもプロイセンはドイツの国家統一を実現するために誕生した、プロイセンにはその使命がある、と唱えるにいたる。このプロイセンとの連携が、自由主義の変貌の第二段階である。

二十世紀初めに量子力学が成立する以前では、必然は「科学」的な概念だと勘違いされていた。そのため、どこでも必然という言葉は持て囃された。プロイセンの使命が自然の必然だとすれば、その必然を認識し、その実現を目指す自由主義者とプロイセン国家には、美徳の「倫理」性もある、とまで褒め称えられた。

こうして、使命と必然の言葉には、自然的、歴史的、科学的、倫理的な中身が詰め込まれていく。

五　カトリックに対するプロテスタントの勝利

第三段階では、プロイセンの勝利は神の摂理として「神学」へと高められる。

一八六六年の勝利は、カトリック国オーストリアに対するプロテスタント国プロイセンの勝利だというだけでなく、さらに、カトリック国フランスのナポレオンを打ち破り、ドイツを解放した一八一三年に直接に繋がると解釈される。前述のドロイゼンによれば、これらの偉業を成し遂げたドイツ精神の起源は宗教改革の一五一七年にある。

こうして、一五一七年、一八一三年、一八六六年、後にはドイツ帝国が建設された一八七一年が直線的に把握される。しかし、自由主義が挫折した年、一八四八年は無視される。以上のように、一八六六年のプロイセンの勝利はプロテスタントとも結びつく。

それに反し、カトリックは歴史の必然と進歩を押し止めようとする「反動」である。カトリックは「教会の自由」を主張することで、国家内に国家を造ろうとしている、またローマ教皇庁に忠誠を誓う「ウルトラモンタン主義」を唱えることで、ドイツの国家統一を妨害しようとしている、と主張される。

この種の自由主義プロテスタント的な時代精神がドイツ思想界を風靡し、ここにカトリックを攻撃し、その攻撃を正当化する思想上の風土が整えられる。自由主義とカトリックの戦いは、一八七〇年代に「文化闘争」という形で勃発する。

なお、十九世紀ドイツのプロテスタントは多様であり、保守の王統派はこの種の歴史観とは無縁であった。ビスマルクも、プロイセン主義などでっち上げだとしか見なかったが、それを自己の政策のために利用する術は心得ていた。とはいえ、国民がその熱に浮かされていくにつれ、その制御はビスマルクにも不可能となっていく。

六　ウルトラモンタン主義の概念について

前項五にはウルトラモンタン主義（Ultramontanismus）という言葉がある。この奇妙な流行語から、十九世紀におけるカトリックと自由主義の対立状況の一面を窺い知ることができる。その点にも簡単に触れておこう。(14)

（一）概念の由来と中身

この概念は十八世紀に由来する。当時の絶対王政は、教会を国家の支配下に置こうとする「国家教会主義」を推進していた。この傾向に対抗し、アルプス山脈の向こう（ultramontan）のローマ教皇との繋がりを強めることで、各地の教会を国家から自律させようとする運動が起こる。この運動を阻止するため王政側が造った誹謗のための用語、それがウルトラモンタン主義である。この言葉は日本では「教皇権至上主義」と訳されてきたが、それは正確な訳語ではない。

本章第二節一で述べたカトリック信仰覚醒運動は、ウルトラモンタン主義と結びつく。この人々は、教会への国家介入、啓蒙思想、革命と対決する。この運動の担い手は民衆であった。一八〇三年の世俗化（教会国家の解体）によってカトリック教会は「貴族の教会」から「民衆の教会」へと脱皮する。その後は民衆が教会を支えていく。人々は自発的な団体を結成し、また新聞や雑誌を発行することで、組織的な運動を展開する。

この点で、ウルトラモンタン主義の行動様式はある意味で近代的であり、大衆的である。民主主義は標語にも掲げられていなかったが、民主的と呼ぶこともできる。このウルトラモンタン主義が、政治的・社会的カトリシズムの土台となる。(15)

(二)　教皇の絶対化か

しかし、十九世紀には、カトリックと自由主義の双方にウルトラモンタン主義の極端な概念が登場する。一方で、十九世紀初めのフランスの伝統主義者ド・メーストルは、フランス革命と自由主義に対抗してローマ教皇の「絶対主義」を唱えた。この意味でウルトラモンタン主義は「教皇権至上主義」である。しかし、ローマ教皇はこのような思想を歓迎していない。ケテラーも「いかなる形態の絶対主義(16)」も認めていない。次の二点がはっきりと指摘されるべきである。

第一　確かに、カトリックには教会としての一体性がある。しかし、ローマ教皇は、教会位階制（ヒエラルキー）のなかの絶対君主ではない。初代教会以来、各地の司教には独立の権限があるし、公会議も教会の伝統である。カトリック教会の特徴は統一と多様性にある。第五章第六節五では、それを求心力と遠心力と名づけた。この力の均衡がなくなれば、教会の生命力は消え失せる。

第二　ローマ教皇の職務と権限は厳格に限定される。教皇の職権は、第二節二で述べた言葉では「使徒的伝承」への奉仕に限定される。それ以外の分野では、信徒は自由に考え、自由に行動できる。

ケテラーは次のように言う。「キリストの教えは、人間的な認識と学問の全領域に及ぶのではなく、特に人間と神の関係はどうあるべきか、といった一定範囲の基本的な真理に限定される。……それ以外の学問分野すべては、完全に自由な研究に任せられる」(17)。

以上から、ド・メーストルが唱えるような絶対主義は、カトリック教会の構造にも、ローマ教皇の職権にも当てはまらない、と言うことができるであろう。

(三) 近代に生きていけない怪物か

他方で、十九世紀ドイツの自由主義は、本節五で示したように、ウルトラモンタン主義を、反動、反啓蒙、反理性、反国家、反ドイツと名づけ、カトリック教会は近代世界で生き延びることができないと決めつける。その証拠として、特にローマ教皇ピウス九世の一八六四年の回勅と誤謬表(シラブス)や、第一ヴァチカン公会議で一八七〇年に宣言された教皇の不謬性の教義が挙げられる。

それに対し、ケテラーは一八六七年の『一八六六年の戦争後のドイツ』第十二章「自由主義と一八六四年十二月八日の回勅」で、これらピウス九世の宣言が、真の意味の進歩とも、自由主義とも、近代文明とも矛盾するものでないことを証明する(18)。この文献は、カトリック信徒が、社会・政治運動を進めていくための重要な理論的な支柱となった。

二十世紀の歴史家ゴーロ・マンも次のように言う。「ピウス九世の戦闘的な宣言にもかかわらず、カトリック教会は近代世界と共存できない怪物ではなかった。カトリック系の政党〔中央党〕が、信仰とカトリック教会の利害を裏切ることなく、国家内において積極的で有益な役割を演じる時代が、その後まもなくやってきたではないか(19)」。

以上の説明から、一部のカトリック思想家と多くの自由主義者は、十九世紀の対立状況に囚われていたということが分かるであろう。現代は、もうそのような状況にない。ウルトラモンタン主義は、言葉の由来が示すように、国家教会主義と対比することで、歴史的に正しく位置づけられる。現代では、もう国家教会主義は消え去った。それゆえ、ウルトラモンタン主義も不要な言葉と化している。

第四節　対立の顕在化

以上では、ドイツの自由主義が、一八四八―一八七〇年の時期にどう変貌したか、カトリックをどのような言葉で、どのように批判したかを見てきた。ケテラーは一八五〇年にマインツ司教となり、この変貌した自由主義と対決する。マインツ司教の管轄区はヘッセン大公国（通称ヘッセン・ダルムシュタット）と地理的にほぼ重なっていたため、この領邦が対決の舞台となる。

一　ヘッセン大公国との協定

ケテラーがマインツ司教に任命された事情も、その当時のマインツ司教区の状況も、第一章第五・六節で詳しく述べた。マインツ司教区を含む西南ドイツのオーバー・ライン教会管区とそれぞれの領邦の関係、つまり教会と国家の関係は、一八二一年八月十六日の「大勅書」で定められた。この協定書は、フランスのナポレオン政教条約を手本としていた。ということは、教会の自由が大幅に制限されていたことを意味する。

ケテラーはこの大勅書の改正を目指す。交渉相手はヘッセン大公国の首相ダールヴィクであった。

ケテラーは一八四八年の言動が示すように、教会の自由を普遍的な自由と基本権の上に築こうとした。しかし、ダールヴィクは一八四九年以降、ドイツ内でもっとも反動的な政治家として知られていた。では、自由の擁護者ケテラーはこのような相手との交渉を拒絶したのか。否である。逆に、何のためらいもなく交渉を始め、契約まで漕ぎ着けた[20]。

ヘッセン大公国とマインツ司教区の協定は一八五四年に「仮合意」という形で締結された。それによれば、司教の権限として（a）聖職者の教育と任命、（b）教会規則の制定と運用、（c）修道会の許可と修道院の設立、（d）学校に対する教会の影響力の行使が認められた。この協定によって、国家と教会は良好な関係を保つことになる。

しかし、この協定はローマ教皇を無視した秘密協定であった。そのため、一八六〇年に公表されると、ローマ教皇だけでなく、周囲の司教たちや自由主義者からも非難攻撃され、一八六六年には無効とされた。とはいえ、この種の協定なしに、国家と教会の任務が相互に重なる分野の事業は続けられない。そのため、実際には効力を持ち続けた。ケテラーは新しい協定を目指し、自らローマ教皇庁にも出かけ交渉する。

類似の協定は、他のドイツ諸国でも締結された。というのは、「反動期」には世論を考慮せずに、教会と国家は容易に合意に達することができたからである。

二　自由主義の再興と攻勢

しかし、一八五八年以降の「新時代」になると、自由主義は力を盛り返し、攻勢を強め、反動期に成立した国家と教会の協定を問題視していく。ヘッセン大公国の自由主義者は、二つの問題を提起する。

第一に、国内のカトリック教会とその聖職者・信徒・施設の法的地位が、国外のローマ教皇との協定（ないし政教条約＝コンコルダート）で定められるという点である。第二節二で述べた自由主義の国家論によれば、それは国内法上の問題として扱われるべきである。

第二に、自由の擁護者ケテラーが、なぜ反動政府と協定を結ぶのか、自由主義者には理解できなかった。そのため、ケテラーへの不信感を強めていく。

以上の理由から、自由主義者は協定の破棄を要求する。

三　決然たる敵対へ

この二つの問いかけにケテラーはどう答えたのか。

第一の問について。第二節二で述べたカトリック的な国家論に基づけば、ある国家の国民が、国際的な宗教団体であるカトリック教会に属することにも、国家が自国内のカトリック教徒の法的な地位についてローマ教皇庁と協定を結ぶことにも何の問題もない。そのため、人間の自律や国家の独立が傷つけられるわけでもない。ましてやカトリック教徒が反国家的となるわけではない。

しかし、自由主義者、国家主義者、一部のプロテスタント教徒にとって、カトリックという宗教そのものが反国家的、反ドイツ的、つまりウルトラモンタン主義的である。

カトリック信仰と国家への忠誠は両立するのか。この問題についてケテラーがどう発言しているか、ここで確認しておこう。文化闘争が激化した一八七三年に公刊された『ドイツ帝国のカトリック教徒』の序文には次のような文章がある。「ドイツ帝国に対する私どもの義務を誠実に履行し、ドイツ帝国の繁栄のために力の限り協力するという点で、怠慢があってはならない」。ドイツ帝国のため「誠実な愛国心をもって最大限の努力をなすべきだ……この点で、カトリック教徒は誰にも引けを取ってはならない。ましてや、カトリック政党の現状承認は異心あっての面従腹背である、などと誤解されてはならない(21)」。

ケテラーにとって、国民としてドイツ国家に忠誠を誓うこと、信仰の拠り所としてカトリック教会の一員となること、この両者は、一方を取れば、他方は排除される、といった関係にあるのではない。

近代世界では、宗教と政治、教会と国家ははっきり区別され分離される。政治、経済など世俗の様々な領域も分離し、それぞれの領域では各自の固有な法則が作用する。とすれば、それぞれの対象（ローマ教皇、国王、雇い主など）には別の独自の忠誠心が求められる。これが各領域の自律性を承認する近代世界の論理である。言い換えれば「世俗化」の論理である。(22)

第二の問について。なぜ、ケテラーは反動政府と交渉するのか。それは自由と基本権を裏切ることにならないか。それは裏切り行為ではないとケテラーは考える。なぜか。

確かに、ケテラーは、十八世紀フランスの絶対王政、フランス革命のジャコバン主義、十九世紀前半のドイツ領邦の絶対主義と同様に、ヘッセン大公国の反動政府も非難する。この点で、ケテラーは一貫している。しかし、暴力を行使して、これらの絶対主義と戦うという方式をケテラーは認めない。では、どうすべきか。絶対主義のもとでも基本権の一片でも承認されることは改善である。善き方向であれば一歩でも進む。教会の自由が実現するのであれば、相手が反動政府であろうが、革命政府であろうが無関係である。契約の成立は自由の進展である。

それとも、相手が自分の思想に合わない場合には、基本権の実現に向けた努力は放棄する、これが正しい姿勢だ、と自由主義者は言いたいのであろうか。

これがケテラーの現実的な対処法である。この姿勢については第五章第六節で詳しく言及した。

しかし、このようなケテラーの発想は自由主義者には理解されなかった。攻勢はさらに一段と強まっていく。一八七〇年代に、文化闘争の波がヘッセンにも押し寄せてくると、自由主義者だけでなく政府も、国家権力を用いてカトリック教会を弾圧してよいと考えるにいたる。こうして、それまでの二十年にわたるヘッセン大公国とマインツ司教区の平和な関係は終わりを告げる。

この自由主義のやり方は絶対主義と変わらない、と見たケテラーは、決然たる反自由主義に転じる。その姿勢は、一八六〇年以降の書物と演説にははっきり現れている。

四　中間要約——自由主義と絶対主義

以上から分かるように、ケテラーの「自由主義」批判は「絶対主義」批判として、宗教、政治、経済の分野で一貫している。それを纏めておこう。

第一に、宗教上の自由主義は、十九世紀プロテスタントの主観主義である。この神学は「人間の内面」を「絶対化」する。ここでは宗教は心の問題でしかない。それゆえ、第二節二で述べた「使徒的伝承」の「制度」としてのカトリック教会の在り方を認めない。なお、伝統的なプロテスタント教会の神学は、この種の自由主義神学とは区別される。

第二に、政治上の自由主義は「国家主権」を「絶対化」する。ここでは国家が制定する法律、つまり国法だけが法である。それゆえ、国家を超え、国家を拘束するような自然法は否定される。カトリック教会のような国家を超える宗教団体は国家主権を侵犯すると考える。ケテラーにとっても国家と国家権力は重要である。しかし、絶対ではない。というのは、第二節二で見たように、国家権力は最初から制限されているためである。

第三に、経済上の自由主義は「自由競争」を「絶対化」する。だから、そこでは賃金鉄則が作用し、労働者は窮乏化する、結果として社会問題が生じるとケテラーは考える。この経済自由主義は第四章第七節で検討し、市場経済は有効である、しかし絶対ではない、それが有効に働くためには国家の「補完」的な干渉も必要だと述べた。それゆえ、競争を絶対化する自由放任主義は誤っている。

以上のように、十九世紀ドイツの自由主義は、宗教・政治・経済のどの面でも絶対主義と結びつく。確かに、人間の内面、国家、市場経済、そのどれも重要である、しかし、絶対ではない、というのがケテラーの立場である。

五 「宗教上の平和のためのマグナカルタ」

自由主義との和解という点で、ケテラーが期待していたものに、一八五〇年のプロイセン憲法がある。なぜ、この憲法に期待できるのか。

(一) 一八四九年のフランクフルト憲法

一八四九年三月二十八日にフランクフルト国民議会で採択された憲法は、第一四四―一四六条で「宗教の自由」を、第一四七条では「教会の自由」を保障し、「あらゆる宗教団体は自己の事柄を自立的に決定し、管理するが、一般的な国法に服する」(23)と規定した。その文言に不満はあったが、受け入れることができるとケテラーは判断した。

しかし、プロイセン国王が国民議会から差し出された帝冠を拒絶したため、革命は挫折し、ドイツの国家統一もフランクフルト憲法も実現しなかった。

(二) 一八五〇年のプロイセン憲法

ところが、意外なところから救いの手が差し伸べられた。審議中のフランクフルト憲法草案を手本に、プロイセン国王は一八四八年十二月五日に「欽定憲法」を公布する。その改正版が一八五〇年一月三十一日のプロイセン憲法である。この憲法には、フランクフルト憲法以上の「教会の自由」を保障する条項(第十二―十八条)が定められていた(24)。

ケテラーはこの教会条項に期待した。「宗教の自由」と「教会の自由」は自由の原理である。その原理を憲法に規定し保障する、それに自由主義者は反対できないはずである。とすれば、この条項は、カトリックと自由主義の和解のための共通の土台となりうる。

第三節一で述べたように、一八六六年の戦争で勝利を収めたプロイセンは、ドイツ連邦を解体し、一八六七年に北ドイツ連邦を結成した。カトリック国家オーストリアはドイツから締め出された。自由主義者はビスマルクの力の政策に屈服し、その賛美者に変身した。それに対し、ドイツ内で三分の一の少数派となったカトリック教徒はただ戸惑い、無力感に陥ることしかできなかった。

しかし、ケテラーはこれを絶好の機会だと捉え、プロイセンを核とした国家統一、つまり小ドイツ主義に賛成した。なぜか。(25)

その最大の理由はプロイセン憲法の教会条項にあった。プロイセン中心の統一国家が実現すれば、その教会条項が新しい統一国家の憲法に採用され、ドイツ全体の教会政策とされる可能性が出てくる。それは歓迎すべきことである。というのは、そのような条項があれば、前述のバーデン教会闘争に見られたような自由主義者の教会攻撃は、憲法に違反する不法行為とされるからである。

ケテラーは一八六七年に出版した『一八六六年の戦争後のドイツ』第十一章「教会と学校」で初めて、プロイセン憲法の教会条項を「宗教上の平和のためのマグナカルタ」と呼んだ。しかし、すでにフランクフルト国民議会の一八四八年九月十八日の演説「学校問題」でも「私ども全員が住むことができる家をドイツに建設しようではありませんか」と発言している。カトリック教徒もプロテスタント教徒も、それぞれが各自の信仰に従い、各自の宗教を実践していく、それが保障されるような国家の建設をケテラーは願っていた。プロイセン憲法の教会条項に表れている精神は、ケテラーの基本理念でもある。(26)

一八六七年に北ドイツ連邦の下院（その名称はすでに帝国議会であった）が開かれると、カトリック議員は若干の保守派プロテスタント議員と共同で、プロイセン憲法の教会条項を北ドイツ連邦憲法に取り入れるべきだという動議を提出した。しかし、それも否決され、ケテラーの願いは実現しなかった。

(三)　一八七一年のドイツ帝国憲法

ドイツ帝国が設立される前日の一八七一年一月十七日、プロイセンの下院において、有名な病理学者で進歩党議員のルドルフ・フィルヒョウは、カトリック教会とカトリック陣営に対する闘争を「文化闘争」と名づけ、当時すでに始まっていたカトリック攻撃を歓迎する演説を行った。

文化闘争は、進歩党や国民自由党など、ドイツ帝国議会で多数派を占めた自由主義政党によって主導された。議会で自由主義政党の支持を必要としたビスマルクも、カトリック勢力を「帝国の敵」と名づけ、この闘争を力強く推し進めた。

ケテラーは、ドイツ帝国議会の第一回選挙に立候補し当選した。一八四八年にフランクフルト国民議会議員に選ばれた際と同様に、ケテラーは政治家になろうとしたのではない。プロイセン憲法の教会条項をドイツ帝国憲法に取り入れる、ただそれだけが目的であった。ケテラーは一八七一年四月三日に帝国議会で演説し、その趣旨を説明した。これは「基本権動議」と言われる。(27)

自由主義はこの動議に反対した。前述したように、一八四八年の自由主義は、あらゆる人とすべての正当な団体に自由を与えた。そこには教会の自由も含まれる。しかし、ベルリン大学の著名な歴史家であった国民自由党員のトライチュケは、一八四八年の自由主義を「子供靴を履いていた時代の自由主義」と揶揄し、成熟した後期自由主義は、帝国の敵・進歩の敵・ウルトラモンタン主義であるカトリック教会に普遍的な自由を与える必要などないと演説した。(28)

この基本権動議は、中央党以外の全政党の反対で否決された。ケテラーは帝国議会では他の事柄でも三度演説をしたが、議員としての自分の任務はもう終わったと考え、一八七二年三月十四日に議員を辞任し、同年にドイツ帝国議会での活動報告書『最初のドイツ帝国議会における中央党』を出版する。その最終行には「自由主義は完璧な勝利を収めた。全ドイツは自由主義の餌食になった」(29)と書かれている。ケテラーの一切の努力は水泡に帰した。

この件で、ケテラーはビスマルクに手紙を送ったり、面会したりもしたが、教会事項は中央政府の帝国ではなく、領邦の権限だとして、ビスマルクは取り合わなかった。中央党の指導者ヴィントホルストも、この点ではビスマルクと同じ考えにあり、教会事項を帝国憲法に定めることは、中央党の基本綱領「連邦制」と「地域分権」に反すると考え、この件ではケテラーに協力的でなかった。

その翌年の一八七三年四月五日、プロイセン憲法の教会条項も削除されてしまった。ここでも自由主義者が中心的な役割を演じている。こうして、カトリックと自由主義は不倶戴天の敵としか言えないような関係に落ち込んでいく。

第五節　初期自由主義と後期自由主義

基本権動議が挫折した数ヶ月後、九月十日から十四日まで第二十一回カトリック教徒大会がマインツで開催された。当地の司教として招待されたケテラーは、九月十一日に「自由主義、社会主義、キリスト教」と題する講演を行い、キリスト教が自由主義や社会主義とどう関連しているのか、自己の見解を表明した(30)。この講演を契機に、自由主義、社会主義、キリスト教という形で三者を対置させる発想が、カトリック社会思想内で定着する。本節では自由主義を取り上げる。

一　自由と自由主義の区別

自由には最高の人間的な価値がある、しかし、その自由を自由主義者は裏切っているとケテラーは言う。自由主義者が自由を唱えているとは限らない、ということは、自由と自由主義が区別されるということを意味する。これは、ケテラーの自由論を理解するための必要な前提である。それをケテラーは次のように表現する。

「自由という言葉には、美しい響きがあります。正しい意味において自由であることを望まない人がいるでしょうか。……しかし、世間でふつう自由主義と言っているものは、真の意味の自由とは少しも一致しません。むしろ大抵の場合、自由という言葉が意味するものとは全く逆のものになっています」

確かに、ケテラーは自由主義と対立した。しかし、それは自由を擁護するためであった。この点は誤認されてはならない。

二　自由主義の三段階

では、自由主義はどのように自由を裏切っているのか。それを示すため、ケテラーは自由主義を「児童期（初期）」「壮年期（後期）」「老齢期」に区別する。老齢期の自由主義とは社会主義のことである。この講演では「社会主義は自由主義の嫡出子である」という独創的な命題が提起されているが、社会主義は第七章で取り上げる。自由主義の変貌は第三節で述べた。そこでの「一八四八年の自由主義」が初期自由主義であり、その後の「変貌していった自由主義」が後期自由主義である。

この「児童期と壮年期の自由主義の区別は、帝国議会での国民自由党の大物政治家たちのお蔭で実現した」とケテラーは言う。大物政治家とは「プロイセンの使命」に仕えたベルリン大学の高名な歴史家トライチュケと後のドイツ帝国で財政改革を敢行したミーケルである。

一八七一年の帝国議会での演説で、この二人の「国民自由党の大物政治家たち」は「子供靴を履いていた一八四八年の」初期自由主義を見下し、「児童期の自由主義が、称賛し承認していた教会の自由を否定する」。一口で言えば、自由主義者は自由主義を初期と後期に区別し、前者を否定する。ケテラーはその区別を引き継ぎ、後者を批判する。

三　初期自由主義と後期自由主義の違い

では、初期と後期の自由主義にどのような違いがあるのか。ケテラーは次の三点を挙げる。

㈠　開放的か、それとも閉鎖的か

ケテラーは次のように言う。「初期自由主義、特に一八四八年の自由主義は、完成した閉鎖体系だというよりも、むしろ全ヨーロッパで十六世紀以来徐々に形成されていった絶対主義に対する闘争であった。それに対し、いわゆる壮年に達した現代の自由主義は完結した閉鎖体系となり、自分たちこそ確実な真理そのものだと主張する。それを根拠に、自由主義体制をどこでも押しつける」。

絶対王政は中央集権化を推し進め、個人、団体、地域の自由を縮小させていった。しかし、このような嘆かわしい状態のなかでも、必ず自由の芽はある。その芽を追い求め、少しずつであろうとも自由を勝ち取っていく、それが初期自由主義の生き方である。それゆえ、初期自由主義の第一の特徴は「開かれている」ことにある。

それに対し、後期自由主義は「文化、法、理性、学問、これらすべての唯一の担い手」だと自称する。言い換えれば、後期自由主義は「真理」そのものであり「近代文化、ヒューマニズム、理性」を代表する。だから「どこでも自由主義を押しつける」ことは「正当な権利」だと考える。その当然の結果「自由主義への服従は全員の義務であり、自由主義への反抗は、理性への反抗」となる。この意味で後期自由主義の第一の特徴は「完結的」「閉鎖的」である。

㈡　他者の自由の承認か、それとも自己の絶対化か

初期自由主義は普遍的な基本権を擁護する。それに対し、後期自由主義は自己の立場だけが正しいとする。そこから、どれほど大きな違いが出てくるか、文化闘争の最盛期の一八七五年に行われた講演「自由とその危機」[31]も用いながら、筆者なりに五つの観点を設定して、説明を試みてみたい。

第一　自由を求める敵にも自由を与えるか

「初期自由主義は、警察国家〔絶対王政〕との対決のなか、すべての人の自由を追求した。……自由を求める敵にも快く自由を与えた」とケテラーは述べる。自由を価値だと考える人には、たとえ主義主張が異なっているとしても、自由を与えるという命題は、人類史のなかで獲得された貴重な宝物である。

しかし、後期自由主義は「万人のための普遍的な自由を追求しない。自由主義は全面的に正しい。それに対し、自由主義以外のすべてのものは絶対に誤っている」と考える。だから、自分たちが「誤っている」と見なす「人々には自由を与えない」。

第二　例外法というやり方

だが本当に、後期自由主義は自由を奪うといったことまでやったのか、どのようにやったのか。絶対王政は、暴力を用いて敵の弾圧を試みた。そのような露骨な方法を後期自由主義は取らない。この人々はもっとずる賢い行動を取る。「例外法、予防措置法、教会例外法」などの法的手段や、「排外処分」など行政手段を用いて、「教会とキリスト教国民の自由を合法的に弾圧しようとする」。議会の多数派によって決定される、という手続きさえ踏んでおけば、どのような法律も、悪法さえも合法的になると後期自由主義は考える。

このケテラーの言葉どおり、後の文化闘争では、法律の制定によってカトリック教会の権利は剥奪されていった。一八七八年には社会主義者鎮圧法という例外法が制定され、一八九〇年まで続いた。これらすべては、ビスマルクと後期自由主義者の協力のもとで実現している。

第三　普通選挙か、制限選挙か

続いてケテラーは次のように言う。「初期の気高い自由を前提とする限り、自由主義はもうこれ以上、勢力を拡大できない、後退すらありうる、そのことを自由主義者はいわゆる児童期に存分に思い知らされた。キリスト教会もキリスト教国民も、古い拘束から部分的に解放されて以来、自由を活用する術を身につけ、飛躍的に成長した。この驚嘆すべき出来事に自由主義者は意表を衝かれたようだ」。

この文章の背後には歴史的な事実が存在する。次の二つの事例を挙げることができる。

第一の事例。一八四八年の革命のなか、フランクフルトに召集された国民議会は、普通選挙で選ばれたドイツ最初の議会である。この議会に五月から八月までに寄せられた請願書のうち、九割はドイツ各地のカトリック運動団体「ピウス協会」から提出された「教会の自由」を求める請願であった[32]。自由が確立されたことで、それを真に活用し勢力を拡大したのは、自由主義ではなく、カトリック政治運動であった。これは自由主義者には意外な出来事であった。

カトリック政治運動は民主主義を標榜していなかったが、このような形で民主主義を活用する術を徐々に身につけていく。

第二の事例。一八六六年の戦争後、オーストリアを除く全ドイツがまず関税同盟に統合されていくなか、南ドイツでは一八六八年に関税議会選挙が、普通選挙法のもとで実施された。この自由な選挙の結果、自由主義政党は敗北し、カトリック系の人民党が予想外の大勝利を収めた。自由主義には大衆的な基盤がないことがはっきり示された。そうすると、自由主義者は自分たちに有利な納税額に基づく制限選挙法、プロイセン下院の三級選挙法にますます固執していく。その選挙法は第一次世界大戦末期の一九一八年まで改正されていない。それは自由主義者が「自由」を裏切ったということを意味する。一八六二―一八六六年の憲法紛争期に、自由主義者はビスマルクとあれほど熾烈な戦いを展開した。というにもかかわらず、一八六六年の戦争以降、なぜ、他愛なくビスマルクに屈服していったのか、その理由の一つは、自分たちが不正な制限選挙法で選ばれている、という後ろめたさにあった[33]。

なお領邦プロイセンとは異なり、中央政府の北ドイツ連邦とドイツ帝国では、下院は最初から普通選挙で選ばれた。そのため、プロテスタント系の保守派、自由主義の諸政党、カトリック系の中央党、社会民主党の力関係は選挙結果から分析可能である。

第四　「自由の仮面を被った絶対主義」

確かに、絶対王政は、反対派の敵に自由を与えなかった。しかし、それを正当化したりしなかった。正直に自らを「絶対王政」と名乗り「朕は国家なり」を標榜し、自分が何者であるか、隠そうとはしなかった。

それに対し、後期自由主義は「自由」を合言葉に掲げ、自由の名のもと、合法性を装い、自己の気に食わない人々や思想を弾圧していく。実体は絶対主義である。しかし、自由主義を自称する。自由主義は「自由の仮面を被った絶対主義」だとケテラーは言う。

第五　自然法か、法実証主義か

自由主義者にとって、国家は、法、権利、正当性の唯一の源であり、それゆえ、国家をとおして行うことはすべて正しい。これは国家の絶対化である。この背後には「国家は現存の神である、国家は地上の絶対権力である」というヘーゲルの国家論が控えている、とケテラーは考える。国法だけが法である。とすれば、国法を制定する形式的な手続きさえ踏んでおれば、どのような悪法も法となる。この「法形式主義に基づいた合法性の理念」は「法実証主義」と呼ばれ、十九世紀ドイツの法思想を支配した。

ここに欠けているものは何か。国家を拘束する法、つまり自然法がある、というヨーロッパに伝統的な法意識である。そこでは国家に固有な権限は国家に与えられる。その分野では、すべての人は国法に従う義務を負う。しかし、人間の基本権にかかわる領域、特に人間の救いにかかわる宗教の領域に国家権力が及ぶことは許されない。この点は第四章第五節三と本章第二節二でも述べた。

(三)　金権体制か否か

最後の第三に「莫大な財貨を所有している金権体制に対し、どのような姿勢を取るか」という点で、初期と後期の自由主義には大きな違いがある。後期自由主義は「拝金主義の金権体制」と結託する。それに対し「古い自由主義はこのような連中とは無縁であった」とケテラーは言う。

この言葉の背後にも歴史的な事実がある。十九世紀初めに営業の自由が実施され、経済は自由化された。とはいえ、十九世紀前半では、経済の大部分は手工業によって占められ、工場は少なかった。社会は比較的に均質的であり、階級分裂と階級対立の様相はまだあらわれていない。

一八五〇年頃に初期産業化は始まり、一八六〇年代になると巨大な資本会社が登場し、大企業には大群の労働者が雇用される。この時代に後期自由主義者が活躍する。ここで自由主義は金銭と結びつき、前述した納税額に基づく制限選挙を正当化する。

一八五〇年代には「適者生存」を掲げる「社会ダーウィン主義」が登場する。それをケテラーは「弱肉強食」「万人に対する万人の闘争」（ホッブズ）「強者が弱者を飲み込む戦場」（シュヴァリエ）「自分さえ助かればよい」（バザール）などの文言で表現する。

社会ダーウィン主義によれば、何にも拘束されない無制限の個人の自由を前提として、個人の成果が絶対化される。その当然の結果、人々のあいだに貧富の差が生まれる。としても格差の拡大も階級社会も是認される。貧富の差は自然の秩序であり、時にはそこに道徳的な価値さえあるとされる。種々雑多な団体を造り、人々が相互に助け合うことは人間の自律に反する、人間の怠惰を助長する、とまで主張される。国家も、ケテラーの言葉では「あくなき利潤の追求に無制限の自由を与える」ことで社会的ダーウィン主義に同意を与える。このような後期自由主義の金権体制は、初期自由主義には見られない。

以上のように自由主義を初期と後期に分けるケテラーの思想は、カトリック運動に取り入れられる。だからこそ、カトリック運動は、後期自由主義とは対決しながら、自由の原理である「教会の自由」と「同権」を合言葉に掲げることができたのである。

結びの言葉

最後に、全体を要約しながら、現在ドイツの自由主義とカトリックとの関係にも触れておこう。

一八四八年の革命の時点では、自由主義とケテラーのあいだには、国家絶対主義との戦いという点で共通の基盤があった。当時の自由主義者の多くは、普遍的な基本権として教会の自由も認めていた。この段階では、自由主義とカトリック運動が協力できる可能性は十分に存在していた。

しかし、両者には潜在的な対立点もあった。その争点は、国家論、教会論、自由主義のプロテスタント的起源である。

一八四八年の革命の挫折によって、自由主義者は「自由」よりも「統一」を重視し「現実政治」を合言葉にする。そこから、強国プロイセンとの連携が強まり「プロイセンの使命」が広まる。そのなかで、カトリック勢力は国家統一を妨害しようとする反進歩、反ドイツ、反国家のウルトラモンタン勢力だ、それゆえ、教会の自由は認められない、と主張されるにいたる。ここに対立は顕在化する。

それに対し、ケテラーはヘッセン大公国との交渉で、教会の自由を個別的に実現していく道を探る。その際に指針としたのは、一八五〇年のプロイセン憲法の教会条項であった。それをケテラーは「宗教上の平和のためのマグナカルタ」と呼ぶ。

しかし、自由主義者は、国家と教会の協定は国家の主権を制限する、反動のヘッセン大公国とは交渉すべきでない、という理由からケテラーを批判する。

一八六六年の戦争でオーストリアが敗れ、プロイセンが勝利を収めると、ドイツのカトリックも「敗者」となり、一八七一年に、プロイセン的、プロテスタント的なドイツ帝国が建設されると、ドイツ内で少数派に転落する。ビスマルクと自由主義の両者のカトリック攻撃は、文化闘争へと激化していく。

この段階で、ケテラーと自由主義の対立は決定的なものとなった。この状況下の一八七一年、ケテラーは「自由主義、社会主義、キリスト教」と題する講演のなか、自由主義は「自由」を裏切った、自由主義は「自由の仮面を被った絶対主義」でしかないと主張する。

文化闘争のなか、ケテラーが「宗教上の平和のためのマグナカルタ」と呼んでいたプロイセン憲法の教会条項も削除され「自由主義が全面的な勝利を収める」にいたる。カトリックは「帝国の敵」と決めつけられる。これまでのケテラーの努力は、すべて無駄に終わった。

本書の対象外の時代であるが、その後の展開にも触れておこう。ケテラー死亡の四十二年後の一九一九年に、ヴァイマル憲法が制定され、そこでプロイセン憲法の教会条項は復活する。一九四九年のボン基本法もそれを引き継ぐ。現在ドイツでは、教会の自由は普遍的な基本権として承認されている。

第二次世界大戦後には、自由主義そのものが大きく変わった。オイケン、レプケ、ミュラー＝アルマックなど「社会的市場経済」を標語に自由主義を打ち出した経済学者には、宗教と教会への敵愾心などもう存在しない。十九世紀の自由主義は、第二次世界大戦後の自由主義とはまったく別なものとして扱われるべきである。同じことは、第二章第五節四で述べたように、一九五九年にゴーデスベルク綱領を発表したドイツ社会民主党にも当てはまる。

最後に現在から歴史を展望することが許されるとすれば、結論として、第一章末尾の言葉を再引用することになるが、ケテラーは同時代での「行動では挫折した」が、後世への「作用では成果を収めた」と言うことができる。

第七章　社会主義との対決

はじめに

ケテラーとカトリック運動は、一八四八年の革命の際には自由主義と協力できる可能性があった。しかし、それにもかかわらず、両者は最終的には文化闘争という形で激しく対立した。この近代ドイツ史を彩る対立図式を解きほぐすことが第六章の主題であった。

十九世紀のドイツにはもう一つの対立図式がある。自由主義に対抗して社会主義が新たに勃興してきた。この両者の対決も熾烈を極めた。では、ケテラーはこの社会主義とどう関係したのか。協力したのか、それとも対立したのか。

一八六四年に出版された『労働者問題とキリスト教』の第六章「急進政党の提案」は社会主義を取り上げている。しかし、そこでいう社会主義とはラサールが一八六三年に設立した「全ドイツ労働者協会」のことである。ケテラーがこのラサールの運動をどう評価していたか、第四章第五節で詳しく検討した。全ドイツ労働者協会はドイツ最初の労働者政党である。しかし、ラサールが一八六四年に死亡したため、この政党の求心力は大きく低下していた。

ドイツには、もう一つの流れの社会主義があった。一八六九年、テューリンゲン地方の都市アイゼナハで、ベーベルとリープクネヒトは「社会民主労働者党」を設立した。この政党は、ロンドンに亡命していたマルクスの理論に立脚する。それゆえ、ドイツ最初のマルクス主義政党である。

一八七五年に、ラサール派とアイゼナハ派（マルクス派）は合併し「ドイツ社会主義労働者党」を結成し「ゴータ綱領」を発表した。この綱領は、ラサール派とマルクス派の妥協の産物である。三年後の一八七八年にビスマルクは社会主義者鎮圧法を制定し、弾圧に乗り出す。しかし、労働者運動は地下での活動を拡大し、同時にその主導権は徐々にマルクス派に移っていく。一八九〇年三月にビスマルクは更迭され、上記の鎮圧法も十月に撤廃された。同じ年にこの政党は党名を「社会民主党」に変更し、一八九一年に「エアフルト綱領」を採択する。

このエアフルト綱領は、ラサール主義を払拭し、純粋なマルクス主義の理論で武装した。そこに掲げられた綱領は、労働者の階級闘争、資本主義の没落、プロレタリアートの暴力革命、私有財産の廃止と生産手段の公有化、国家の死滅、労働者の国際連帯などである。

マルクス主義の傾向を強めていく社会主義、それにカトリック労働者はどう対処すべきか。合流すべきか、それとも対決すべきか。

一八七五年にゴータ綱領が公表された時、すでにそこに浸透していたマルクス的な理論をどう考えるべきか、自己の見解を明らかにする必要があるとケテラーは判断し、直ちに「カトリック労働者は社会主義労働者党に加盟してよいか」の執筆に取りかかっていた(1)。しかし、一八七七年にケテラーは突然の死に見舞われたため、この原稿は未完に終わった。文章は断片的であり、単語の羅列の箇所も多い。しかし、それにもかかわらず、この遺稿は全集だけでなく、今まで様々なケテラー著作集にも掲載されてきた(2)。なぜ、これほど重視されるのか。ここには、今日でも妥当する独自の社会主義批判、それを超えた現代人批判が見出されるからである。

本章は、この遺稿を筆者なりに再現する試みである。それによって、ケテラーがマルクス派社会主義の何を問題視していたのか、明らかにしてみたい。

第一節　執筆の動機

なぜ「カトリック労働者は社会主義労働者党に加盟してよいか」といった問題が提起されるのか、その動機の表明から遺稿は始まる。

「社会主義をめぐる状況は、この分野における私の最初の書物『労働者問題とキリスト教』を公刊して以来、大きく変わった。一八七五年五月ゴータにおいてドイツ労働者の二政党は、社会主義労働者党の名称のもと合同し統一綱領を採択した。党員数は増え結束力は強まった。それだけでない。運動の性格も本質的に変わった。……かつて国内運動が中心であった。今では、万国の労働者に訴える国際運動となった。以前では、労働者の状況を改善するための一連の実践的な要求が中心にあった。今では、地上の財の生産と分配を変え、全社会体制を転覆させること、つまり社会主義の建設が主要目的となった。実践的な要求はほぼ完全に後退した。……かつて私が旧著で述べたこと、それらすべてを現在の状況にそのまま適用させることはできない。……

カトリック労働者は社会主義労働者党に加盟してよいか、この政党の勢力が拡大した現在、この問はカトリック労働者一人一人にとって切実となった。どこかで職にありつく、そうすると、この政党に入るように勧められる。入党すべきか否か、良心と理性をもって行動しようとする人ははっきりさせなければならない。しかし、労働者だけでなく、同時代に生き、現代の最重要課題に関心を寄せる私どもも、自分の立場を鮮明にしなければならない。……

それには、この政党の最終目標を知らなければならない。私どもが彼らと共にやっていけるか、それはこの最終目標にかかっている。労働者だけでなく、理性を持つ現代人すべては、この政党とそこに加盟している国民大衆が何をめざしているか、知らなければならない。……このことに無知であること、これほど嘆かわしいことはない」

マルクス主義という、その後、百数十年も近代世界を脅かすことになるイデオロギー、それにどう対処すべきか、この緊迫した問がその産声《うぶごえ》を上げた時代に提起されている。

第二節　労働者運動の正当な要求

ゴータ綱領は何を最終目標としているのか。それを知るには、その綱領に掲げられた要求事項を見ればよい。そのなかには正当なものもあれば、不当なものもある。だから、それを個々に識別していかなければならない。これは誠実な作業である。というのは、この世には絶対悪も絶対善も存在しないからである。一八六七年に出版された『一八六六年の戦争後のドイツ』第二章「人間の行為と神の摂理」では「どのような観点から見ても絶対悪でしかない、そのような人間の行為など、この世には存在しない(3)」とケテラーは言う。

とすれば、どのような政党の綱領であれ、正しいものは正しいと評価しなければならない。ゴータ綱領の正当な要求としてケテラーは次の三点を挙げる。

一　具体的で実践的な要求

第一は、労働者の状況を真に改善するための具体的で実践的な要求である。

ゴータ綱領は次の八点の要求事項を掲げる。(一) 政治的権利と自由の可能な限りの拡大、(二) 国家とゲマインデ(市町村)のための累進所得税の導入、特に現行間接税の撤廃、(三) 結社の自由、(四) 平均労働日数の制定、(五) 児童労働の禁止、健康と倫理に有害な女性労働の全面禁止、(六) 労働者の健康のための保護立法の制定、労働者住宅の衛生管理、労働者によって選出された公務員による鉱山・工場・家内労働の監視、実効ある賠償責任法の制定、労働者の規制の制定、（七）監獄労働の規制の制定、（八）互助組合の完全自治。

これらは、現実的なラサール派から出された要求である。ケテラーはそれに全面的に賛成する。労働者の状況の改善に役立つ対策、そのような対策であれば、誰から提案されたものであろうと、ケテラーは先入観も偏見もなく取り入れる。このケテラーの現実的、具体的、実践的で、開かれた姿勢については、第五章第六節で詳しく述べた。

二　団体結社の再建

第二の正当な要求事項は団体結社の再建である。団体結社とは、農業や手工業の職業団体から、生産共同組合や労働組合まで、あらゆる種類の集団と組織のことを言う。団体結社をとおして人間は自律と相互支援を両立させる。個人に活動の場を与え、社会に秩序をもたらすものも団体結社である。この点はすでに第四章第六節五と第五章第四節でも述べたが、重要な論点であるため、遺稿の言葉をここでも再現しておこう。

（一）破壊作業の継続

なぜ、労働者は窮乏化したのか、ケテラーには自明であった。「どの文明国においても、労働者の窮乏化の原因は、労働者団体の破壊にあった」。では、誰が破壊したのか。近代国家と自由主義である。両者は均一の個人を想定する。しかし、人間は決して同質でも均一でもない。能力、意志、感性、体力など、あらゆる点で人間には大きな差がある。だからこそ、人間は多様性に即した種々雑多な階層や団体を必要とする。

そのような「自然に形成された社会階層には、それぞれに応じた団体や結社があった。そのような古い団体や結社の破壊は、国家が唯一の組織であろうと欲し、国家以外の団体を承認しなくなった時に始まった。この国家の絶対化は絶対王政に端を発し、フランス革命と自由主義政府によって今日まで引き継がれている。政治形態は異なる。しかし、基本方向に変わりはない。国家万能主義である」。ここでは、絶対王政とフランス革命の連続性というトクヴィル命題が応用されている(4)。

社会主義は自由主義との対決から生まれた。では、社会主義は団体結社の再建を目指すのか。逆である。一八七一年の講演「自由主義、社会主義、キリスト教」では、第六章で示したように「近代の社会主義は自由主義の嫡出子である」という命題が提出された。その命題どおり「社会主義の労働者国家も、社会階層の自然な在り方を承認しない。そこには、労働者国家という唯一の形態しかない」とケテラーは言う。

とすれば、一方で、人々の自然な結びつきを認めない、そうして人々を慣習・歴史・伝統から解放し、ばらばらにしていく、他方で、国家という唯一の組織しか認めない、という点で社会主義は自由主義と少しも変わらない。

それどころか「自由主義の嫡出子」である社会主義は、国家の中央集権化をさらに進める。だから、ケテラーによれば「社会主義は社会的ではなく、反社会的である。社会主義のもと、人々は多様な個性に従って様々な団体を結成するのではなく、国家という全体組織に包括される。……すべてが一つの形態に押し込められると、人間の自然な個性は破壊されていく。……自然と同様、人間は画一化に耐えることができない」。人々の自発的な結社を認めないという意味で、社会主義は少しも「社会的」でない。逆に、すべてを上から指令し管理しようとする点で、社会主義は「国家主義的」である。

続いて、労働者が陥った状況が描かれる。一切のものは自由化され、団体結社は破壊された。こうして「労働は商品となる。市場の需給によって労働価値は決定される、といった無慈悲な法則が作用する。この物理的な法則は、人間精神も律する。この物質主義に人間は汚染される。郷土も郷土愛も失い、各地をさまよい歩く大量の浮浪者があらわれる。労働者家族の生計は、需給関係に依存せざるをえない。極度の困窮や不幸に陥り、無慈悲な絶望しか残されていない。恵まれた人々は、特権的な地位や財産に頼ることができる。しかし、労働者には何もない。労働者こそ結社による支援と保護を必要とする」。

というのに、団体結社が解体されてしまっているため「労働者は、やけっぱちな気分になり、いかにも労働者を助けてくれるかのように思われる運動に身を寄せ、革命運動の術中にはまっていく」。悲惨な状況のなか、もっと危険な悲劇が待ち構えている。

（二）再建のための五つの礎石

とすれば、団体結社の「適切な再建こそ正当な要求」である。しかし「これも困難な課題である。破壊は建設よりも易しい。数世紀間、人々は破壊作業では最高の腕前を発揮してきた。ところが、建設という点では無力であった。従って、この課題を解決する能力が、現代人に備わっているとは思われない。そこで、後世の人々のため、礎石となるべきものを若干集めることで満足しなければならない」。そのような礎石として次の五点が提案される。

第一の礎石　「目標とされる結社は、自生的な結社でなければならない」。ケテラーは「自生的」という言葉を好む。では、自生的とは何か。「手工業者と職人の団体は自生的に成立した」という言葉が示すように、自生的とは「人工的に拵えた強制的な設計」でないこと、理性だけでなく、人間本性、経験、歴史、習慣にもしっかり根ざした社会秩序を築き上げることを言う。

それに対し「人工的」とは理性万能主義に基づいた社会の設計である。第二章第四節で引用したフランス革命の急進派サンジュストの言葉「立法が未来を決める。善を望むのが立法である。立法の任務は、こうあれ、と自分たちが望むように人間を造りかえることにある」がここでも引用される。サンジュストにとって自分たちは理性の化身である、だから自分たちの敵は無知蒙昧の反理性である、自分たちが言う人間改造、後の時代にいう洗脳を受け入れない者は抹殺されてよい、ということになる。

人工的とは、国家による強制でもある。このような上からの強制や国家絶対主義をケテラーは徹底して嫌う。

人間にとって尊いことは、自由な精神と自発的な行動である。

第二の礎石　労働者の団体は「政治扇動や夢想ではなく、経済的改善」を目指さなければならない。労働組合が設立されて以来、労働組合は政治と経済、どちらを優先すべきか、論争されてきた。第五章第四節で見たように、ケテラーは労働組合を経済目的に限定し、階級闘争ではなく、労使協調を原則とする。

この点について、二十世紀のカトリック社会論の経営学者ネルブロイニングは次のように言う。「政治とは『共通善のための賢明な配慮』である。とすれば、確かに、労働組合の活動は政治の領域に入り込む。しかし、労働組合は政治団体ではないし『政治をやる』べきでもない。……政治団体に支配されると、労働者の正当な権利を守るという独自の役割から逸脱する危険に陥る(5)」。十九世紀末に創設されたキリスト教労働組合も、同じ考えの上に立つ。

第三の礎石「労働者の結社は、職業の名誉、義務、規律といった確固たる倫理的土台の上に再建されなければならない。……一方では、人間労働は取引の対象にされ、需給によって売買される。他方では、職業の名誉、義務、規律は破壊されてしまった。職業の名誉と倫理は、かつて密接に結びつき、相互に責任を引き受けていた」。従って、第三の礎石は倫理である。

資本主義のもと、資本家と労働者はモノ（物質）とカネ（金銭）で結ばれる純粋に経済的な関係にある、この状況は人間の努力ではいかんともし難い、だから近代の労働世界では、従属的な地位にある労働者に「職業の名誉、義務、規律を持て」と要請しても無駄である、と言われてきた。

しかし、今日から省みると、もうはっきり言えることがある。百年前に不可能だと思われていたことも、人間の努力によって大きく変わってきた。ネルブロイニングは次のように言う。「経済学と経済活動が、モノそのものの不可避な強制といった観念の呪縛から解放されていく、それと共に資本に対する労働の優位といった観点を首尾一貫して主張することがカトリック社会論でも可能となった(6)」。

実際、職業の誇りを持つ労働者だけが真に自律できる。逆に、自律した労働者だけが真に誇りを持つ。誇りと自律は相互に結びつく。いかなる状況にあっても必要な倫理は、職業上の誇りと自律である。

第四の礎石「労働者の結社には、労働者全員が加盟しなければならない」と第五の礎石「労働者の結社では、自治と監督の平衡感覚が必要とされる」については、残念ながら何の説明も残されていない。

以上の議論から、団体結社の再建がケテラーにとってどれほど重要な事柄であるか、再確認できたであろう。

三　国家の支援活動

ゴータ綱領の第三の正当な要求は国家による労働者の支援である。この辺りから、遺稿は非常に断片的になる。国家支援の分野として、団体結社の奨励、労働時間の規制、工場の衛生管理、日曜労働と児童労働の禁止など、単語だけが列挙されている。

第四章第五節で述べたように、ラサールによれば、国家は労働者に資金を提供し、生産共同組合を支援すべきである。国家は労働者のため良きことを成すこともできる。

それに対し、マルクス主義によれば、国家は、ブルジョアジーの階級支配のための道具、労働者を弾圧するための権力機構でしかない。だから、国家の支援活動など期待できない。逆に国家を革命によって転覆させるべきである。将来の理想的な共産主義社会では国家は消滅する。

この第三の要求事項から分かるように、ゴータ綱領はこのようなマルクス的な階級国家論や国家解体論を拒絶している。

ケテラーは、生産共同組合に関し、ラサール提案の国家資金の調達法を不法だと見なしたが、国家が介入してよい分野、むしろ介入しなければならない分野があることを認める。この点で、ゴータ綱領が国家に要求する事項にケテラーは全面的に同意する。

もちろん、国家が介入すべき分野、介入してもよい分野、介入してはならない分野、それらが個別的に判断される必要があるという点は第四章第五節三や第五章全体で述べた。

第三節　労働者運動の不当な要求

以上の正当な要求の多くは、ラサールの思想を引き継いでいる。しかし、ゴータ綱領には、新しい要求も紛れ込んでいる。これらの要求との対決こそ、ケテラーが遺稿を執筆した動機であった。では、どのような要求か、遺稿の断片的な文章から、次の三点に纏めることができる。

一　具体的で実践的な要求からの後退

第一の不当な点は「ドイツ社会主義労働者党の一八七五年五月の綱領が、労働者の直接的な実践的要求を綱領の末尾に、しかも短くしか記していない」ことである。また「現体制内において要求する」という表題が末尾に置かれていることも、実践的な要求からの後退を意味する。

続いて、ケテラーは次のように言う。「このことは実に意味深長である。それらの要求は綱領の作成者にとってもう主眼ではなく、副次的なものとなっている。それらは、社会主義国家という新しい社会体制を実現するまでの過渡的な要求でしかない」。

ケテラーにとって、労働者運動の真の目標は、現実的で具体的な成果を挙げることにある。だから、いつも好んで福音書の言葉「実によりて彼らを見分けるべし」（マタイ七・一六）を引用する。労働者を支援するとは、労働者に真の利益を与えることである。それゆえ、具体的で実践的な要求からの後退は不当である。この現実的で実践的な姿勢については、すでに第五章第六節二で詳しく述べた。

二　労働者が求めていない要求の設定

第二に、ゴータ綱領がいう「全労働の社会主義的組織化」、言い換えれば私有財産の否定、資本主義体制の転覆、労働者運動の政治化、これらの新しい方針も不当である。というのは「大部分の労働者は実践的な要求しか考えていない」からである。「自分たちの状況を改善するため、何を望むか、労働者に尋ねてみればよい。そうすると、そのような空想的な社会転覆ではなく、具体的で実践的な成果を求めている」。労働者は、自分たちの生活が少しでも改善されること、つまり漸進的な改革を求める。革命による社会の転覆など求めていない。労働者が求めてもいない要求事項、それがゴータ綱領に掲げられている。

三　ユートピアの夢想

第三の不当な点は「遠い未来にしか実現できないような体制」、言い換えればユートピアを夢想していることである。しかし、ケテラーによれば「そのような体制は、現在の生産方法の破壊という、想像を絶する血腥い闘争によってしか実現できない。その闘争が理想とする社会像も疑わしい。……この政党の指導者たちは、大衆には理解できないユートピアの世界にある。……幻惑された人々は革命へと扇動され、……誤った道に迷い込む。逆に、反動の危険も生まれる。……こうして労働者の利益は損なわれていく」。

ここで、ケテラーは、第一に、暴力という戦い方、第二に、理想とされる社会像、この両者とも不当だと考える。

第一に、なぜ暴力は不当か。「暴力革命は反動を誘発し、暴力は暴力を呼ぶ。その結果、平和な解決は遠のいていく。これまでの努力は台無しとなる」からである。そもそも暴力を伴う憎悪と報復、そのような感情の上に築かれた社会は、不毛であり、必ず自己崩壊していく。

第二に、なぜ、理想とされる社会像が疑わしいのか。

ここで、ケテラーは冒頭で提起した問題「第一に、この政党の目的は何か。第二に、この政党の根本原則は何か。第三に、この政党はどのような運動を展開しようとしているのか」に立ち返る。社会主義は資本主義を糾弾し、その体制を転覆させ、理想的な社会を実現するという。では、社会主義の理想とは何か、それをケテラーははっきりさせようとする。このもっとも知りたい事柄に関し、この「政党の指導者たちは、意味不明の文章で表現する。それを私は非常に残念に思う。それが理解されているかどうか疑わしい。確実に国民は何も理解していない」とケテラーは言う。

ちなみにゴータ綱領の冒頭には次のような文章がある。「労働はあらゆる富とあらゆる文化の源泉である。一般的に効用をもたらす労働は、ただ社会によってのみ可能であるから、全労働生産物は、全般的労働義務のもとで、平等権に従って、各人の理性的な諸欲望に応じて、社会すなわちそのすべての成員に帰属するのである」(7)。ゴータ綱領がめざす理想社会とは何か、ケテラーも綱領の本文に添って理解しようと試み、次のようなメモを残している。

消費財と生産財の区別。前者の例として……。労働だけが、真の財、つまり消費財を生み出す。財の真の所有権は労働をとおしてのみ与えられる。現代の社会主義の原則は次のとおり。消費財については私有権の存続、それに対し、生産財は国家の共有とする。国家とは狭義の国家のことか、広義の自治体のことか不明。労働者の労働の貢献分とは……。誰も賃金を受け取らず、各人の労働に応じた分け前を受け取る。……土地所有者は所有権を放棄し、消費財ないし商品券を受け取る……

しかし、このような努力は無駄であった。なぜか。「案内図となったマルクスの教説は、本来、資本主義批判の論理であって共産主義建設の論理ではなかった。……マルクス自らが言うように『ブルジョア社会の解剖学』である彼の社会経済学は『資本論』に示されるとおり、ほとんどが資本主義社会の分析にあてられ、共産社会については二、三の旗印のほか驚くほどわずかしか教えていない」からである(8)。

従って、社会主義が何を建設しようとしているのか理解できない、こうケテラーが嘆くのも当然であった。そもそもマルクス主義には具体的な社会の見取り図はなかったし、今もない。マルクス主義には、憎悪と怨恨の感情、破壊の衝動、プロレタリアート階級の利益の追求しか存在しない。

第四節　誤解と偏見

以上のように、ケテラーはゴータ綱領の要求を正当なものと不当なものに区別する。ところが、この綱領は一八九一年にマルクス主義で武装した「エアフルト綱領」にとって代わられる。ケテラーは一八七七年に死亡したため、この社会主義の急進化は経験しなかったが、ケテラーが言う不当な要求はますます強まっていく。ここに自由主義だけでなく、社会主義もカトリック運動の宿敵となる。この両者の対立も、十九世紀ドイツを彩る構図の一つである。

この両者がどこで真に対立していたか、それは自明だ、社会主義は変革と革命を目指す進歩派、それに対し、カトリックは既存秩序の温存を目指す反動派だ、それ以上の分析など不要だ、と言う人がいるかもしれない。しかし、この面では誤解と偏見がある。それを本節でまず取り除いた上で、最後の第五節で本質的な対立点を鮮明にしたい。

一　所有権思想

カトリックは反動として、資本家や金持ちに有利に、困窮している労働者や貧者に不利に作用するような所有権、つまり私有権を擁護する、としばしば言われてきた。しかし、これは誤解である。

確かに、ケテラーは私有制を擁護し、共産制に反対した。しかし、同時にフランス革命で宣言された私有財産の不可侵性という考え方に賛成したこともない。ましてや社会ダーウィン主義のように、労働者の窮乏化や貧富差の拡大を正当化したことなど一度もない。逆に、カトリック社会運動は社会問題への対処から生まれている。それゆえ、個人主義的な私有権の絶対性を否定するという点で、カトリックと社会主義に違いはない。では、所有権をどう考えるか、社会主義との違いはどこにあるのか、という問題は第三章第二節で詳しく論述した。

二　階級闘争

また、歴史・伝統・習慣を大切にするカトリック運動は、闘争や革命を否定するとも言われてきた。これも誤解である。

確かに、カトリック政治・社会運動は、革命と階級闘争を否定し、労使協調を擁護してきた。しかし、だからといって、一切の闘争や対立を否定したのではない。その証拠として、第五章第二節で見たように、社会主義者でさえストライキを擁護してよいかどうか迷っていた一八六〇年代、ケテラーはストライキの正当性を堂々と主張している。しかし、そのストライキはマルクス的意味での階級闘争、一九三一年の社会回勅『社会秩序の再建』の言葉では「憎悪と嫉妬に根ざした」ものであってはならない。

では、どのような闘争であるべきか。この社会回勅は「正義を求める意志と誠実に基づく階級間の対立は、あってよいし、あるべきである」とはっきり言い切る。労働者や社会的弱者、個人や団体（家庭、地域、企業、労働組合など）の権利が侵害される、といった事態にあっては、抵抗は義務でもある。この考え方の背後には、中世ヨーロッパ以来の伝統的な「自然法」とそれに基づいた「抵抗権」思想がある。(9)

とすれば、正義と法のための闘いという点でも、社会主義とカトリックのあいだに違いがあるわけではない。

キリスト教は科学の発展を抑圧してきた、宗教と科学は両立しないと言われてきたし、今でも言われている。これも誤解と偏見である。ここ数十年の研究によって、宗教と科学は独特な関係にあったことが明らかにされている[10]。この点で、キリスト教と社会主義がどう関係するか、見ておきたい。

（一）「学問上の作業仮説」としての社会主義との両立性

マルクス経済学には、労働価値説、利潤率の低下法則、搾取論、労働者の窮乏化、階級闘争、プロレタリアート革命の勃発、資本主義の崩壊、大企業への集中と中小企業の死滅、中間層の没落などの理論があり、歴史理論としては唯物史観がある。これらの学説に対し、キリスト教はどういう立場を取るのか。

これらの学説が純粋に学問上の「作業仮説」として提示される限り、マルクス派社会主義とキリスト教は矛盾なく両立する。第六章第三節六では「キリストの教えは人間的な認識と学問の全領域に及ぶのではなく、人間と神の関係はどうあるべきか、といった一定範囲の基本的な真理に限定される。……それ以外の学問分野すべては、完全に自由な研究に任せられる」というケテラーの文章を引用した。

それゆえ、右記の様々なマルクスの学説は、信仰とは直接にかかわらない世俗の分野で立てられた理論として受け入れ、その上でそれらが作業仮説として役立つかどうか、すべて経験的に検証することができる。キリスト教徒として、マルクスの理論を支持することも否定することも可能である。

同じことは、アダム・スミス、リカード、マルサス、ケインズ、ハイエク、シュンペーターなど、すべての経済学者のどの理論にも言える。

ケテラーも、自ら主張した賃金鉄則を「信仰」などとは考えていない。それは世俗の事柄を解釈するための理論である。これは常識であるが、はっきり認識される必要がある。賃金鉄則が正しいかどうか、信仰のある人もない人も、同じ舞台の上で自由に批判し検証し、自由に判断を下すことができる。

ちなみに、自由な経済史研究の結果、労働者の窮乏化など、マルクス理論は現在ではすべて否定されている。(11) としても、近代経済とは何か、認識を深めることに役立つという面では否定された理論にも意味はある。

(二)「代用宗教」としての社会主義との非両立性

しかし、十九世紀以降、マルクス主義はキリスト教と激しい対立を繰り返してきた。なぜ、そうなったのか。その理由は、マルクス主義が「代用宗教」になっているというところにある。それはどういうことか。

マルクス主義では、哲学としての唯物論、歴史観としての唯物史観、経済学の様々な諸法則、これらは密接につながり「全体としての体系」を構成する。それゆえ、マルクス理論の作業仮説を用いる人は、マルクス主義の哲学・人生観・世界観・歴史観を受け入れることも強いられる。

この点で、マルクス主義は、世俗の出来事を解釈するための道具だというだけではなく、人間が生きていく意味、つまり生き甲斐を与えるものともなる。それは宗教ではないが、宗教の役割を果たす「代用宗教」である。贋物の宗教という意味では「擬似宗教」である。

そのような世俗の出来事の解釈から人間の生の意味までも内に含むような思想体系、それをオットー・ブルンナーは「イデオロギー」と呼び、近代世界に特殊な産物として位置づける。(12) ハンス・マイアーは「政治的な宗教」と名づけ、近代全体主義の思想上の源だと見る。(13) そこには、ファシズム、ナチズム、共産主義だけでなく、フランス革命のジャコバン主義も、カトリシズム内の「政治神学」や「解放の神学」も含まれる。

マルクス主義が代用宗教として主張される限り、キリスト教との両立は不可能である。

第五節　なぜ、キリスト教は社会主義と両立できないのか

以上では、社会主義の正当な要求と不当な要求、キリスト教と社会主義の両立の可能性を取り上げてきた。最後に、両者はどこで本質的に対立するのか、明らかにしていきたい。

利己的な個人主義、あくなき利潤追求、弱肉強食の自由競争、これらに対抗し隣人愛を強調する、これらを考えればキリスト教はむしろ社会主義に近いのではないか。実際、原始キリスト教は共産主義であったと主張した人もいた。では、かりに社会主義が、階級闘争、暴力革命、プロレタリアート独裁、ユートピアの夢想など、ケテラーがいう不当な要求を取り下げたとすれば、キリスト教はマルクス派社会主義と一致できるであろうか。

ケテラーは遺稿で次のように言う。たとえ理想的な社会主義が実現したとしても、その「体制の結果は信頼できない。むしろ、そのような体制は人間をどん底まで堕落させる」。キリスト教には、社会主義と両立できない何かがある。それは何か。

自由主義や社会主義は、キリスト教を敵視する、だからキリスト教も反論するといった単純な水準で、ケテラーは自由主義や社会主義を批判しているのではない。自由主義や社会主義が前提とする人間像と社会論、それを首尾一貫して行き着くところまで追求する、そうすると、どういう結末となるか、そのような観点からの批判である。このような議論の仕方はケテラー流であるが、一八七一年の講演「自由主義、社会主義、キリスト教」では非常に特徴的に見られる。

では、なぜ、キリスト教は、社会主義や共産主義と両立できないのか、次の三つの論点が提示される。

一　完璧な福祉国家は、奴隷国家への道である

社会主義や共産主義は、完璧な「福祉国家」を実現するという。しかし、それは「奴隷国家」になるとケテラーは批判する。社会主義者の「空想の産物すべてが実現する、そうしてこの労働者国家においてすべての人は十分な餌を与えられると仮定する。しかし、私は、奴隷の労働者国家のなかで生活し、十分な餌を与えられることよりも、むしろ物的不自由のなか、自分で栽培したジャガイモを食べ、自分で飼育した家畜の毛皮から衣服を作ることを選ぶ、そうして自由でありたい」。

この断片的な文章は、今まで多くの学者に豊かな着想を与えてきた。社会主義とは「快適な家畜小屋の生活のこと」だと第二次世界大戦後の新自由主義者レプケは述べたが、その言葉はこの遺稿のこの箇所から借用されたとカトリック社会論の学者ロースは言う(14)。

なぜ、快適な家畜小屋の生活はいけないのか。家畜小屋では、餌に不自由しない。何もしないで食料は与えられる。素晴らしいではないか。何が不満なのか。

第一に、家畜小屋には、精神と行動の自由がない。ケテラーは「自由」をもっとも尊重する。たとえ、物資に不自由し、ジャガイモしか食べることができないとしても、自由は放棄できない。餌に不自由しないため自由を放棄すること、それは奴隷の労働者国家における家畜の生き方である。もちろん、自由があれば悪も生じる。しかし、だからといって、自由を否定してはならない。畏れてもならない。自己の自由意志に基づき善きことをなす、これこそ真に人間的な行為である。これは、ケテラーの一生を貫く信念である(15)。

第二に、そこには自由だけでなく「自律」もない。自律がなければ、人間は人間でなくなり、どん底に堕落する。自分で出来ることはすべて自分でやる、この自律の精神こそ人間を人間的にする。そのため、人間は働かなければならない。「労働」はきつく、辛いかもしれない。としても、その労働を通して、人間は気高い存在とな

る。それを避け、快適と快楽だけを求める、その行き着く先において、人間的な生き方は失われる。自由、自律、労働は、人間が人間として生きていくための条件である。それ以上に、生きていくことそのものである。そのどれも「快適な家畜小屋」には存在しない。否、それ以上に、生きていくことそのものである。同じことは第四章第六節四で述べたし、死の年の一八七七年に発表された最後の司牧教書「キリスト教労働」にも書かれている(16)。

二　近代世界の「人間像」への疑惑——自己の内なる悪の認識の欠如

続いて遺稿には次のような走り書きがあらわれ、自由主義と社会主義に共通する近代世界の人間像が問題視される。近代人には「悪はすべての人に内在するという根本認識がない。……自己の内なる悪とも、自己の外の〔社会〕悪とも徹底して戦う人、そのような人しか救われない。……近代世界の人間には二つの認識が欠如している。第一に、悪はすべての人に内在するという認識。近代人は、悪を他人のなかにしか見ようとしない。すべての人に内在する悪、つまり原罪を見ようとしない。神による救いという思想。〔第二に〕近代人には自助しかない」。

社会主義批判のなか、なぜ、このような唐突な走り書きが現れるのか。社会主義批判とは無関係な文章か、それとも、どこかで論理的に繋がっているのか。ここで文章が終わっているため、推測することしかできないが、本質的に繋がっていると筆者は考える。それゆえ、以下のような議論を展開することが可能なように思われる。

第一点について。自由主義も社会主義も、自分たちの陣営内にしか善と正義を見ない。自分たちだけが正しい、自分たちだけが進歩の最前線にあると考える。そのような進歩主義の立場にある限り、対立する意見を持つ人は進歩の敵でしかない。そこから、第二節二で述べたサンジュスト流の「人間改造」が正当化され、反抗する人々は抹殺されていく。ナチやボリシェヴィキ共産主義による大量殺戮など、この二十世紀の悲劇は、自己の内なる悪を認識しようとしない人々の論理必然的な帰結である。

では、どうすればよいのか。「自己に内在する悪」を認識させるものが必要である。その役割を果たすものこそ「宗教」である。宗教なしに、人間は、自己、自己の良心、自己の内面を検証することはできない。それゆえ自己を「相対化」することもできない。

しかし、自由主義と社会主義は、宗教にそのような役割があることなど気づこうともしない。彼らは、宗教をどう認識しているか、この点では、一八七一年のケテラー講演「自由主義、社会主義、キリスト教」によれば、自由主義の「嫡出子」としての社会主義は、自由主義を超えていない(17)。

自由主義では宗教は「教養」のない無知な大衆に必要なものでしかない。だから、宗教は蔑視の対象である。社会主義では、マルクスが言うように、宗教はあの世の慰めを与えることで、現実の苦痛から人々の目を逸らそうとする「阿片」でしかない。だから、宗教は破棄されるべきである。

「教養」が宗教に代わりうるものでないこと、それは十九世紀ドイツの教養市民層の歴史が証明している。むしろ教養がここでも「代用宗教」となったため、二十世紀になって教養概念が崩壊するに至ると、自由主義の教養市民層はナチズムといった野蛮な思想の餌食にされてしまった(18)。

宗教は「阿片」であるか、それとも真に人々を目覚めさせるものであるか、それは宗教が社会問題を解決するため、何を実践してきたかを検証することで判断できる。本書もその検証の試みである。

それに対し、宗教のない社会改革には自己を批判する基準がない。従って、自己が一切の基準となる。その行き着くところは自己の正当化と絶対化である。そこから、どのような社会像があらわれるか、以下で述べたい。

三　近代世界の「社会像」への疑惑——便宜的施設としての社会、権威のない自律

近代人に欠如する認識の第二点として、前記引用文の最後に「近代人には自助しかない」という文章がある。ケテラーは、自由、自律、労働、自助を重視していたはずである。というのに、なぜ、このような言葉を書き残

すのか。

ここで言う「近代人」の「自助」とは、自己の思いと欲望を行動の唯一の基準とすることである。一口で言えば、自己の絶対化である。一八七一年の講演「自由主義、社会主義、キリスト教」によれば「人間の自由な意思が私どもの規則となり、人間のその時々の思いが自然法となる」(19)。自己の思いが一切の考察の基準となり、他人も、社会も、自己以外の一切のものは、自己の思いを実現するための「手段」となる。この社会像でも自由主義と社会主義に違いはなく、後者は前者の「嫡出子」である。

自由主義は「永遠や宗教の慰めをあざ笑う。だから、彼らにとって、快楽を満喫することだけが人生の唯一の目的である。世界中から富という富をかき集め、蓄え、そうして可能なだけ多くの欲望、快楽、安逸をむさぼろうとする」。

社会主義も「永遠とか、この世の辛く、苦しい生活に対する永遠の報いとか、そのようなものをあざ笑う」。しかし、「人類の九割を占める大多数の人々は、快楽を味わう富を欠いている。ほんの一割の選ばれた人々が満腹するために、その富を生産する道具として働かされている」。これを社会主義者は「前代未聞の犯罪」だ、それゆえ「このようなことは許されない」と主張する。

表面的には自由主義と社会主義は対立しているように見えるかもしれない。しかし「快楽を満喫すること」が目的だ、という本質的な点で両者に違いはない。社会主義がいう「まだ満たされていない九割の人々」の最終目標も、やはり「満腹」である。そこでは、他人も社会も、そのための手段と見なされる。この「社会像」が問題視されなければならない。

まるで、このケテラーの表現に触発されたかのように、二十世紀のカトリック社会論の学者ネルブロイニングは次のように書いている。

「可能な限り合理的な経済活動によって、最大限の財を獲得しようとする『利益』にしか関心のない社会、『利益を保障するための単なる便宜的施設』でしかない社会、そのような社会には、道徳的な義務を負わせる権威は存在しない。個人の利益にせよ、社会の利益にせよ、利益は、強力な人間活動の原動力となることができる。しかし、それは私が何ものかを利益と見なす限りである。……私は利益を放棄することも、利益のために果たさなければならない義務から逃げることもできる。従って、利益以外のことに関心を持とうとしない社会、そこに道徳的で法的な義務や拘束、換言すれば真の権威を打ち立てることはできない。……それは神のいない社会である」[20]

ここに「権威」という言葉が出てくる。権威とは何か。真の意味の権威とは自己に道徳的義務を負わせる何ものかである。その逆の姿勢、つまり権威を否定する自己の絶対化とは、ケテラーによれば「自己の内面にある倫理の掟、倫理の法に問いかけ、そうして自己の行動の基準を判断するのではなく、外面的、形式的に法律に抵触していないかどうか、それだけを行動基準とすることである」[21]。

それゆえ、権威という言葉は誤解されてはならない。ここでいう権威とは、政治的、社会的、経済的地位の上位にある者に従順となれ、という意味の「権威主義」ではない。そうではなく、真の権威とは、人間は神の掟、道徳律、自然法の支配下にある、人間には奉仕しなければならない使命がある、こう命じる何ものかである。

その何ものかとは、ケテラーにとって、神の呼びかけに応える「自分の内なる声」つまり「良心」である。なぜ、そのようなものが必要か、その理由は「仕えるべきなんらかの権威がないならば、社会生活はたんに個人の権威と利益を保証するために好都合な便宜的手段にすぎず、良心とはその社会生活を確保するために必要な妥協の基準に」[22]なってしまうというところにある。仕えるべき権威がなければ、なぜ他人を手段化してはいけないのか、答えることはできない。

社会は利益を保障するための便宜的施設でしかない、このような社会観は、個人主義的な功利主義においてはっきりあらわれる。では、社会主義はこの功利主義を乗り越えたか。否である。社会主義者にとって、人生の至上目標は、やはり快楽と快適である。しかし、自由競争のもと、それは得られない。とすれば、独裁と管理経済という強権的な体制のもと、この目標を組織的、体制的に追求する。他人も社会も、職業も財貨も、すべてのものはその手段とされる。この点では、社会主義は自由主義よりも徹底している。[23] まさにケテラーが言うように「社会主義は自由主義の嫡出子」である。

結びの言葉

では、このような利益にしか関心を持たない人、社会を自己の「利益を保障するための便宜的施設」としか見なさない人、そのような人が自己の快楽と快適のため一切のものを手段化する、そのような社会で人間はどうなるのか。そこでは人と人の絆は断ち切られ、そこには他人と結びつこうとしない、完全に孤立した自己しか残らない、結末は人間の完全な孤立である。

自由主義と社会主義に共通する人間論と社会論のもと、その行き着くところはケテラー流の論理で辿ってみれば、人間の孤立である。しかし、このようなところに真に人間的な社会は建設できない。現代では、古典的な自由主義も社会主義も崩れ去った。しかし、その中核にある人間論と社会論も克服されたかという問いかけが、ケテラー遺稿の核心にあるように思われる。

あとがき

本書は私にとって最初のケテラー研究書である。大部分は書き下ろしたものであるが、序章、第二章、第七章は次の二つの論説を土台としている。

「補完性原理の萌芽——ケテラーとテュージングの論争（一八四八年）」水波朗・阿南成一・稲垣良典編『自然法と宗教 Ⅰ』創文社、一九九八年、二五九—三〇三頁。

「ケテラーのゴータ綱領批判——なぜ、キリスト教は社会主義と両立できないのか」ケテラー（桜井健吾訳・解説）『自由主義、社会主義、キリスト教』晃洋書房、二〇〇六年、一八五—二〇一頁。

第三・四・五章は、中野智世・前田更子・渡邊千秋・尾崎修治編『近代ヨーロッパとキリスト教——カトリシズムの社会史』（勁草書房、二〇一六年）所収の「労働者の司教ケテラー——十九世紀ドイツの社会問題とカトリック社会思想」の五～六倍の拡大版である。

さらに『労働者問題とキリスト教』（晃洋書房、二〇〇四年）と『自由主義、社会主義、キリスト教』の付論で議論された様々な論点も本書に取り入れられている。

一番古い論文は一九九八年に発表されている。ということは、完成までに二十年以上もかかったことになる。ケテラーを読み始めてすでに四十年、まさに牛の歩みである。

しかし、今から考えると、私にはこれだけの時間は必要であったように思われる。ケテラーも、十九世紀ドイツのカトリック社会運動や社会思想も、当時の日本ではほとんど知られていなかった。そのため、まずケテラーの原典を丁寧に読み、正確に理解し、重要な文献は忠実に訳していこうと考え、それを今まで実行してきた。そのため、これだけの時間がかかるということになってしまった。ちょうど私の計画に合わせたかのように、ケテラー死亡百周年の一九七七年から全集が出版され始めた。実に不思議な巡り合わせである。

しかし、前述した作業だけでは十分でない。ケテラーは本文に述べたように実践思想家である。とすれば、ケテラーがどのような思想を築き上げたかだけでなく、その思想が十九世紀ドイツの政治・経済・社会の現実、さらにその現実と向き合ったカトリック社会運動、これらとどうかかわっていたかもはっきりさせなければならない。そのため、私の専門である経済史以外にも、政治史、社会史、社会思想史、教会史、カトリック社会運動史の研究も同時に進めていった。

このような問題意識を持つことで、ケテラーという人物とその社会思想だけでなく、十九世紀という時代も描き出すことが可能となる。本書の題名に「その時代」を付けた理由もここにある。

カトリック社会思想史と社会運動史は宗教と世俗の二つの世界に跨っているため、実に魅力ある研究分野である。この分野の研究を選んだことで、メンヒェングラートバッハのカトリック社会科学研究所の所長であったアントン・ラウシャー氏、ミュンヘン大学教授でバイエルン州の文部大臣も務めたハンス・マイアー氏、フライブルク大学教授でカールスルーエの憲法裁判所の判事も務めたベッケンフェルデ氏、ボン大学の近代史教授であったルドルフ・モルザイ氏、ミュンスター大学教授でケテラー全集の編集者であったエルヴィン・イーザロ氏、ミュンヘン大学の近代史教授であったアドルフ・ビルケ氏など、優れた学者の素晴らしい研究と出会うことができた。

私がどのようにケテラーに出会ったのか、すでに訳書『労働者問題とキリスト教』のあとがきで述べたし、ケテラー研究にどのような意味があるのかという問には本書の序章が答えている。

なお、ドイツ人の発音による限り、Ketteler はケッテラーではなく、ケテラーと表記されるべきである。この点は、ミュンスターに住むケテラー家の人々にも確認した。

また、かなり細かい目次を作成したため、事項索引は省いた。

本書を南山大学第三代学長のヒルシュマイヤー先生と神戸大学名誉教授の野尻武敏先生に捧げたい。

日本経営史を専門とするカトリック司祭のヒルシュマイヤー先生が、一九八三年に六十一歳で亡くなられて、もう三十六年になる。先生からの刺激と支援がなかったとすれば、私は自分の研究課題を見出すことも、自分なりの研究方法を編み出していくこともできなかったにちがいない。

二〇一八年十月に九十四歳で亡くなられた野尻武敏先生は、学生時代にカトリック（キリスト教）社会論の存在を教えてくださった。この学問分野を知らなければ、私はかなり違った種類の研究に従事していたように思われる。

二人の学者との幸運な出会いに心から感謝している。

出版に関しては、教文館のご配慮をいただいた。編集には森本直樹氏が加わり、数々の貴重な教示と助言を与えてくださった。その格別なご好意に心からお礼申し上げたい。

二〇一九年六月十一日

桜井健吾

人名索引

ア行

アウグスティヌス（聖人）　172
アウリケ（Aulike, Matthias）　43, 48
アデナウアー（Adenauer, Konrad）　17
アーベル（Abel, Wilhelm）　126
アルコ伯爵（Arco-Zinneberg, M. J. Graf von）　30
イェルク（Jörg, Joseph Edmund）　239
五百旗頭真治郎　110, 112
イグナティウス・ロヨラ（聖人）　35
イーザロ（Iserloh, Erwin）　114
ヴァーグナー（Wagner, Adolph）　71
ヴィカリ（Vicari, Hermann von）　53, 58
ヴィーゲナー（Vigener, Fritz）　55, 229
ヴィルヘルム1世（ドイツ皇帝）　250
ヴィンディシュマン（Windischmann, Friedrich）　30, 37, 51
ヴィントホルスト（Windthorst, Ludwig）　265
ヴェルトマン（Werthmann, Lorenz）　34, 241
エネン（Ennen, Edith）　78
エーラー（Oehler, Anton）　51
エンゲル（Engel, Ernst）　216
エンゲルス（Engels, Friedrich）　15, 71, 105, 177
オイケン（Eucken, Walter）　273

カ行

カイザー（Kaiser, Petrus Leopold）　51
ガイセル（Geissel, Johannes von）　53, 55, 61
カルヴァン（Calvin, Jean）　174
ガーレン（Galen, Ferdinand Graf von）　19, 20, 228
カント（Kant, Immanuel）　248
キーゼヴェター（Kiesewetter, Hubert）　123
グントラハ（Gundlach, Gustav）　20
ケインズ（Keynes, J. M.）　288
ケテラー（Ketteler, Freiherr von）家の人々
　ヴィルデリヒ（Wilderich Max, 兄）　28, 29, 31-33, 35, 39, 50, 133
　ヴィルヘルム（Wilhelm, 叔父）　63
　クレメンティーネ（Clementine, 母）　24
　ゾフィー（Sophie Reichsgräfin von Merveldt, 姉）　30, 31, 35
　パウラ（Paula, 兄ヴィルデリヒの妻）　39
　マクシミリアン・フリードリヒ（Maximilian Friedrich, 父）　24
　リヒャルト（Richard, 弟）　35, 43, 49, 61
ゲレス（Görres, Joseph von）　27, 28, 30, 36, 37, 216, 237, 238
コルピング（Kolping, Adolf）　16, 35, 61, 149, 176, 189, 212-214
コルマル（Colmar, Joseph Ludwig）　56
コント（Comte, Auguste）　71

サ行

サヴィニー（Savigny, Friedrich Carl von）　26
サコーニ（Sacconi, Carlo）　52
鯖田豊之　78
サンジュスト（Saint-Just, Louis-Antoine-Léon）　85, 280, 292
シェルヴィーア（Schervier, Franziska）　59
シモン（Simon-Suisse, Jules François）　198
シュヴァリエ（Chevalier, M.）　271

シュタイン（Stein, Karl Reichsfreiherr vom und zum） 77, 180, 201, 218
シュナーベル（Schnabel, Franz） 176
シュミート（Schmid, Leopold） 51
シュモラー（Schmoller, Gustav） 71, 182, 183
シュライエルマッハー（Schleiermacher, F. D. E.） 36, 248
シュルツェ＝デーリチュ（Schulze-Delitzsch, Hermann） 131, 132, 135, 138, 144-146, 149-153, 158, 160, 171, 174, 233
シュンペーター（Schumpeter, Joseph） 288
ショルレマ＝アルスト（Schorlemer-Alst, B. Freiherr von） 133
スミス（Smith, Adam） 177, 182-184, 288
ソーントン（Thornton, William Thomas） 193
ゾンバルト（Sombart, Werner） 180

タ行

ダーウィン（Darwin, Charles） 271, 287
ダールヴィク（Dalwigk zu Lichtenfels, Reinhard Freiherr von） 257
ツィツ（Zitz, Franz） 54
ディーペンブロック（Diepenbrock, Melchior von） 43, 48, 49
テュージング（Thüssing, Bernhard） 46, 67, 68, 71, 73, 76-78, 80-83, 85, 90, 93, 96, 246
デリンガー（Döllinger, Ignaz von） 30, 35, 36, 43, 63
トクヴィル（Tocqueville, Alexis de） 221, 279
トマス・アクィナス（聖人） 36, 37, 106-110, 112, 113, 237, 247
トライチュケ（Treitschke, Heinrich von） 63, 253, 264, 266
ドロイゼン（Droysen, Johann Gustav） 252, 253
ドロステ＝ツー＝フィシェリング（Droste zu Vischering, Clemens Freiherr von） 27-29, 33

ナ行

ナポレオン（Napoléon, Bonaparte） 253, 257
ニッケル（Nickel, Joseph） 47
ニッパーダイ（Nipperdey, Thomas） 236
ネルブロイニング（Nell-Breuning, Oswald von） 20, 21, 179, 185, 281, 294
野尻武敏 110

ハ行

ハイエク（Hayek, Friedrich von） 244, 288
ハインリヒ（Heinrich, Joh. Bapt.） 47, 113, 114
パウロ（使徒） 102, 103, 111, 248
バザール（Bazard, S. A.） 271
ハルヴェルデ（Halverde, Rahfeldt von） 42
ハルデンベルク（Hardenberg, Karl August Freiherr von） 180, 201, 218
ハーン（Hahn, Ida Gräfin） 58
ビスマルク（Bismarck, Otto Fürst von） 26, 41, 63, 95, 154, 159, 228, 233, 235, 250-252, 254, 263-265, 268, 269, 273, 275
ピウス9世（ローマ教皇） 37, 51, 52, 63, 64, 256
ピウス11世（ローマ教皇） 20, 72, 181
ヒッツェ（Hitze, Franz） 34, 214, 228, 229
ピルグラム（Pilgram, Friedrich） 239
フィリプス（Phillips, George） 30, 43
フィルヒョウ（Virchow, Rudolf） 264
フェルスター（Förster, Heinrich） 51
フォーゲルザング（Vogelsang, Karl Freiherr von） 185, 238
福田徳三 216
ブス（Buß, Franz Joseph von） 15, 16, 230, 231

フーバー（Huber, Victor Aimé）　174
ブラウンス（Brauns, Heinrich）　214, 229
フランチェスコ（聖人）　41, 59
フリッツェ（Fritzsche, Friedrich Wilhelm）　196
フリードリヒ・ヴィルヘルム4世（プロイセン国王）　33, 250
ブリュゲマン（Brüggemann, Karl Heinrich）　42
ブリンクマン（Brinkmann, Johann Bernhard）　39
プルードン（Proudhon, Pierre Joseph）　118, 119, 185
ブルンナー（Brunner, Otto）　76, 289
ブレンターノ, クレメンス（Brentano, Clemens）　30, 216
ブレンターノ, ルーヨ（Brentano, Lujo）　182-184, 208, 215-218
フローレンティーニ（Florentini, Theodosius）　134
ヘーゲル（Hegel, Georg Wilhelm Friedrich）　36, 159, 270
ペッシュ（Pesch, Heinrich）　21
ペトロ（使徒）　248
ベニヒセン（Bennigsen, Rudolf von）　63
ヘニング（Henning, Friedrich-Wilhelm）　15, 123, 125
ヘフナー（Höffner, Joseph）　20
ベーベル（Bebel, August）　234, 275
ヘルトリング（Hertling, Georg Graf von）　133, 229, 235, 238
ベルンシュタイン（Bernstein, Eduard）　234
ペローネ（Perrone, Giovanni）　37
ホッブズ（Hobbes, Thomas）　271
ボニファティウス（聖人）　53, 62
ホーフシュテター（Hofstätter, Heinrich von）　32
ホラーバッハ（Hollerbach, Alexander）　85, 86
堀米庸三　76
ホルツハウザー（Holzhauser, Bartholomäus）　39, 57

マ行

マイアー（Maier, Hans）　289
マーシャル（Marshall, Alfred）　179
マタイ（使徒）　41, 116, 147, 170, 172, 232, 283
マルクス（Marx, Karl）　15, 64, 71, 105, 158, 177, 180, 193, 220, 232, 233, 236, 275, 277, 282, 285, 286, 288, 289, 293
マルコ（使徒）　147, 168
マルサス（Malthus, Robert）　126, 127, 132, 178, 288
マン（Mann, Golo）　27, 76, 233, 237, 244, 248, 256
ミーケル（Miquel, Johannes von）　266
ミュラー（Müller, Johann Georg）　49
ミュラー＝アルマック（Müller-Armack, Alfred）　273
ミル（Mill, John Stuart）　177, 193
メーストル（Maistre, Joseph Marie Comte de）　36, 255, 256
メーラー（Möhler, Johann Adam）　36, 71, 176
モルザイ（Morsey, Rudolf）　87

ヤ行

ヤルケ（Jarcke, Karl Ernst）　30
ヨハネ（使徒）　104, 166, 236, 248
ヨハネ・パウロ2世（ローマ教皇）　20

ラ行

ライザハ（Reisach, Karl August Graf von）　32-34, 37, 51, 52
ラウシャー（Rauscher, Anton）　80, 180
ラウマー（Raumer, Friedrich von）　26

参照文献

（注には著者名と出版年を挙げる。同一年の文献はa, bで区別される。ここに挙げられていない文献は注に表示される。訳書からの引用は必ずしも訳文に従っていない）

ケテラー全集（略記：SWB）

Wilhelm Emmanuel Freiherr von Ketteler, Sämtliche Werke und Briefe. Im Auftrag der Akademie der Wissenschaften und der Literatur · Mainz, hrsg. von Erwin Iserloh u. a., Mainz 1977-2011.

Abt. I: Schriften, Aufsätze und Reden

Bd. 1: Schriften, Aufsätze und Reden 1848-1866, 1977.

Bd. 2: Schriften, Aufsätze und Reden 1867-1870, 1978.

Bd. 3: Schriften, Briefe und Materialien zum Vaticanum I 1867-1875, 1982.

Bd. 4: Schriften, Aufsätze und Reden 1871-1877, 1977.

Bd. 5: Nachgelassene und anonyme Schriften, 1985.

Abt. II: Briefwechsel und öffentliche Erklärungen

Bd. 1: Briefe 1825-1850, 1984.

Bd. 2: Briefe und öffentliche Erklärungen 1850-1854, 1988.

Bd. 3: Briefe und öffentliche Erklärungen 1855-1860, 1991.

Bd. 4: Briefe und öffentliche Erklärungen 1861-1865, 1994.

Bd. 5: Briefe und öffentliche Erklärungen 1866-1870, 1997.

Bd. 6: Briefe und öffentliche Erklärungen 1871-1877, 2001.

Bd. 7: Hirtenbriefe 1850-1877, 2011.

ケテラー司牧教書

Wilhelm Em[m]anuel Freiherr von Ketteler, Hirtenbriefe, hrsg. von Johann Michael Raich, Mainz 1904.

ケテラー説教集

Predigten des Hochwürdigsten Herrn Wilhelm Emmanuel Freiherrn von Ketteler, hrsg. von Johann Michael Raich, 2 Bde., Mainz 1878.

ケテラー著作集

Johannes Mumbauer, Hrsg., Wilhelm Emmanuel von Kettelers Schriften, 3 Bde., Kempten/München 1911.

Erwin Iserloh/Christoph Stoll, Hrsg., Bischof Ketteler in seinen Schriften, Mainz 1977.
Erwin Iserloh, Hrsg., Wilhelm Emmanuel von Ketteler 1811-1877, Paderborn 1990.

ケテラー書誌

Christoph Stoll und Bernd Goldmann, Wilhelm Emmanuel Freiherr von Ketteler. Eine Bibliographie, Mainz 1995.

ケテラー翻訳（桜井健吾訳・解説。注には書名のみを表記）

『自由主義，社会主義，キリスト教』（1848-1875年の講演と説教）晃洋書房，2006年。

「ケテラーとテュージングの論争 —— 教会，学校，ゲマインデ，国家」（出版1848年）『南山経済研究』第12巻第1号，1997年，95-117頁。

『現代の大社会問題』（1848年11-12月の待降節説教，出版1849年）『南山経済研究』（1）第2巻第2・3号，1988年，161-191頁，（2）第3巻第2号，1988年，117-149頁，（3）第4巻第1号，1988年，91-134頁。第一説教「キリスト教所有権思想について」は『自由主義，社会主義，キリスト教』21-41頁に再録。

『自由，権威，教会』（出版1862年）『南山経済研究』（1）第29巻第3号，2015年，253-287頁，（2）第30巻第1号，2015年，33-68頁，（3）第30巻第3号，2016年，209-247頁，（4）第31巻第2号，2016年，109-144頁。

『労働者問題とキリスト教』（出版1864年）晃洋書房，2004年。

『1866年の戦争後のドイツ』（出版1867年）『南山経済研究』（1）第32巻第3号，2018年，307-335頁，（2）第33巻第1号，2018年，75-114頁。

『ドイツ帝国におけるカトリック教徒』（執筆1871年，出版1873年）『南山経済研究』（1）第8巻第3号，1994年，225-270頁，（2）第9巻第1号，1994年，37-51頁，（3）第10巻第1号，1995年，291-328頁，（4）第10巻第3号，1996年，453-476頁，（5）第11巻第1号，1996年，89-109頁。

「宗教と国民福祉の関連について」（1876年2月の司牧教書）『南山経済研究』第26巻第1号，2011年，43-60頁。

「キリスト教労働について」（1877年2月の司牧教書）『南山経済研究』第26巻第2号，2011年，61-81頁。

事典

Lexikon für Theologie und Kirche, 3. Aufl., 11 Bde., Freiburg i. Br., 1993-2001, Sonderausgabe, Darmstadt 2009.（略記：LThK）
Staatslexikon: Recht, Wirtschaft, Gesellschaft, 7. Aufl., 5 Bde., Freiburg i. Br. 1985-1989, 8. Aufl., 5 Bde., Freiburg i. Br. 2017-（第2巻まで刊行）.（略記：Stl.）

教会文書

デンツィンガー編シェーンメッツァー増補改訂（浜寛五郎訳）『カトリック教会文書資料集』（改訂版）エンデルレ書店，1982年。（略記：デンツィンガー）

Bundesverband der Katholischen Arbeitnehmer-Bewegung Deutschlands (KAB), Texte zur katholischen Soziallehre. Die sozialen Rundschreiben der Päpste und andere kirchliche Dokumente, Kevelaer 1992.（略記：KAB）

Karl Rahner/Herbert Vorgrimler, Kleines Konzilskompendium. Sämtliche Texte des Zweiten Vatikanums, Freiburg i. Br. 1966.（略記：Rahner/Vorgrimler）

『教会の社会教書』中央出版社，1991年。

『第二バチカン公会議公文書』（改訂公式訳），カトリック中央協議会，2013年。

史料集と二次文献

Wilhelm Abel, Stufen der Ernährung, Göttingen 1981. アーベル（高橋秀行，中村美幸，桜井健吾訳）『食生活の社会経済史』晃洋書房，1989年。

Holger Arning/Hubert Wolf, Hundert Katholikentage. Von Mainz 1848 bis Leipzig 2016, Darmstadt 2016.

Karl Bachem, Vorgeschichte, Geschichte und Politik der deutschen Zentrumspartei. Zugleich ein Beitrag zur Geschichte der katholischen Bewegung, sowie zur allgemeinen Geschichte des neueren und neuesten Deutschland 1815-1914, 8 Bde., Köln 1928-1931, Reprint: Aalen 1967-1968.

Bd. 1: Die Vorgeschichte der Zentrumsbewegung bis zum Jahre 1848. Beginn des Kampfes gegen das starre Staatskirchentum in ganz Deutschland, 1928/1967.

Bd. 2: Die Zeit von 1848 bis 1870. Der Katholische Klub in Frankfurt. Freiheit für die katholische Kirche in Preußen. Die Katholische Fraktion und das erste Zentrum in Berlin. Fortdauerndes Staatskirchentum in Süddeutschland, 1929/1967.

Bd. 3: Das neue Zentrum und der Kulturkampf in Preussen 1870-1880, 1927/1967.

Bd. 4: Der Abbau des Kulturkampfes 1880-1887, 1928/1967.

Bd. 5: Das Zentrum in Berlin 1887-1898, 1929/1967.

Bd. 6: Das Zentrum in Berlin in den Jahren 1898 bis 1906, 1929/1967.

Bd. 7: Das Zentrum in den Reichstagen von 1907 und 1912. Bis zum Ausbruche des Weltkrieges, 1930/1968.

Bd. 8: Das Zentrum in den süddeutschen Staaten 1887-1914. Das Zentrum in und nach dem Welkriege 1914-1930, 1931/1968.

Adolf M. Birke, Bischof Ketteler und der deutsche Liberalismus. Eine Untersuchung über das Verhältnis des liberalen Katholizismus zum bürgerlichen Liberalismus in der Reichsgründungszeit, Mainz 1971.

Adolf M. Birke, Bischof Kettelers Kritik am deutschen Liberalismus, in: Martin Schmidt/Georg Schwaiger, Hrsg., Kirchen und Liberalismus im 19. Jahrhundert, Göttingen 1976, 155-163.

Adolf M. Birke, Wilhelm Emmanuel von Ketteler. Ein großer Bischof von Mainz, in: Ulrich von Hehl/Friedrich Kronenberg, Hrsg., 1999, 141-152.

David Blackbourn, Fortschritt und Frömmigkeit: Liberalismus, Katholizismus und Staat im Kaiserreich(1988), in: ders., Landschaften der deutschen Geschichte, Göttingen 2016, 15-40.

Ernst-Wolfgang Böckenförde, Die Entstehung des Staates als Vorgang der Säkularisation(1967), in: ders., Recht, Staat, Freiheit. Studien zur Rechtsphilosophie, Staatstheorie und Verfassungsgeschichte, Frankfurt am Main, 1991, 92-114. ベッケンフェルデ（桜井健吾訳）「世俗化過程としての国家の成立」ホセ・ヨンパルト，三島淑臣，長谷川晃編『法の理論』第22巻，成文堂，2003年，49-74頁。

Theodor Brauer, Ketteler. Der deutsche Bischof und Sozialreformer, Hamburg 1929. Reprint: Paderborn 2013.

Hermann-Josef Braun, Scheiterndes Tun - Gelingendes Wirken.? Zur Überlieferungsgeschichte des Gedenkens an Bischof Ketteler, in: Lehmann/Reifenberg, Hrsg., 2013, 269-298.

Karl Brehmer, Wilhelm Emmanuel von Ketteler (1811-1877). Arbeiterbischof und Sozialethiker. Auf den Spuren einer zeitlosen Modernität, Regensburg 2009.

Lujo Brentano, Die Arbeitergilden der Gegenwart, I. Zur Geschichte der englischen Gewerkvereine, Leipzig 1871. ルーヨ・ブレンターノ（島崎晴哉，西岡幸泰訳）『現代労働組合論』上巻『イギリス労働組合史』日本労働協会，1985年。

Lujo Brentano, Mein Leben im Kampf um die soziale Entwicklung Deutschlands, Jena 1931. ルーヨ・ブレンターノ（石坂昭雄，加来祥男，太田和宏訳）『わが生涯とドイツ社会改革（1844-1931年）』ミネルヴァ書房，2007年。

Otto Brunner, Neue Wege der Verfassungs- und Sozialgeschichte, Göttingen, 2. Aufl., 1968. オットー・ブルンナー（石井紫郎，石川武，小倉欣一，成瀬治，平城照介，村上淳一，山田欣吾訳）『ヨーロッパ――その歴史と精神』岩波書店，1974年。

Thomas Eggensperger, Gemeinwohl. I. Sozialethisch, in: Stl, 8. Aufl., Bd. 2, 2018, 1072-1075.

Christian Engeli/Wolfgang Haus, Bearb., Quellen zum modernen Gemeindeverfassungsrecht in Deutschland, Stuttgart 1975.

Karl Gabriel/Hermann-Josef Große Kracht, Hrsg., Franz Hitze (1851-1921). Sozialpolitik und Sozialreform, Paderborn 2006.

Lothar Gall, Liberalismus, in: Stl., 7. Aufl., Bd. 3, 1987, 916-921.

Helga Grebing, Hrsg., Geschichte der sozialen Ideen in Deutschland. Sozialismus - Katholische Soziallehre - Protestantische Sozialethik. Ein Handbuch, 2. Aufl., Wiesbaden 2005.（略記：Grebing, Hrsg.）

Karl Heinz Grenner, Hrsg., Katholizismus und wirtschaftlicher Liberalismus in Deutschland im 19. und 20. Jahrhundert, Paderborn 1998.

Hermann-Josef Grosse Kracht, Wilhelm Emmanuel von Ketteler. Ein Bischof in den sozialen Debatten seiner Zeit, Köln 2011.

Ulrich von Hehl/Friedrich Kronenberg, Hrsg., Zeitzeichen. 150 Jahre Deutsche Katholikentage 1848-1998, Paderborn 1999.

Horstwalter Heitzer, Hrsg., Deutscher Katholizismus und Sozialpolitik bis zum Beginn der Weimarer Republik, Paderborn 1991.

Friedrich-Wilhelm Henning, Die Industrialisierung in Deutschland 1800 bis 1914, 8. Aufl., Paderborn 1993.

Friedrich-Wilhelm Henning, Handbuch der Wirtschafts- und Sozialgeschichte Deutschlands, Bd. 2: Deutsche Wirtschafts- und Sozialgeschichte im 19. Jahrhundert, Paderborn 1996.

Joseph Höffner, Christliche Gesellschaftslehre, Kevelaer 1962, 8. Aufl., 1983. ヨゼフ・ヘフナー（坂本康実訳）『社会・経済倫理』同文舘，1967年。

Alexander Hollerbach, Katholische Kirche und Katholizismus vor dem Problem der Verfassungsstaatlichkeit, in: Rauscher, Hrsg., Bd. 1, 1981, 46-71.

Herbert Hömig, Hrsg., Katholiken und Gewerkschaftsbewegung 1890-1945, Paderborn 2003.

Ernst Rudolf Huber, Deutsche Verfassungsgeschichte seit 1789, 8 Bde., Stuttgart 1975-1991.（略記：Huber）

Bd. 1: Reform und Restauration 1789 bis 1830, 2. Aufl., 1975.

Bd. 2: Der Kampf um Einheit und Freiheit 1830 bis 1850, 3. Aufl., 1988.

Bd. 3: Bismarck und das Reich, 3. Aufl., 1988.

Bd. 4: Struktur und Krisen des Kaiserreichs, 2. Aufl., 1982.

Bd. 5: Weltkrieg, Revolution und Reichserneuerung 1914-1919, 1978.

Bd. 6: Die Weimarer Reichsverfassung, 1981.

Bd. 7: Ausbau, Schutz und Untergang der Weimarer Republik, 1984.

Bd. 8: Registerband, 1991.

Ernst Rudolf Huber, Hrsg., Dokumente zur deutschen Verfassungsgeschichte, 3 Bde., Stuttgart 1978-1990.（略記：Huber, Hrsg.）

Bd. 1: 1803-1850, 3. Aufl., 1978.

Bd. 2: 1851-1900, 3. Aufl., 1986.

Bd. 3: 1900-1918, 3. Aufl., 1990.

Ernst Rudolf Huber/Wolfgang Huber, Staat und Kirche im 19. und 20. Jahrhundert. Dokumente zur Geschichte des deutschen Staatskirchenrechts, 5 Bde., Berlin 1973-1995.（略記：E.R./W. Huber）

Bd. 1: Staat und Kirche vom Ausgang des alten Reichs bis zum Vorabend der bürgerlichen

Revolution, 1973.
Bd. 2: Staat und Kirche im Zeitalter des Hochkonstitutionalismus und des Kulturkampfs 1848-1890, 1976.
Bd. 3: Staat und Kirche von der Beilegung des Kulturkampfs bis zum Ende des Ersten Weltkriegs, 2. Aufl., 1990.
Bd. 4: Staat und Kirche in der Zeit der Weimarer Republik, 1988.
Bd. 5: Register, 1995.
Heinz Hürten, Katholische Verbände, in: Rauscher, Hrsg., Bd. 2, 1982, 215-277.
Heinz Hürten, Spiegel der Kirche - Spiegel der Gesellschaft? Katholikentage im Wandel der Welt, Paderborn 1998.
Erwin Iserloh, Kirche - Ereignis und Institution. Aufsätze und Vorträge, Bd. 1: Kirchengeschichte als Theologie, Münster 1985. Darin:
Die soziale Aktivität der Katholiken im Übergang von caritativer Fürsorge zu Sozialreform und Sozialpolitik, dargestellt an den Schriften Wilhelm Emmanuel v. Kettelers (1975), 266-284.
Wilhelm Emmanuel von Ketteler und die Freiheit der Kirche und in der Kirche (1978), 285-308.
Der Katholizismus und das Deutsche Reich von 1871. Bischof Kettelers Bemühungen um die Integration der Katholiken in den kleindeutschen Staat (1983), 309-326.
Wilhelm Emmanuel von Ketteler zur Infallibilität des Papstes (1975), 327-345.
Die Geschichte der deutschen Bischofskonferenz (1977), 346-360.
Katholik und Politik im 19. und 20. Jahrhundert (1962), 361-380.
Erwin Iserloh, Wilhelm Emmanuel von Ketteler - sein Kampf für Freiheit und soziale Gerechtigkeit, Wiesbaden 1987.
Traugott Jähnichen/Norbert Friedrich, Geschichte der sozialen Ideen im deutschen Protestantismus, in: Grebing, Hrsg., 2005, 867-1103.
Walter Kerber, Gemeinwohl. I. Sozialphilosophische Grundlagen, in: Stl., 7. Aufl., Bd. 2, 1986, 857-859.
Hubert Kiesewetter, Industrielle Revolution in Deutschland. Regionen als Wachstumsmotoren, Stuttgart 2004. フーベルト・キーゼヴェター（高橋秀行，桜井健吾訳）『ドイツ産業革命――成長原動力としての地域』晃洋書房，2006年。
Michael Kissener, Ketteler und die Kulturkämpfe des 19. Jahrhunderts, in: Lehmann/Reifenberg, Hrsg., 2013, 97-120.
Hans-Joachim Kracht, Adolph Kolping. Priester, Pädagoge, Publizist im Dienst christlicher Sozialreform. Leben und Werk aus den Quellen dargestellt, Freiburg i. B. 1993.
Heinrich Küppers, Schulpolitik, in: Rauscher, Hrsg., Bd. 2, 1982, 352-394.

Karl Kardinal Lehmann/Peter Reifenberg, Hrsg., Bischof Wilhelm Emmanuel von Ketteler (1811-1877) - der unmodern Moderne, Freiburg i. Br. 2013.（略 記 Lehmann/Reifenberg, Hrsg.）

Ludwig Lenhart, Bischof Ketteler. Staatspolitiker - Sozialpolitiker - Kirchenpolitiker. Kettelers literarische staats-, sozial- und kirchenpolitische Initiative in seiner und unserer Zeit. Eine literaturgeschichtliche Studie zu seinem Schrifttum, Mainz 1966.

Ludwig Lenhart, Bischof Ketteler. Als Theologe der Gesellschaftsreform und des Ersten Vaticanums, Mainz 1967.

Ludwig Lenhart, Bischof Ketteler. Papsttum und Bischofsamt vom Ersten zum Zweiten Vaticanum im Licht der drei für Ketteler verfaßten Konzils-Gutachten, Mainz 1968.

Rudolf Lill, Reichskirche - Säkularisation - Katholische Bewegung, in: Rauscher, Hrsg., Bd. 1, 1981, 15-45.

Rudolf Lill, Hrsg., Der Kulturkampf, Paderborn 1997.

Andreas Linsemann, "Jeder muß Hand anlegen, jeder muß mitwirken" - Zum Politikverständnis Wilhelm Emmanuel von Kettelers, in: Lehmann/ Reifenberg, Hrsg., 2013, 73-96.

Andreas Linsemann/Markus Raasch, Hrsg., Die Zentrumspartei im Kaiserreich. Bilanz und Perspektiven, Münster 2015.

Hans Maier, Politische Religionen. Die totalitären Regime und das Christentum, Freiburg i. Br. 1995.

Golo Mann, Deutsche Geschichte des 19. und 20. Jahrhunderts, Frankfurt 1958, Sonderausgabe 1992. ゴーロ・マン（上原和夫訳）『近代ドイツ史』みすず書房，第1巻，1973年，第2巻，1977年。

Paul Mikat/Christoph Link/Alexander Hollerbach/Peter Leisching, Kirche und Staat, in: Stl., 7. Aufl., Bd. 3, 1987, 468-512.（略記：Mikat u. a.）

Rudolf Morsey, Bischof Ketteler und der politische Katholizismus, in: W. Pöls, Hrsg., Staat und Gesellschaft im politischen Wandel, Stuttgart 1979, 203-223.

Rudolf Morsey, Der Kulturkampf, in: Rauscher, Hrsg., Bd. 1, 1981, 72-109.

Rudolf Morsey, Der politische Katholizismus 1890-1933, in: Rauscher, Hrsg., Bd. 1, 1981, 110-164.

Rudolf Morsey, Bismarck und das Zentrum, in: Lothar Gall, Hrsg., Otto von Bismarck und die Parteien, Paderborn 2001, 43-72.

Rudolf Morsey, Hrsg., Katholizismus, Verfassungsstaat und Demokratie. Vom Vormärz bis 1933, Paderborn 1988.

Philipp Müller, "Von nun an darfst du auf Erden kein anderes Interesse mehr haben, als das Seelenheil der Menschen und die Linderung ihrer Noth." Bischof Kettelers Verständnis von Pastoral, in: Lehmann/ Reifenberg, Hrsg., 2013, 43-71.

Oswald von Nell-Breuning, Wie sozial ist die Kirche? Leistung und Versagen der katholischen Soziallehre, Düsseldorf 1972.

Oswald von Nell-Breuning, Soziallehre der Kirche. Erläuterungen der lehramtlichen Dokumente, Wien, 3. Aufl., 1977. オズヴァルト・フォン・ネル＝ブロイニング（本田純子，田淵文雄訳）『カトリック教会の社会教説 —— 教導職諸文書の解説』女子パウロ会，1987年。

Oswald von Nell-Breuning, Katholische Soziallehre, in: Stl., 7. Aufl., Bd. 3, 1987, 349-363. オズヴァルト・フォン・ネルブロイニング（桜井健吾訳）「カトリック社会論」『社会と倫理』第5号，1998年，123-139頁。

Thomas Nipperdey, Nachdenken über die deutsche Geschichte, 2. Aufl., München 1986. トーマス・ニッパーダイ（坂井榮八郎訳）『ドイツ史を考える』山川出版社，2008年。

Wolfgang Ockenfels, Hrsg., Katholizismus und Sozialismus in Deutschland im 19. und 20. Jahrhundert, Paderborn 1992.

Karsten Petersen, "Ich höre den Ruf nach Freiheit." Wilhelm Emmanuel von Ketteler und die Freiheitsforderungen seiner Zeit. Eine Studie zum Verhältnis von konservativem Katholizismus und Moderne, Paderborn 2005.

Otto Pfülf, Bischof von Ketteler (1811-1877). Eine geschichtliche Darstellung, 3 Bde., Mainz 1899.

Toni Pierenkemper, Wirtschaftsgeschichte. Die Entstehung der modernen Volkswirtschaft, 2. Aufl., Berlin 2015.

Anton Rauscher, Subsidiarität. I. Sozialethik, in: Stl., 7. Aufl., Bd. 5, 1989, 386-388.

Anton Rauscher, Kirche in der Welt. Beiträge zur christlichen Gesellschaftsverantwortung, Würzburg, 4 Bde., 1988-2006.（略記：Rauscher）Darin:

Kirchliche Soziallehre (1977), in: Bd. 1, 1988, 9-30. アントン・ラウシャー（桜井健吾訳）「キリスト教社会論」『社会と倫理』第8号，2000年，1-15頁。

Solidarismus (1981), in: Bd. 1, 1988, 128-149.

Liberalismus und Sozialismus in christlicher Sicht (1977), in: Bd. 1, 1988, 477-521.

Sozialismus (1981), in: Bd. 1, 1988, 522-556.

100 Jahre Soziallehre der Kirche (1991), in: Bd. 3, 1998, 41-56. アントン・ラウシャー（桜井健吾訳）「社会回勅の百年」『社会と倫理』第9号，2000年，102-114頁。

Anton Rauscher, Hrsg., Der soziale und politische Katholizismus. Entwicklungslinien in Deutschland 1803-1963, München, Bd. 1, 1981, Bd. 2, 1982.（略記：Rauscher, Hrsg.）

Anton Rauscher, Hrsg., Handbuch der Katholischen Soziallehre, Berlin 2008.

Martina Rommel/Karl Lehmann, Stationen der Hoffnung. Katholikentage in Mainz 1848-1998, Mainz 1998.

Lothar Roos, Kirche - Politik - soziale Frage: Bischof Ketteler als Wegbereiter des sozialen und

politischen Katholizismus, in: Anton Rauscher/Lothar Roos, Die soziale Verantwortung der Kirche. Wege und Erfahrungen von Ketteler bis heute, Köln 1977, 21-62.
Lothar Roos, Wilhelm Emmanuel Frhr. von Ketteler (1811-1877), in: A. Aretz/R. Morsey/A. Rauscher, Hrsg., Zeitgeschichte in Lebensbildern. Aus dem deutschen Katholizismus des 19. und 20. Jahrhunderts, Bd. 3, Mainz 1979, 22-36.
Lothar Roos, Kapitalismus, Sozialreform, Sozialpolitik, in: Rauscher, Hrsg., Bd. 2, 1982, 52-158.
Klaus Schatz, Ultramontanismus, ultramontane, in: LThK, Bd. 10, 2009, 360-362.
Franz Schnabel, Deutsche Geschichte im neunzehnten Jahrhundert, Bd. 4: Die religiösen Kräfte, Freiburg i. Br. 1937/1987.
Franz Josef Stegmann, Von der ständischen Sozialreform zur staatlichen Sozialpolitik. Der Beitrag der Historisch-Politischen Blätter zur Lösung der sozialen Frage, München 1965.
Franz Josef Stegmann, Hrsg., Franz Joseph von Buß 1803-1878, Paderborn 1994.
Franz Josef Stegmann/Peter Langhorst, Geschichte der sozialen Ideen im deutschen Katholizismus, in: Grebing, Hrsg., 2005, 597-862.
Christoph Stoll, Mächtig in Wort und Werk. Bischof Wilhelm Emmanuel von Ketteler, Mainz 1997.
Klaus Tenfelde, Die Entstehung der deutschen Gewerkschaftsbewegung. Vom Vormärz bis zum Ende des Sozialistengesetzes, in: Ulrich Borsdorf, Hrsg., Geschichte der deutschen Gewerkschaften von den Anfängen bis 1945, Köln 1987, 15-165.
Fritz Vigener, Ketteler. Ein deutsches Bischofsleben des 19. Jahrhunderts, München 1924.

日本語文献

五百旗頭真治郎『キリスト教所有権思想の研究』南窓社，2002年。

大内宏一『ビスマルク時代のドイツ自由主義』彩流社，2014年。

尾崎修治「世紀転換期におけるカトリシズムの労働者統合――『ドイツ・カトリック国民協会』の役割を中心に」上智大学博士論文，2010年。

尾崎修治「19世紀末ドイツのカトリック社会運動――『ドイツ・カトリック国民協会』の組織網の考察から」『西洋史学』第246号，2012年，21-40頁。

尾崎修治「世紀転換期ドイツの赤い司祭――H. ブラウンスとカトリック労働運動」中野智世他編，2016年，169-197頁。

桜井健吾「ドイツ文化闘争について（1871-1887年）」『南山経済研究』第6巻第3号，1992年，183-223頁。

桜井健吾「ドイツ・カトリック政治運動と中央党について（1803-1914年）」『南山経済研究』第8巻第3号，1994年，151-215頁。

桜井健吾『近代ドイツの人口と経済（1800-1914年）』ミネルヴァ書房，2001年。

桜井健吾「近代ドイツのカトリック社会思想，社会改革，社会政策（1800-1914年）」

『南山経済研究』(1) 第23巻第3号, 2009年, 157-183頁, (2) 第24巻第1号, 2009年, 1-62頁。

桜井健吾「デュッセルドルフのコルピング職人組合(1849-1914年)」『南山経済研究』第24巻第3号, 2010年, 193-231頁。

桜井健吾「ルール地方のカトリック労働者同盟とキリスト教労働組合(1860-1914年)」『南山経済研究』第25巻第1号, 2010年, 1-45頁。

桜井健吾「近代ドイツのカトリック社会運動の歴史的前提(1803-1848年)」『彦根論叢』第386号, 2010年, 18-29頁。

桜井健吾「近代ドイツのカトリック社会運動の開始と展開 —— 1848年の革命, ピウス協会, カトリック教徒大会, 文化闘争」『愛知大学経済論集』第186号, 2011年, 55-80頁。

桜井健吾「近代ドイツにおけるカリタスの再生と展開(1803-1914年)」『南山経済研究』第27巻第1号, 2012年, 1-40頁。

桜井健吾「近代ドイツ・カトリック運動の出発点としての1803年の世俗化」『南山経済研究』第28巻第3号, 2014年, 203-243頁。

桜井健吾「労働者の司教ケテラー —— 19世紀ドイツの社会問題とカトリック社会思想」中野智世他編, 2016年, 141-168頁。

桜井健吾「マインツ司教ケテラーの『プロイセンの使命』批判 —— 1866年のドイツ戦争, ビスマルクの国家統一, 自由主義者, カトリック教徒」『南山経済研究』第34巻第1号, 2019年, 1-36頁。

中野智世「福祉国家を支える民間ボランタリズム —— 20世紀初頭ドイツを例として」高田実, 中野智世編『福祉』ミネルヴァ書房, 2012年, 197-236頁。

中野智世「カトリック慈善の近代 —— ドイツ・ヴァイマル福祉国家におけるカリタス」中野智世他編, 2016年, 293-321頁。

中野智世, 前田更子, 渡邊千秋, 尾崎修治編『近代ヨーロッパとキリスト教 —— カトリシズムの社会史』勁草書房, 2016年。(略記:中野智世他編)

野尻武敏『転換期の政治経済倫理序説 —— 経済社会と自然法』ミネルヴァ書房, 2006年。

野尻武敏『経済社会思想史の地平』晃洋書房, 2011年。

増田正勝『キリスト教経営思想 —— 近代経営体制とドイツ・カトリシズム』森山書店, 1999年。

増田正勝「カトリック社会論と企業者像の形成」水波朗, 阿南成一, 稲垣良典編『自然法と宗教Ⅱ』創文社, 2001年, 217-255頁。

注

序章　ケテラーと現代

（1）産業化ないし産業革命の画期性については，第3章第6節；桜井健吾，2001年，i-v頁。

（2）桜井健吾，2001年，9-23頁。

（3）Grebing, Hrsg., 2005には，近代ドイツの社会思想を形成した主要な流れとして，社会主義，カトリック社会論，プロテスタント社会倫理が取り上げられているが，自由主義は対象となっていない。ドイツでは，自由主義は大衆的な基盤を持つ大政党を興すことに失敗した。自由主義については本書の第6章を，社会主義については第7章を参照せよ。

（4）プロテスタント社会運動については，Jähnichen/Friedrich, 2005.

（5）Henning, 1993, 204.

（6）Marx/Engels, Werke, Bd. 32, Berlin-Ost 1965, 371;『マルクス＝エンゲルス全集』第32巻，大月書店，1973年，296頁。

（7）以下については，Heitzer, Hrsg., 1991; Stegmann/Langhorst, 2005.

（8）Stegmann, Hrsg., 1994; Stegmann/Langhorst, 2005, 625-626; 桜井健吾，2009年a，167-169頁。

（9）Bachem, Bd. 1, 1928/1967, 248-282; Huber, Bd. 2, 1988, 351, 368-370, 686-687, 703-705.

（10）第3章第6節を参照せよ。

（11）Hürten, 1998; 桜井健吾，2011年。創設150周年の1998年には記念行事が催され，論集（Hehl/Kronenberg, 1999）が出版された。図版の多い一般書として，Rommel/Lehmann, 1998; Arning/Wolf, 2016.

（12）コルピング研究の決定版として，Kracht, 1993がある。桜井健吾，2010年aも参照せよ。

（13）団体カトリシズムについては，Hürten, 1982; 桜井健吾，2011年。ドイツ・カトリック国民協会については，尾崎修治，2010年，2012年。

（14）Bachem, Bd. 2, 1929/1967, 35-56; Huber, Bd. 2, 1988, 357, 366-367, 612, 686.

（15）南ドイツのカトリック政党については，Bachem, Bd. 2, 1929/1967, 221-359; 桜井健吾，1994年，172頁。

（16）中央党については，Bachem, Bd. 3, 1927/1967, 1-47; Huber, Bd. 4, 49-63; 桜井健吾，1994年，171-177頁。中央党の1871年3月の綱領は，Bachem, Bd. 3, 1927/1967, 137-138; Morsey, Hrsg., 1988, 57.

（17）Heitzer, Hrsg., 1991, 34-36.

（18）この研究会での議論の模様は，そこに参加した若いイエズス会の経営学者ネルブロイニングの書物（Nell-Breuning, 1972, 99-136）に描かれている。

（19）ラウシャー，翻訳，2000年b。

（20）Iserloh, 1975/1985, 284.

（21）Höffner, 1962/1983, 54-55; ヘフナー，訳書，1967年，42頁。

（22）キリスト教社会論とカトリック社会論の簡潔な案内として，ネルブロイニング，翻訳，1998年; ラウシャー，翻訳，2000年a。その体系的な研究書として，Rauscher, Hrsg., 2008を見よ。

（23）Rauscher, Bd. 1, 1981/1988, 128-149.

（24）第二次世界大戦後には，カトリック企業家連合（Bund Katholischer Unternehmer）も結成された。カトリック学者の企業経営論については，増田正勝，1999年，2001年。

（25）ネルブロイニング，翻訳，1998年，130頁。

（26）Kerber, 1986, 857.『国家事典』第8版では共通善の概念が6つの傾向に分類されている（Eggensperger, 2018, 1073-1075）。

（27）『第二バチカン公会議公文書』681頁。なお，引用文はドイツ語版（Rahner/Vorgrimler, 1966, 530）からの拙訳である。

（28）『第二バチカン公会議公文書』624-625頁; Rahner/Vorgrimler, 1966, 472.

（29）『自由，権威，教会』（1）261-262頁。第4章第6節も参照せよ。

（30）ドイツ政治でのケテラーの活躍については，Birke, 1971, 1976, 1999; Iserloh, 1962/1985, 1983/1985; Linsemann, 2013; Linsemann/Raasch, Hrsg., 2015; Morsey, 1979, 1981b, 1988; 桜井健吾，1994年，2019年。

文化闘争でのケテラーの活躍については，Morsey, 1981a, 2001; Kissener, 2013; 桜井健吾，1992年。

第一ヴァチカン公会議に関連するケテラーの文献は，一括して全集の第1部第3巻に収められている。公会議での立場と活躍については，Lenhart, 1966, 1967, 1968; Iserloh, 1975/1985, 1987.

ケテラーの基本綱領とも言うべき書物『自由，権威，教会』（1862年）は，ケテラーの宗教論，国家論，社会論を考察する場合に参照されるべき最も重要な文献である。

第1章　ケテラー略伝

（1）ケテラーの伝記として，2点の包括的で古典的な研究がある。Pfülf, Bd. 1-3, 1899; Vigener, 1924. 最近の簡潔な伝記として，Roos, 1979; Iserloh/Stoll, 1977; Iserloh, 1990; Stoll, 1997; Birke, 1999. 以下，伝記的な事実に関する注は省略する。

(2) Golo Mann, 1958/1992, 144; ゴーロ・マン，訳書，第1巻，1973年，87頁。

(3) 序章の注(7); 桜井健吾，2010年c，2011年。

(4) 残されたケテラーの全書状は，全集第2部第1-7巻（SWB, II, 1-7）に収録されている。そこには，13歳以来の私的な手紙も，あらゆる種類の公的な書簡と司牧教書も含まれる。書状の引用注は省略したが，本文には手紙の年月日を記載したため，全集のどの巻の何頁に掲載されているか，簡単に探し出すことができる。

(5)『自由主義，社会主義，キリスト教』15頁。

(6) Johann Adam Möhler, Symbolik oder Darstellung der dogmatischen Gegensätze der Katholiken und Protestanten, 1832.

(7)『自由，権威，教会』(4) 125-136頁。

(8) Birke, 1971, 12; Iserloh/Stoll, 1977, 19.

(9) Iserloh, 1975/1985, 272; 桜井健吾，2012年，1-11頁。宗教復興の時代としての19世紀については，ロジェ・オーベール他著（上智大学中世思想研究所編訳・監修）『キリスト教史』第9巻『自由主義とキリスト教』平凡社，1997年，第6章; 桜井健吾，2010年cを参照せよ。

(10) Iserloh/Stoll, 1977, 20; Roos, 1979, 23.

(11) Grosse Kracht, 2011, 30; Brauer, 1929/2013, 12-14; 桜井健吾，2001年，5-11頁。

(12) Stoll, 1997, 14.

(13) Pfülf, 1, 1899, 131. この伝記には，この種の挿話が数多く描かれている。

(14)「ケテラーとテュージングの論争」109頁（SWB, II, 1, 332)。

(15) SWB, I, 1, 1-9. 家族・婚姻と学校・教育は，本書の対象ではないが，ケテラーにとって，もっとも重要で緊急な問題であった。この問題に関し拙訳のあるものとして，1862年の『自由，権威，教会』第28-31章と1873年の『ドイツ帝国におけるカトリック教徒』第7命題。この問題をめぐっての教会と国家の論争については，Huber, Bd. 2, 1988, 355-357.

(16)『自由主義，社会主義，キリスト教』第1章。

(17)『自由主義，社会主義，キリスト教』第2章。

(18)『自由，権威，教会』(4) 125頁。注(30)の文献も参照せよ。

(19) E. R. /W. Huber, Bd. 1, 1973, 246-257; LiL, 198, 31-32; 桜井健吾，2014年，218-219頁。

(20) Iserloh/Stoll, 1977, 44.

(21) Grosse Kracht, 2011, 78; Brehmer, 2009, 54.

(22) Stoll, 1997, 12.

(23) ケテラーの司牧活動については，Müller, 2013.

(24) SWB, I, 5, 353.

(25) Vigener, 1924, 166.

（26）桜井健吾，2001年，41-44頁。

（27）カリタスについては，中野智世，2012年，2016年；桜井健吾，2012年。

（28）Huber, Bd. 2, 1988, 355-357; Iserloh, 1977/1985, 346-360.

（29）この渾名は，1877年7月14日にケテラー死亡を報じた『ベルリン日報』（Berliner Tageblatt）が付けたものである（Braun, 2013, 271-272）。

（30）『1866年の戦争後のドイツ』（1）-（2）；桜井健吾，2019年。

（31）ケテラーのフリーメイソン批判については，1873年の『ドイツ帝国におけるカトリック教徒』第13命題「秘密結社」89-100頁を見よ。1865年に発表した小冊子「信仰あるキリスト教徒は，フリーメイソンとなることができるか」（SWB, I, 1, 631-684）は，教皇ピウス9世の依頼でラテン語に翻訳された。ヨーロッパ各国語への翻訳もある。

（32）Iserloh/Stoll, 1977, 215.

（33）SWB, I, 5, 30, 31-39.

（34）シュトルはこの墓碑銘を本の題名にしている（Stoll, 1997）が，ルカ福音書24章19節にも類似の言葉（Mächtig in Wort und Tat）がある。

（35）Lehmann/Reifenberg, Hrsg., 2013, 7; Braun, 2013, 269.

第2章　ケテラーの基本思想

（1）「ケテラーとテュージングの論争」95-117頁（SWB, II, 1, 322-343）。この書状から引用する場合，注は省略する。

（2）このケテラーの文章が，1931年の社会回勅『社会秩序の再建』の該当箇所（79項）とどれほど類似しているか，ドイツ語訳を底本にした次の拙訳からはっきり分かるであろう。

「個人が自発的に自己の力で成すことができるもの，それを個人から奪い取り，社会的なものに含めることは許されない。それと同様に，下位の小さい共同体〔例えば，家庭や企業や市町村〕が成すことができること，しかも善い結果を生み出すことができること，それを上位の大きな共同体〔例えば，県や州や国家〕が自己の権限として要求することは正義に反する。それは，社会秩序を損ない，乱すことになる。それぞれの段階の共同体は，その本質と概念からして補完的である。それゆえ，どの共同体も，その成員を支援すべきであり，決して押し潰したり，飲み込んだりしてはならない」（KAB, 1992, 91）

邦訳の『教会の社会教書』1991年，191-192頁では86-87項になっている。またデンツィンガー，1982年，565-571頁，特に569頁も参照せよ。

（3）Roos, 1977, 46.

（4）序章の注（22）と（29）も見よ。

（5）19世紀ドイツのゲマインデ法については，Engeli/Haus, 1975.
（6）『ドイツ帝国におけるカトリック教徒』（3）297-298頁。
（7）堀米庸三編『西欧精神の探究 —— 革新の12世紀』日本放送出版協会，1976年の序説と第1章を見よ。
（8）Golo Mann, 1958/1992, 520; ゴーロ・マン，訳書，第2巻，1977年，28頁。
（9）ベッケンフェルデ，翻訳，2003年，49-50頁。
（10）ブルンナー，訳書，1974年，第5章と第9章を参照せよ。
（11）Edith Ennen, Die europäische Stadt des Mittelalters, Göttingen, 3. Aufl., 1979, 256; エネン（佐々木克己訳）『ヨーロッパの中世都市』岩波書店，1987年，313頁。
（12）鯖田豊之「大陸の都市と農村　I．経済的側面」岩波講座『世界歴史』第10巻，1970年，350-351頁。なお鯖田が言う教区とは，カトリック教会で言う小教区のことである。
（13）『日本国勢図絵』2009/10年版，68頁。2015年における日本の市町村の数は1718である（2017/18年版，56頁）。
（14）桜井健吾，2001年，55頁の表1-13。なお，1990年のドイツ統一後の全国ゲマインデ統計は次にようになる。ゲマインデ総数：1万6128（1990年），1万1092（2015年），ゲマインデの平均人口：4945人（1990年），7408人（2015年）。Vgl. Statistisches Bundesamt, Hrsg., Statistisches Jahrbuch. Deutschland und Internationales, 2017, 26, 28.
（15）Rauscher, 1989, 387.
（16）桜井健吾，2001年，55頁の表1-13。
（17）19世紀ドイツの政治自由主義は第6章で，経済自由主義は第4章で取り上げる。
（18）『自由主義，社会主義，キリスト教』147頁。
（19）Hollerbach, 1981, 49.
（20）『ドイツ帝国におけるカトリック教徒』（3）301-306頁。
（21）『自由主義，社会主義，キリスト教』153頁。
（22）中世以来のヨーロッパの自然法については，ブルンナー，訳書，1974年，第5章と第8章を参照せよ。
（23）Morsey, 1979, 218.
（24）『ドイツ帝国におけるカトリック教徒』（3）291-296頁。似た表現は第7章で取り上げる遺稿にも発見できる。
（25）『自由，権威，教会』（1）272-273頁，（2）35-36頁。
（26）教会の自由と宗教教育に関し，カトリック教徒から提出された請願数は，フランクフルト国民議会に提出された全請願数の90%を超える。Huber, Bd. 2, 1988, 687; 桜井健吾，2011年，61-62頁を見よ。
（27）『労働者問題とキリスト教』62頁。

（28）1848年以降の学校問題については，Küppers, 1982 を参照せよ。
（29）国家と教会の関係については，Mikat u. a., 1987; 桜井健吾，2014年。この問題に関する基本文献は，Bachem, 8 Bde.; Huber, 8 Bde. であり，史料集はE. R./W. Huber, 5 Bde.; Huber, Hrsg., 3 Bde. である。
（30）『自由主義，社会主義，キリスト教』14-15頁。

第3章　社会問題の第一段階（1848年）

（1）ケテラーが社会問題に対する認識を二度改め，結果として三段階の対処法を提案するに至ったという捉え方は，ブラウアー以来のどの学者にも共通する。Brauer, 1929/2013; Stegmann, 1965; Iserloh, 1975/1985, 266-284; Roos, 1982, 68-70, 74-85; Stegmann/Langhorst, 2005. 筆者もそれを踏襲する。
（2）桜井健吾，2012年。
（3）『自由主義，社会主義，キリスト教』15頁。
（4）同上書，19頁。
（5）同上書，15-16頁，18頁。
（6）SWB, I, 5, 79-80.
（7）『現代の大社会問題』（2）118-119頁。
（8）同上書，124-125頁。
（9）同上書，127頁。
（10）ラウシャー，翻訳，2000年，14頁。
（11）『自由主義，社会主義，キリスト教』26-27頁。
（12）以下については『自由主義，社会主義，キリスト教』第3章「キリスト教所有権思想について」21-41頁。以下，引用注は省略する。
（13）野尻武敏，2006年，第6章「所有制の自然法的基礎」149頁。
（14）合有財産（Gesamtgut）については『自由，権威，教会』（3）218頁と239頁を見よ。
（15）五百旗頭真治郎，2001年。
（16）野尻武敏，2006年，163頁。日本におけるトマス・アクィナスの所有権論の研究史については，野尻武敏，2011年，第1章「わが国の経済学者による聖トマス研究――ことに所有権思想をめぐって」13-36頁。
（17）『自由主義，社会主義，キリスト教』40頁。
（18）同上書，36頁; Grosse Kracht, 2011, 61-65.
（19）『自由主義，社会主義，キリスト教』39頁。
（20）Iserloh, 1975/1985, 271.
（21）Roos, 1982, 69.
（22）『自由主義，社会主義，キリスト教』34-35頁。

(23) 同上書，35頁。

(24) 同上書，33頁。

(25) ドイツ経済史の時代区分については，Henning, 1993, 1996; キーゼヴェター，訳書，2006年; Pierenkemper, 2015; 桜井健吾，2001年，第1章。

(26)『労働者問題とキリスト教』15, 19頁;『自由主義，社会主義，キリスト教』46, 49, 54頁。

(27) 以下については，キーゼヴェター，2006年; 桜井健吾，2001年。

(28) キーゼヴェター，2006年，序論と第1部; 桜井健吾，2001年，第1章。

(29)『ドイツ帝国におけるカトリック教徒』(4) 453-457頁。

(30) Henning, 1993, 268-269; Henning, 1996, 1095; Pierenkemper, 2015, 44-46. 労働者の生活条件の改善は，1880年代以降に海外移住が急速に減少していったことからも証明できる。桜井健吾，2001年，146頁の図3-2を参照せよ。

(31) 桜井健吾，2001年，9-17頁。

(32) アーベル，訳書，1989年，第3章を参照せよ。

(33) この危機をピーレンケムパーは「前産業化型の貧困」と名づける（Pierenkemper, 2015, 14-17)。

第4章　社会問題の第二段階（1864年）

(1) シュルツェ＝デーリチュについては『労働者問題とキリスト教』第5章を見よ。

(2) ケテラーのラサールへの賛意と批判については『労働者問題とキリスト教』第6章を見よ。

(3)『労働者問題とキリスト教』104頁。

(4) 1863年のカトリック教徒大会については，Stegmann/Langhorst, 2005, 642-644. 経済自由主義とカトリック社会運動の関係を示す史料集として，Grenner, Hrsg., 1998がある。

(5) 以下『労働者問題とキリスト教』からの引用に際し，特別に必要な場合を除き注は省略する。

(6)『自由，権威，教会』(1) 254頁; SWB, I, 2, 222.

(7) 霊肉一体のキリスト教人間像については，1862年の『自由，権威，教会』(1) 261-262頁。この世における物質ないし福祉の重要性については1876年のケテラーの司牧教書「宗教と国民福祉の関連について」を見よ。

(8)『自由，権威，教会』(1)-(4)。

(9) ケテラーのシュルツェ＝デーリチュ批判については『労働者問題とキリスト教』第5章を見よ。以下，引用注は省略する。

(10) ケテラーは死の5ヶ月前の1877年2月に発表した司牧教書「キリスト教労働につ

いて」でもキリスト教労働論を展開している。

(11) 序章の注(12)を参照せよ。

(12) ケテラーのラサール批判については『労働者問題とキリスト教』第6章を見よ。以下，引用注は省略する。

(13) プロイセンでは1918年まで，三級選挙法という制限選挙が実施されていた。1871-1918年のドイツ帝国では，帝国議会（下院）は普通選挙で選出されたが，プロイセンは帝国の領土と人口の3分の2を占めていたため，プロイセンの三級選挙制はドイツ全体の政治に対し大きな影響力を及ぼしていた。

(14)『労働者問題とキリスト教』67-73頁。1871年の帝国議会で普通選挙を擁護したケテラー演説は，SWB, I, 4, 39-43.

(15) 世俗化については，ベッケンフェルデ，翻訳，2003年；桜井健吾，2014年を見よ。

(16) ケテラーとラサールの往復書簡の翻訳は『労働者問題とキリスト教』140-141頁。

(17) 注(15)を見よ。

(18) 学校問題と民事婚については，第1章の注(15)を見よ。

(19)『現代の大社会問題』(2) 123頁。

(20) 18世紀の啓蒙思想と対決し，それを超克する運動として，19世紀初めに興ったカトリックの宗教復興・刷新運動については，Lill, 1981, 35; Roos, 1982, 220-224; 桜井健吾，2010年c。第1章の注(9)も見よ。

(21) Schnabel, Bd. 4, 1936/1987, 255.

(22)『労働者問題とキリスト教』128-129頁。

(23) 桜井健吾，2001年，第2章を見よ。

(24) ネルブロイニング，訳書，1987年，36頁。

(25) ラウシャー，翻訳，2000年a，12頁。

(26) Stegmann/Langhorst, 2005, 785-787; ラウシャー，翻訳，2000年b，110頁。

(27) ケテラーの有機体思想は『自由，権威，教会』(1)-(2) 第6-20章に展開されている。(2)に掲載した付論の第2節「カトリック社会思想における Ständisch について」65-67頁も参照せよ。

(28) Brentano, 1931/2004, 151-153; ブレンターノ，訳書，2007年，113-114頁。

(29) キーゼヴェター，訳書，2006年，第5章を参照せよ。

(30)『ドイツ帝国におけるカトリック教徒』(4) 454-455頁。

(31) ネルブロイニング，訳書，1987年，53-54頁。

(32) 近代世界で様々な分野に固有な法則が作用することを「世俗化」と呼ぶことについては，本章の注(15)を見よ。

第5章　社会問題の第三段階（1869年）

（1）『労働者問題とキリスト教』26頁。

（2）序章注（12）の文献を見よ。

（3）SWB, I, 1, 687-688.

（4）Roos, 1982, 82.

（5）その翻訳は，巻末の文献表を見よ。

（6）その翻訳として『自由主義，社会主義，キリスト教』第4章，42-75頁。以下，引用注は省略する。

（7）Henning, 1993, 106, 196.

（8）桜井健吾，2001年，69-73頁。

（9）前産業化社会におけるヨーロッパ流の結婚制度と高い結婚年齢については，桜井健吾，2001年，6-8頁。

（10）この報告の翻訳として『自由主義，社会主義，キリスト教』第5章，76-111頁。以下，引用注は省略する。

（11）ブレンターノとケテラーの交流については，Iserloh, 1975/1985, 278-279を参照せよ。ケテラーはブレンターノの自伝（ブレンターノ，訳書，2007年）によく登場する。19世紀末以降，カトリック社会運動が，労働組合をどう捉えてきたかについては，Hömig, Hrsg., 2003を参照せよ。

（12）野尻武敏，2011年，13-36頁。そこに書かれているように，日本における経済学の創始者，福田徳三も「所有権論」を議論している。

（13）SWB, II, 6, 20-21.

（14）ブレンターノ，訳書，1985年。

（15）Tenfelde, 1987, 103-104.

（16）『ドイツ帝国におけるカトリック教徒』（4）457-464頁。以下，引用注は省略する。

（17）『自由，権威，教会』（2）35-46頁の第14章「絶対主義と中央集権化」第16章「絶対主義と中央集権化の弊害」第17章「政治の至上原則の対立」第18章「近代自由主義：自由の仮面を被った絶対主義」を参照せよ。

（18）『労働者問題とキリスト教』に所収の付論2「ケテラーの自由主義批判とツンフト擁護について」175-191頁を参照せよ。

（19）ヒッツェが1885年1月16日に帝国議会で行った演説は，K. Gabriel/H.-J. Große Kracht, Hrsg., 2006, 193-207に再録されている。

（20）その後のカトリック社会思想の流れについては，Stegmann/Langhorst, 2005; 桜井健吾，2009年b，26-58頁を参照せよ。

（21）Vigener, 1924, 420.

（22）教会と国家の関係については第2章の注（29）を見よ。ケテラーの見解については

Birke, 1971, 1976; Iserloh, 1978/1985, 1987を参照せよ。

(23) ブスについては，序章注(8)の文献を見よ。

(24)『自由主義，社会主義，キリスト教』79-80頁，92頁。

(25)『労働者問題とキリスト教』8-9頁。そこでは政治問題と社会問題が峻別されている。

(26) Golo Mann, 1958/1992, 283; ゴーロ・マン，訳書，第1巻，1973年，186頁。

(27)『労働者問題とキリスト教』164頁。

(28) 社会保険法については，桜井健吾，2009年b，27-31頁。ヴァイマル時代に労働大臣を務めたカトリック司祭ブラウンスも現実的で実践的な姿勢を受け継ぐ。尾崎修治，2016年を参照せよ。

(29)『自由，権威，教会』(1) 263頁。

(30) 福田恆存「自由と進歩」(初出1956年)『福田恆存全集』第4巻，文藝春秋，1987年，161頁。

(31) Nipperdey, 1986, 139; ニッパーダイ，訳書，2008年，123頁。

(32) Golo Mann, 1958/1992, 190; ゴーロ・マン，訳書，第1巻，1973年，119頁。

(33) ヘルトリングについては，Becker, Hrsg., 1993; Stegmann/Langhorst, 2005, 625-712; 桜井健吾，2009年b，22-25頁，34-36頁。

(34)『ドイツ・カトリック歴史・政治誌』については，Stegmann, 1965の包括的で詳細な研究がある。桜井健吾，2009年a，137-176頁も参照せよ。

(35)『自由，権威，教会』(1) 272-273頁。

(36) カリタスについては，第1章注(27)の文献を参照せよ。

第6章　自由主義との対決

(1) 政治自由主義とケテラーの関連についての先駆者的な研究は，1971年のビルケの博士論文である (Birke, 1971)。最近の研究として，Petersen, 2005; Blackbourn, 2016; 桜井健吾，2019年。自由主義一般については，Gall, 1987.

(2) カトリック政治運動については，桜井健吾，1994年を参照せよ。

(3) フリードリヒ・ハイエク (嘉地元郎・嘉地佐代訳)「真の個人主義と偽りの個人主義」(初出1946年)『ハイエク全集』第3巻，春秋社，1990年，28-29頁。

(4) Golo Mann, 1958/1992, 305; ゴーロ・マン，訳書，第1巻，201頁。

(5)『自由，権威，教会』(4) 129-135頁。

(6)『自由，権威，教会』(3) 第24章「教会の自由」222-226頁を参照せよ。使徒的伝承の教義と教会論については，山田晶『トマス・アクィナスのキリスト論』創文社，1999年を参照した。

(7) Golo Mann, 1958/1992, 160; ゴーロ・マン，訳書，第1巻，98頁。

（8） Golo Mann, 1958/1992, 347, 357; ゴーロ・マン，訳書，第1巻，231, 238頁。
（9） Birke, 1971, 72.
（10） これらの表現は1862年の『自由，権威，教会』（2）44-45頁；（3）223-225頁に出てくる。さらに『自由主義，社会主義，キリスト教』に収録した1871年の講演「自由主義，社会主義，キリスト教」117-120頁と1875年の講演「真の自由とその危機について」146-148頁も参照せよ。
（11） 現実政治の言葉は，自由主義者ロッハウが1853年に出版した書物の題名に由来する。詳細は，大内宏一，2014年，第1章「ドイツ自由主義と『レアルポリティーク』」1-31頁。
（12）『1866年の戦争後のドイツ』（1）319頁。
（13） ブルンナー，訳書，1974年，107頁。
（14） ウルトラモンタン主義については，Schatz, 2009.
（15） 国家教会主義，世俗化，カトリック政治・社会運動の開始の歴史的な関連については，桜井健吾，2014年を見よ。
（16）『自由，権威，教会』（3）214頁。
（17） 同上書，230頁。
（18）『1866年の戦争後のドイツ』（3）。さらにBirke, 1971, 55-60も参照せよ。
（19） Golo Mann, 1958/1992, 441; ゴーロ・マン，訳書，第1巻，1973年，298頁。
（20） ヘッセン大公国との政教協定については，E. R./W. Huber, Bd. 2, 1976, 274-278; Birke, 1971, 43, 64; Kissener, 2013, 105-110.
（21）『ドイツ帝国におけるカトリック教徒』（1）239頁。
（22） 世俗化については，第4章注（15）を見よ。
（23） 高田敏・初宿正典編訳『ドイツ憲法集』信山社，1994年，43頁。
（24） 同上書，55-56頁。
（25） 詳細は，桜井健吾，2019年を参照せよ。
（26） SWB, I, 2, 68. 第11章「教会と学校」は『1866年の戦争後のドイツ』の翻訳では省略されている。1848年9月18日の演説「学校問題」からの引用文は，SWB, I, 1, 8を見よ。なお，プロイセン憲法の第12-19条を「宗教上の平和のためのマグナカルタ」と名づけたのは，イーザロ（Iserloh, 1983/1985, 314, Anm. 19）によれば，ケテラーではなく，ブンゼンである。Ch. C. J. Bunsen, Die Zeichen der Zeit, Bd. 2, Leipzig 1856.
（27） SWB, I, 4, 9-20. 桜井健吾，1994年，183-134頁も参照せよ。
（28）『自由主義，社会主義，キリスト教』134頁。
（29） SWB, I, 4, 165.
（30）『自由主義，社会主義，キリスト教』第6章。以下，この講演からの引用注は省略

する。

(31)『自由主義，社会主義，キリスト教』第7章。以下，この講演からの引用注は省略する。

(32) 桜井健吾，2011年，特に61–62頁。

(33) Golo Mann, 1958/1992, 332-333; ゴーロ・マン，訳書，第1巻，221頁。

第7章　社会主義との対決

(1) 遺稿のドイツ語原題はKann ein katholischer Arbeiter Mitglied der socialistischen Arbeiterpartei sein？（SWB, I, 5, 502-516）である。この遺稿を引用する際，注は省略する。1830年代以降の社会主義とカトリック運動の対決を示す史料集として，Ockenfels, Hrsg., 1992がある。

(2) 例えば，Mumbauer, Hrsg., Bd. 3, 1911, 167-183; Iserloh/Stoll, Hrsg. 1977, 212-214; Iserloh, Hrsg., 1990, 157-159.

(3)『1866年の戦争後のドイツ』(1) 314–317頁。

(4) 第5章の注(17)を見よ。

(5) ネルブロイニング，訳書，1987年，304頁。

(6) ネルブロイニング，翻訳，1998年，137頁。

(7) アーベントロート（広田司朗・山口和夫訳）『ドイツ社会民主党小史』ミネルヴァ書房，1975年，167頁。訳文どおりの引用である。

(8) 野尻武敏，2011年，156頁。

(9) 自然法と抵抗権については，ブルンナー，訳書，1974年，266–269頁を参照せよ。

(10) 例えば，村上陽一郎『科学史からキリスト教をみる』創文社，2003年。

(11) 第3章注(25)の経済史の文献を見よ。一般書のゴーロ・マンでもマルクス理論は検証され，批判されている（Golo Mann, 1958/1992, 176-192; ゴーロ・マン，訳書，第1巻，1973年，110–121頁）。

(12) ブルンナー，訳書，1974年，第3論文。

(13) Maier, 1995.

(14) Roos, 1977, 30. なお，第二次世界大戦後のドイツの新自由主義が宗教を重視していることについては，第6章の結びの言葉を見よ。

(15)『自由主義，社会主義，キリスト教』に所収の1848年の即興演説「自由と社会問題について」13–18頁，特に14–15頁を見よ。

(16)「キリスト教労働について」73–80頁。

(17)『自由主義，社会主義，キリスト教』122–123頁。

(18) ドイツ教養市民層については，野田宣雄『教養市民層からナチズムへ —— 比較宗教社会史のこころみ』名古屋大学出版会，1988年を参照せよ。

(19)『自由主義，社会主義，キリスト教』123頁。

(20) ネルブロイニング，訳書，1987年，73-74頁。

(21)『自由主義，社会主義，キリスト教』154頁。

(22) 福田恆存「近代の宿命」(初出1947年)『福田恆存全集』第2巻，文藝春秋，1987年，461頁。引用文は現代仮名遣いに変えた。

(23) 経済学者のヨゼフ・シュンペーターは「功利主義は資本主義の世界から生まれたが，それはブルジョアジーの哲学よりも社会主義に似ている」と言う（塩野谷祐一『シュンペーター的思考』東洋経済新報社，1995年，356頁)。

なお，シュンペーターは，1945年の講演でも次のようなことを述べている。家族，職場，社会，そのどれも個人の得失を周到に計算して維持できるようなものではない。社会解体の原因は19世紀の「功利主義」哲学にある。そこでは，個人の利己主義だけが人間行為の規範とされた。この非宗教的な，愚の骨頂とでも言うべき合理主義の哲学は，19世紀の人々の感情，世俗化された社会における人間の無責任な精神に端的に現われている。功利主義のもと，人々は何はばかることもなく，快楽を満喫できるようになった。しかし，道徳は混乱し，社会の絆は解体されていった。この問題はどう解決されるか。共産主義の強権的な国家にも，民主的な社会主義にも期待できない。ローマ教皇の社会回勅『社会秩序の再建』で提案されたような団体結社の在り方「補完性原理」に注目すべきである（八木紀一郎編訳『資本主義は生き延びるか』名古屋大学出版会，2001年，324-325頁)。

《著者紹介》
桜井健吾（さくらい・けんご）
1946年　兵庫県姫路市生まれ。
1969年　神戸大学経済学部卒業。
1972-1975年　ドイツ・ボーフム大学歴史学部博士課程。
1990年　南山大学経済学部教授。
現在　南山大学名誉教授。経済学博士。
専門　近代ドイツ社会経済史。
著書　『ドイツ産業革命と国家』南山大学経済経営学会、1979年。『近代ドイツの人口と経済（1800-1914年）』ミネルヴァ書房、2001年。『自然法と宗教Ⅰ』創文社、1998年（共著）。『近代統計制度の国際比較』日本経済評論社、2007年（共著）。『近代ヨーロッパとキリスト教』勁草書房、2016年（共著）。
訳書　パウンズ『近代ヨーロッパの人口と都市』晃洋書房、1991年。ケテラー『労働者問題とキリスト教』晃洋書房、2004年。ケテラー『自由主義、社会主義、キリスト教』晃洋書房、2006年。アーベル『食生活の社会経済史』晃洋書房、1989年（共訳）。キーゼヴェター『ドイツ産業革命』晃洋書房、2006年（共訳）。

労働者の司教ケテラーとその時代
―― 十九世紀ドイツの社会問題とカトリック社会思想

2019年9月30日　初版発行

著　者　桜井健吾
発行者　渡部　満
発行所　株式会社　教 文 館
〒104-0061　東京都中央区銀座4-5-1
電話 03(3561)5549　FAX 03(5250)5107
URL http://www.kyobunkwan.co.jp/publishing/
印刷所　モリモト印刷株式会社

配給元　日キ販　〒162-0814　東京都新宿区新小川町9-1
電話 03(3260)5670　FAX 03(3260)5637

ISBN 978-4-7642-7436-5　Printed in Japan